Radiologische Anatomie und Topographie des Halses

Radiologische Anatomie und Topographie des Halses

Detailgenaues Erkennen und Beschreiben praxisrelevanter anatomischer Strukturen in Computertomographie, MR-Tomographie, Röntgenbild, Sialographie und Pharyngographie

Andreas Prescher und Klaus Bohndorf

Unter Mitarbeit von W. Höpfner

Mit einem Geleitwort von Th. Deitmer

107 Abbildungen in 180 Einzeldarstellungen

1996
Georg Thieme Verlag Stuttgart · New York

Dr. A. Prescher
Klinikum der RWTH
Vorstand: Prof. Dr. D. Graf v. Keyserlingk
Lehrstuhl für Anatomie I
52057 Aachen

Prof. Dr. K. Bohndorf
Klinik für Diagnostische Radiologie
und Neuroradiologie
Zentralklinikum
86156 Augsburg

Zeichnungen:
Markus Voll, Fürstenfeldbruck
Katharina Schumacher, München

Umschlaggrafik: Markus Voll, Fürstenfeldbruck

Die Deutsche Bibliothek – CIP-Einheitsaufnahme

Prescher, Andreas:
Radiologische Anatomie und Topographie des Halses : detailgenaues Erkennen und Beschreiben praxisrelevanter anatomischer Strukturen in Computertomographie, MR-Tomographie, Röntgenbild, Sialographie und Pharyngographie / Andreas Prescher und Klaus Bohndorf. Unter Mitarb. von W. Höpfner. Mit einem Geleitw. von Thomas Deitmer. [Zeichn.: Markus Voll ; Katharina Schumacher]. – Stuttgart ; New York : Thieme, 1996

NE: Bohndorf, Klaus:

Satz: ScreenArt, 72827 Wannweil (3B2)
Druck: Karl Grammlich, 72124 Pliezhausen
Verarbeitung: Heinrich Koch, 72072 Tübingen

ISBN 3-13-106721-7

Inhaltsverzeichnis

Vorwort und Danksagung

Mit zunehmender Verfeinerung der bildgebenden Diagnostik wächst auch das Bedürfnis, die zahlreichen anatomischen Strukturen sicher zu identifizieren. Die Renaissance der „alten“ Schnittbildanatomie, wie sie uns schon Pirogoff in einem 1859 erschienenen klassischen Werk gezeigt hat, war die logische Folge. Zahlreiche anatomische und radiologische Werke, die sich mit der Schnittbildanatomie befassen, haben allerdings den Nachteil, daß sie den gesamten menschlichen Körper in einem Band abhandeln und somit für die einzelnen Regionen nur wenige, eher exemplarische Schnittebenen vorstellen können. Naturgemäß werden dabei nicht selten nur die großen anatomischen Strukturen benannt. Die Benennung der Strukturen beschränkt sich im Einzelfall auf einige wesentliche und unbefriedigende Pauschalbezeichnungen, z. B. ganzer Muskelgruppen. Es war unser Ziel, diesen als sehr störend empfundenen Mängeln für die komplizierte anatomische Struktur „Hals“ mit einer neuen Darstellung zu begegnen, die alle gängigen radiologischen Verfahren berücksichtigt und alle anatomischen Strukturen ausführlich benennt. Dabei wurde besonders großer Wert auf eine exakte anatomische Nomenklatur gelegt, die im klinischen Alltag oftmals sehr vernachlässigt wird. Im allgemeinen haben wir uns an die Nomina anatomica (1989) gehalten. In sinnvollen Einzelfällen wurden aber auch etablierte Bezeichnungen verwendet, die keinen Eingang in die Nomina anatomica gefunden haben. Der Wunsch nach exakter anatomischer Nomenklatur darf nicht im Purismus enden!
Die Sonographie ist heute *die* bildgebende Screeningmethode der Halsweichteile. Der Verzicht auf dieses Verfahren im vorliegenden Atlas bedarf deshalb besonderer Erwähnung. Die Praxis lehrt unseres Erachtens, daß sonographische Halsanatomie nicht „aus dem Buch“ lernbar ist. Trotz inzwischen etablierter Schnittebenen zur reproduzierbaren Dokumentation, stellt sich Anatomie im Sonogramm so abhängig von der Schallkopfposition dar, daß nur die exakte Kenntnis der allgemeinen und der Schnittbildanatomie von CT und MRT weiterhilft.

Das Buch wendet sich an Ärzte/Ärztinnen, die einen Einstieg in die bildgebende Untersuchung des Halses suchen sowie an interessierte Studenten/Studentinnen. Insbesondere wird das Werk sicherlich von chirurgisch Tätigen mit viel Gewinn verwendet werden können, wenn es um die Interpretation von radiologischen Untersuchungen geht.
Bei der Erarbeitung haben wir uns von der Praxis am CT-, MRT- und sonographischen Arbeitsplatz leiten lassen. Typische und relevante topographische Beziehungen wurden schematisch verdeutlicht, um das anatomische Grundwissen zu reaktivieren. Es wurden besonders solche Gegebenheiten schematisch dargestellt, die unserer langen Erfahrung nach auch im anatomischen Unterricht immer Schwierigkeiten bereiten. Herr Dr. W. Höpfner, Mitarbeiter der „Klinik für Diagnostische Radiologie und Neuroradiologie“ am Zentralklinikum Augsburg, hat seine reichen Erfahrungen in der Funktionsdiagnostik des Pharynx ergänzend zur Verfügung gestellt.
In den CT- und MRT-Kapiteln wurde Wert darauf gelegt, auch die kleinen und kleinsten Strukturen möglichst genau zu benennen. Wo dieses Verfahren nicht selten auf Schwierigkeiten stieß, wurden eigens anatomische Präparate angefertigt, um die Benennungen anatomisch abzusichern.
Die axialen MR-tomographischen Schnittebenen fehlen bewußt. Der direkte Vergleich ergab, daß die Information im Vergleich zum axialen CT-Schnitt redundant war. Die Aufnahme der Bilder hätte den Atlas nur dicker, nicht informativer gemacht.

Für die graphische Umsetzung der Ideen für die Schemazeichnungen sei unserem anatomischen Zeichner, Herrn W. Graulich, und dem Grafiker, Herrn M. Voll, herzlich gedankt. Die radiologi-

schen Bildvorlagen wurden in bewährter Weise von Herrn U. Buhl erstellt und Frau U. Peters hat große Teile des Manuskriptes geschrieben. Den Kollegen Dr. V. Eckart und Dr. M. Schlößer sei für die technische Hilfe bei der Erstellung der MR-tomographischen Aufnahmen herzlich gedankt.
Herr Dr. Th. Scherb vom Georg Thieme Verlag hat uns durch anregende Diskussionen und eine gute Betreuung ständig motiviert und Herr R. Zepf und sein Team haben bei der Umsetzung des Manuskriptes zum fertigen Buch Hervorragendes geleistet.

Aachen und Augsburg, im Frühjahr 1996

A. Prescher
K. Bohndorf

Geleitwort

Ein bildgebendes Verfahren ist so wertvoll wie seine Interpretation.
Eine solche Binsenwahrheit tritt sofort ins Bewußtsein, wenn man die inzwischen detaillierten und hochauflösenden Darstellungsmöglichkeiten von Computer- und Kernspintomographie betrachtet. Um den wirklichen Wert dieser Verfahren also ausschöpfen zu können, sind genaue anatomische Kenntnisse unabdingbar. Die Koautorenschaft eines Anatomen und eines klinisch tätigen Radiologen bedeutet deswegen ein gelungenes Konzept. Es werden nicht nur global große anatomische Strukturen dargestellt und bezeichnet, sondern gerade kleine Details vor Augen geführt und plausibel einer anatomischen Struktur zugeordnet. Je detaillierter unsere Kenntnis über die normale Anatomie ist, umso detaillierter wird auch die Diagnosestellung pathologischer Veränderungen sein.

Das Buch erscheint mir sehr wertvoll für Radiologen, Hals-Nasen-Ohren-Ärzte, Kieferchirurgen, Neurochirurgen und weitere mit dem Hals befaßte Disziplinen. Wenn dieses Werk an den Arbeitsplätzen vorhanden ist, wird keine auch detaillierte Nachfrage über die Anatomie des Kopf-Hals-Bereiches in radiologischen Verfahren offenbleiben. Im Sinne einer Qualitätsverbesserung unserer ärztlichen Tätigkeit wünsche ich deswegen dem Werk eine weite Verbreitung.

Prof. Dr. Th. Deitmer
Zentralklinikum Augsburg
Klinik für
Hals-Nasen-Ohren-Heilkunde,
Kopf- und Halschirurgie
86156 Augsburg

1 Konventionelle Röntgendarstellung der Halswirbelsäule

Anatomische Vorbemerkungen

Die Halswirbelsäule weist gegenüber der Brust- und Lendenwirbelsäule typische Abwandlungen auf, die einmal im Dienste der Beweglichkeit des Kopfes und andererseits im Dienste der Blutversorgung des Gehirns stehen.

Um eine optimale Beweglichkeit des Kopfes zu gewährleisten, haben sich die beiden oberen Wirbel zu Drehwirbeln umgewandelt, was sich in typischen morphologischen Eigenheiten widerspiegelt. So ist der Körper des Atlas zum Dens axis geworden, um den die Drehbewegung ausgeführt wird.

Weiterhin geht Halsrippenmaterial in die Querfortsätze ein. Zwischen dem eigentlichen Querfortsatz und der rudimentären, rückgebildeten Halsrippe verbleibt ein Zwischenraum, das Foramen processus transversi (s. transversarium, s. costotransversarium). Durch dieses Loch zieht die A. vertebralis und die als Plexus ausgebildete V. vertebralis sowie ein sympathisches Nervengeflecht, welches als N. vertebralis bezeichnet wird. Es ist zu beachten, daß die V. vertebralis schon in das Foramen des 7. Wirbels eintritt, die A. vertebralis hingegen erst in das Foramen des 6. Wirbels. Diese Verhältnisse dokumentieren sich durch eine deutliche Zunahme des Durchmessers des Foramen processus transversi des 7. zu jenem des 6. Halswirbels.

Eine weitere Besonderheit der Halswirbel C3 – C7 ist die Ausbildung der Unci corporum, die an der Bildung der Articulationes uncovertebrales (Luschka) beteiligt sind.

Da es sich bei der kraniozervikalen Übergangsregion um ein entwicklungsgeschichtlich „unruhiges“ Gebiet handelt, manifestieren sich hier besonders zahlreiche Normvarianten, die in der Spezialliteratur (Keats 1990, Köhler u. Zimmer 1989, v. Torklus u. Gehle 1987) studiert werden müssen.

Praxisrelevante Maße der normalen Halswirbelsäule

(Fokus-Film-Abstand: 150 cm)

Atlantodentale Distanz (seitliche Aufnahme) (Abb. 1.**1**)

Erwachsener	≤ 2,5 mm	(gilt sowohl für die obere wie für die untere Distanz).
Kind	< 3 mm	(Maximalwerte bis 5 mm möglich).

Cave: Eine leichte „Subluxationsstellung" zwischen C 2/C 3 ist bei Kindern in der Anteflexionsstellung physiologisch.

Interpedunkulardistanz (a.-p., Erwachsener)

C 3 – C 7 = 24 – 32 mm.

Wichtig: Das Verhältnis der benachbarten Interpedunkularabstände zueinander: Differenz > 3 mm pathologisch.

Sagittaldurchmesser des Spinalkanals
(nach Wholey 1958)

	Erwachsene	*Kinder (bis 15 Jahre)*
C 1:	22 mm (16 – 30 mm)	22 mm (18 – 27 mm)
C 2:	19 mm (16 – 28 mm)	21 mm (18 – 25 mm)
C 3:	19 mm (14 – 25 mm)	17 mm (14 – 21 mm)
C 4 – 7:	18 mm (13 – 25 mm)	16 mm (14 – 21 mm)

Diskushöhe (Seitaufnahme)

C 2/3 ≤ C 3/4 ≤ C 4/5 ≤ C 5/6 ≤ C 6/7

Praktisch wichtige Hilfslinien des Kopf-Hals-Überganges (Seitbild) (Abb. 1.**2**)

A. McGregor-Basallinie (Palatosubokzipitallinie): Linie zwischen der oberen Hinterkante des harten Gaumens und dem Unterrand (tiefster Punkt) des Os occipitale. Die Densspitze sollte nicht mehr als 6,4 mm oberhalb dieser Linie liegen (basiläre Impression!).
B. Chamberlain-Linie (Palatookzipitallinie): Linie zwischen Hinterkante des harten Gaumens und dem Hinterrand des Foramen occipitale magnum.

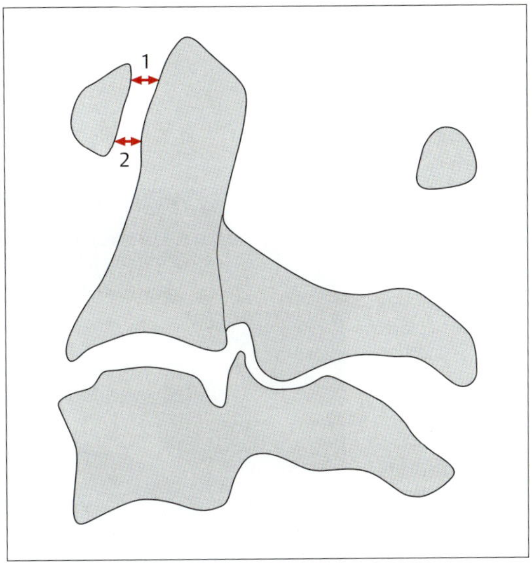

Abb. 1.**1** C 1/2 seitlich: Skizze zur Verdeutlichung der oberen (1) und unteren (2) atlantodentalen Distanz.

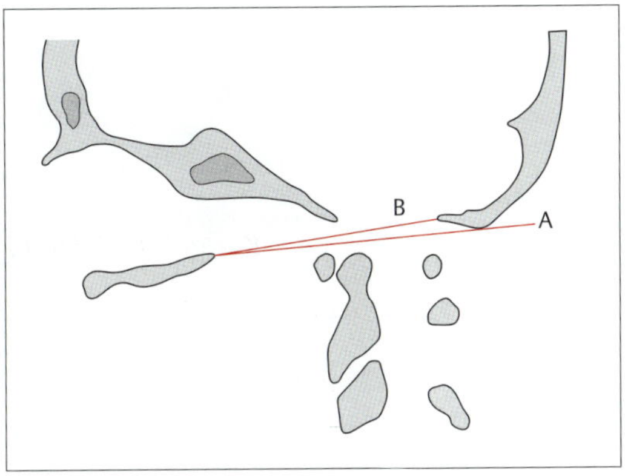

Abb. 1.**2** Atlantookzipitaler Übergang seitlich: McGregor-(A) und Chamberlain-Linie (B).

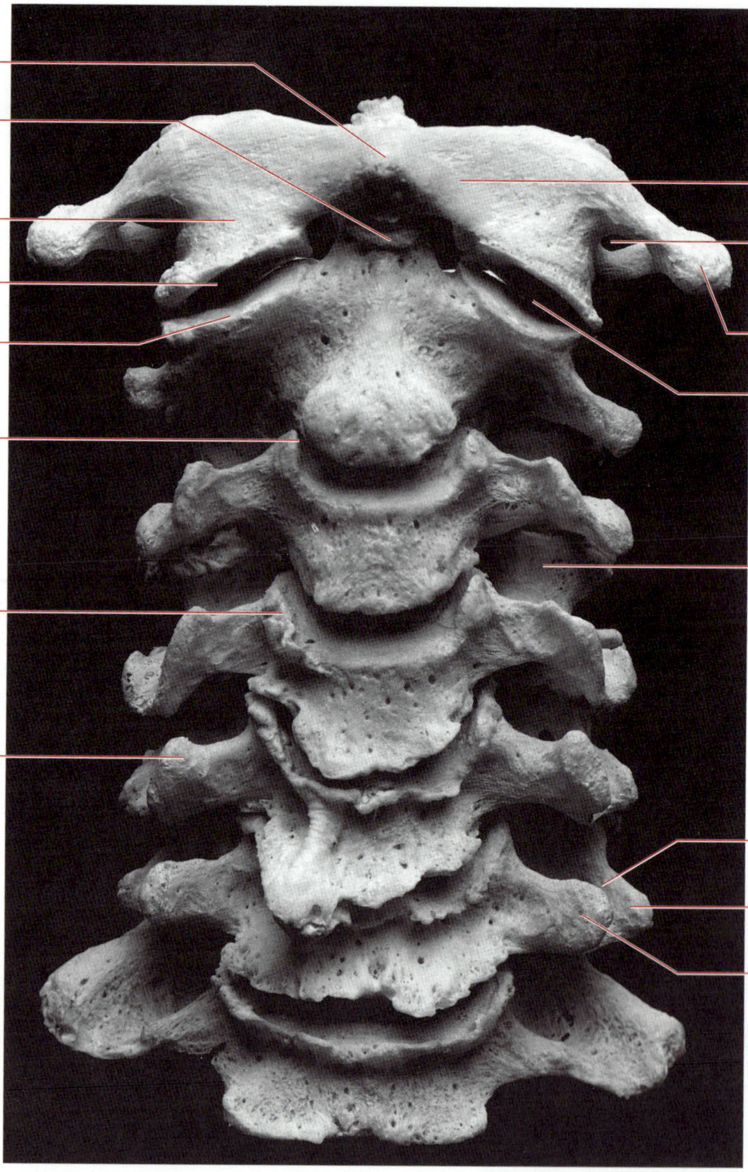

Abb. 1.3 Anatomisches Präparat der Halswirbelsäule a.-p.

Abb. 1.**4** Anatomisches Präparat der Halswirbelsäule schräg.

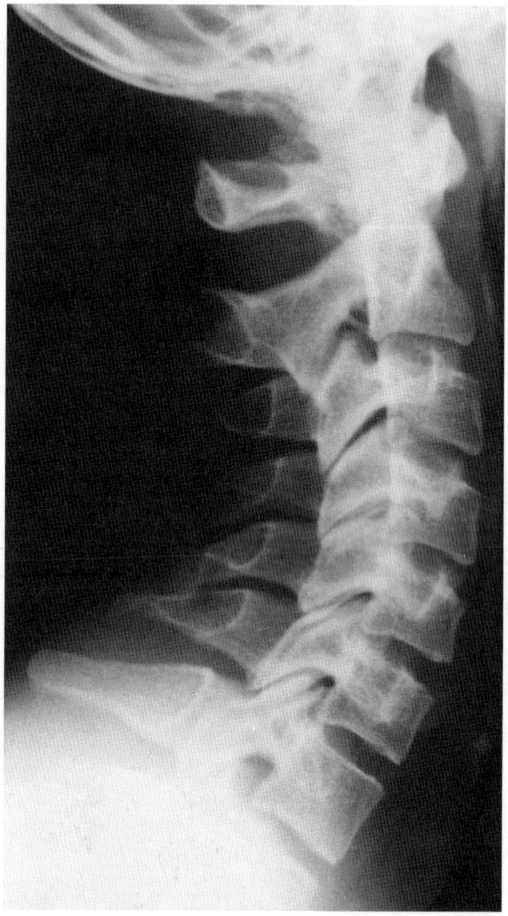

Abb. 1.**5** Halswirbelsäule seitlich.
Anmerkung: In der seitlichen HWS-Aufnahme sollte der harte Gaumen mit abgebildet sein (McGregor-, Chamberlain-Linie!). Dies wurde hier aus phototechnischen Gründen unterlassen.

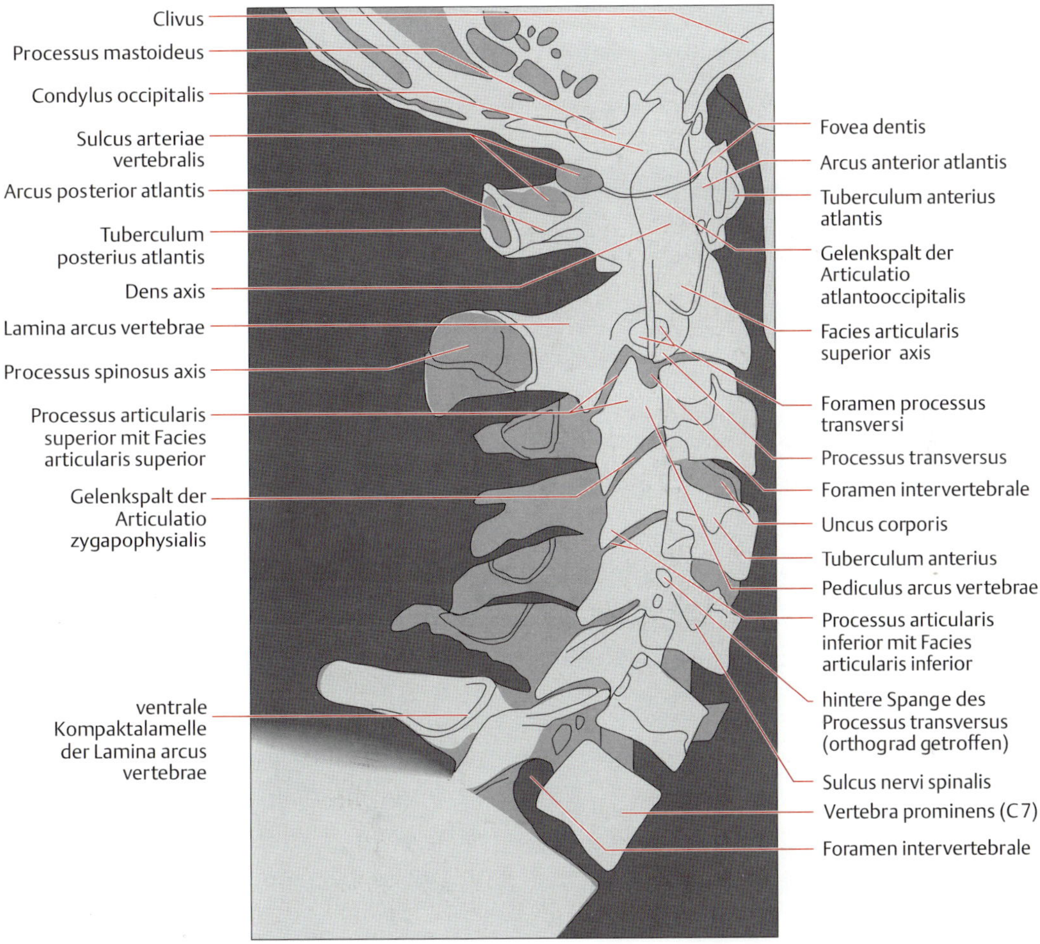
Clivus
Processus mastoideus
Condylus occipitalis
Sulcus arteriae vertebralis
Arcus posterior atlantis
Tuberculum posterius atlantis
Dens axis
Lamina arcus vertebrae
Processus spinosus axis
Processus articularis superior mit Facies articularis superior
Gelenkspalt der Articulatio zygapophysialis
ventrale Kompaktalamelle der Lamina arcus vertebrae
Fovea dentis
Arcus anterior atlantis
Tuberculum anterius atlantis
Gelenkspalt der Articulatio atlantooccipitalis
Facies articularis superior axis
Foramen processus transversi
Processus transversus
Foramen intervertebrale
Uncus corporis
Tuberculum anterius
Pediculus arcus vertebrae
Processus articularis inferior mit Facies articularis inferior
hintere Spange des Processus transversus (orthograd getroffen)
Sulcus nervi spinalis
Vertebra prominens (C7)
Foramen intervertebrale

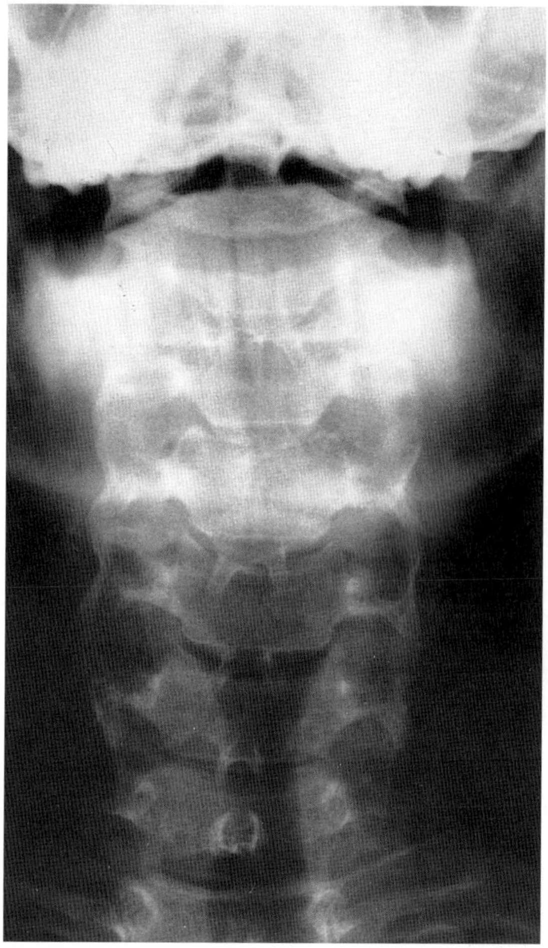

Abb. 1.6 Halswirbelsäule a.-p. (nach Ottonello).

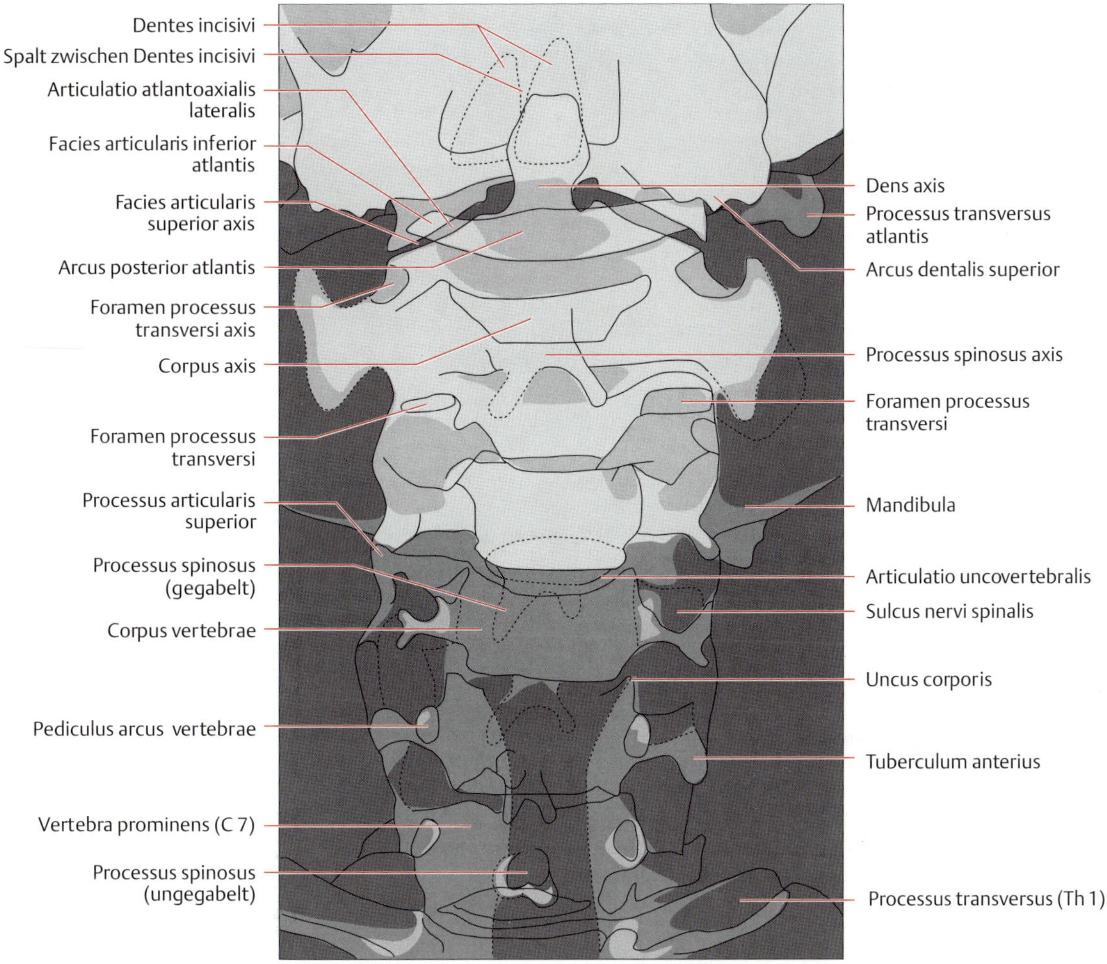
Dentes incisivi
Spalt zwischen Dentes incisivi
Articulatio atlantoaxialis lateralis
Facies articularis inferior atlantis
Facies articularis superior axis
Arcus posterior atlantis
Foramen processus transversi axis
Corpus axis
Foramen processus transversi
Processus articularis superior
Processus spinosus (gegabelt)
Corpus vertebrae
Pediculus arcus vertebrae
Vertebra prominens (C 7)
Processus spinosus (ungegabelt)
Dens axis
Processus transversus atlantis
Arcus dentalis superior
Processus spinosus axis
Foramen processus transversi
Mandibula
Articulatio uncovertebralis
Sulcus nervi spinalis
Uncus corporis
Tuberculum anterius
Processus transversus (Th 1)

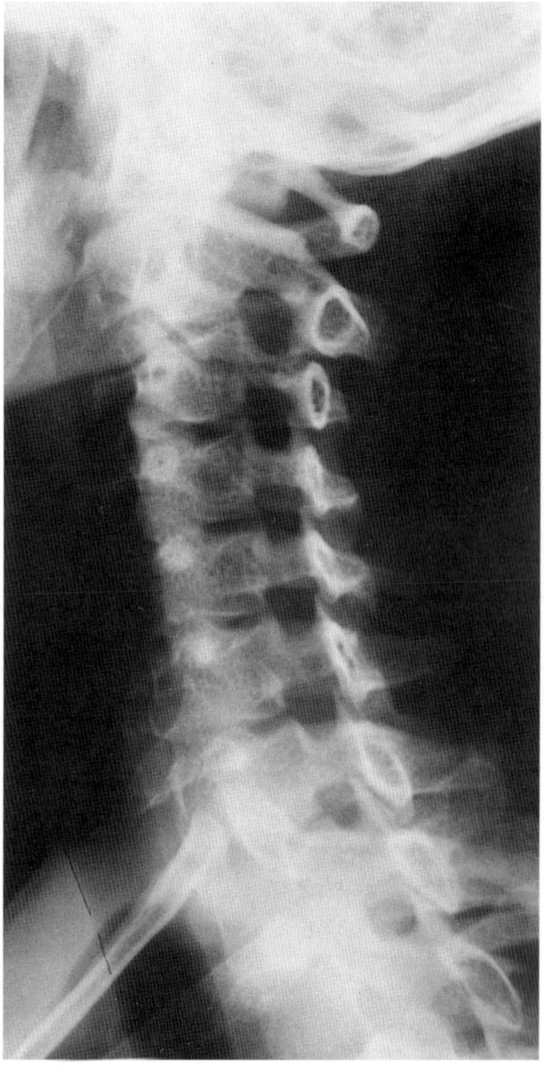

Abb. 1.**7** Halswirbelsäule schräg 45 °.
Anmerkung: Im a.-p. Strahlengang werden bei Drehung des Halses nach rechts („links angehoben“) die linken Foramina intervertebralia dargestellt und umgekehrt.

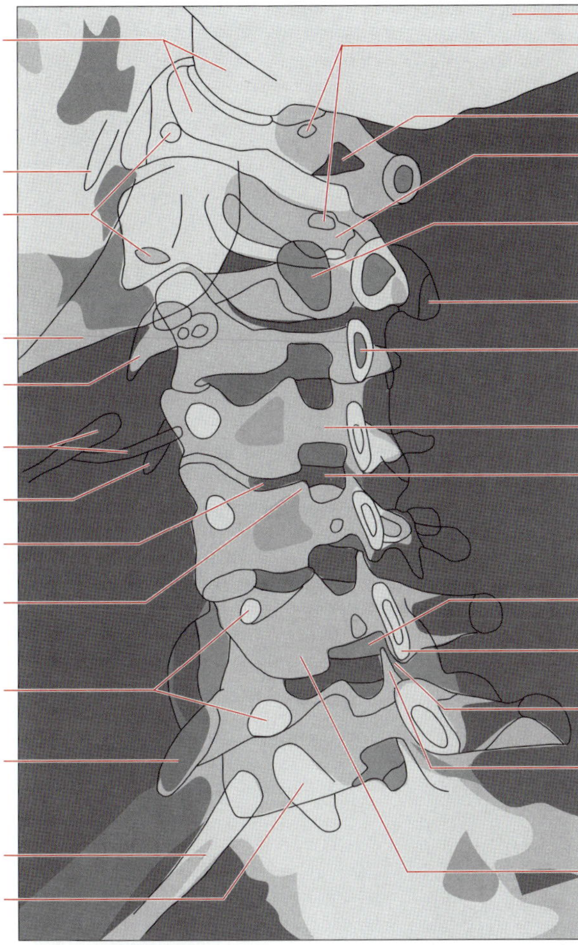
Condylus occipitalis
Processus transversus atlantis
Processus styloideus
Foramen processus transversi
Corpus mandibulae
Processus transversus (C 3)
Cornu majus ossis hyoidei
Processus transversus (C 4)
Gelenkspalt der Articulatio uncovertebralis
Uncus corporis
orthograd getroffener Processus transversus
Processus transversus (C 7)
Costa I
Processus transversus (Th 1)
Os occipitale
Foramen processus transversi der Gegenseite
Foramen vertebrale atlantis
Processus transversus atlantis (der Gegenseite)
Foramen intervertebrale darin Lamina arcus vertebrae (der Gegenseite)
Processus spinosus axis
Lamina arcus vertebrae
Pediculus arcus vertebrae
Foramen intervertebrale
Projektion der Lamina arcus vertebrae der Gegenseite
Processus articularis inferior
Gelenkspalt der Articulatio zygapophysialis
Processus articularis superior
Pediculus arcus vertebrae

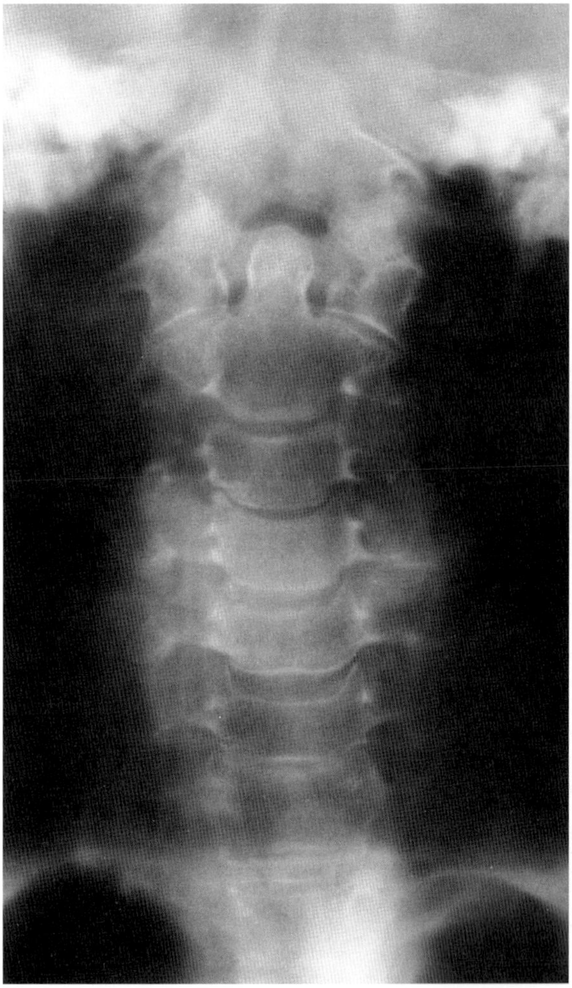

Abb. 1.**8** Halswirbelsäule a.-p. (konventionelle Tomographie).

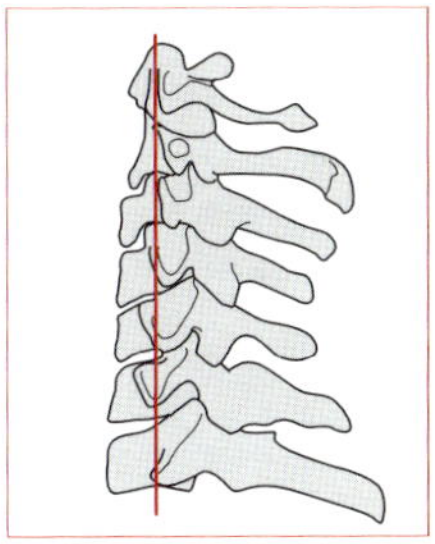

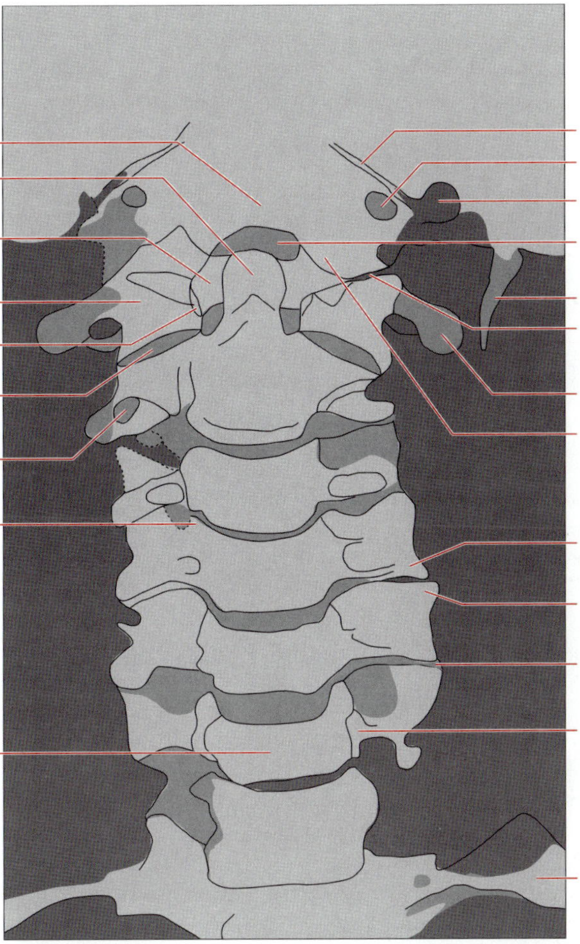
Clivus
Dens axis
Arcus anterior atlantis
Massa lateralis
Tuberculum Henle
Articulatio atlantoaxialis lateralis
Foramen processus transversi
Uncus corporis und Articulatio uncovertebralis
Corpus vertebrae (C 6)
Fissura petrooccipitalis
Canalis hypoglossi
Foramen jugulare
Foramen occipitale magnum
Processus styloideus
Articulatio atlanto-occipitalis
Processus transversus
Condylus occipitalis
Processus articularis inferior
Processus articularis superior
Gelenkspalt der Articulatio zygapophysialis
Pediculus arcus vertebrae
Costa I

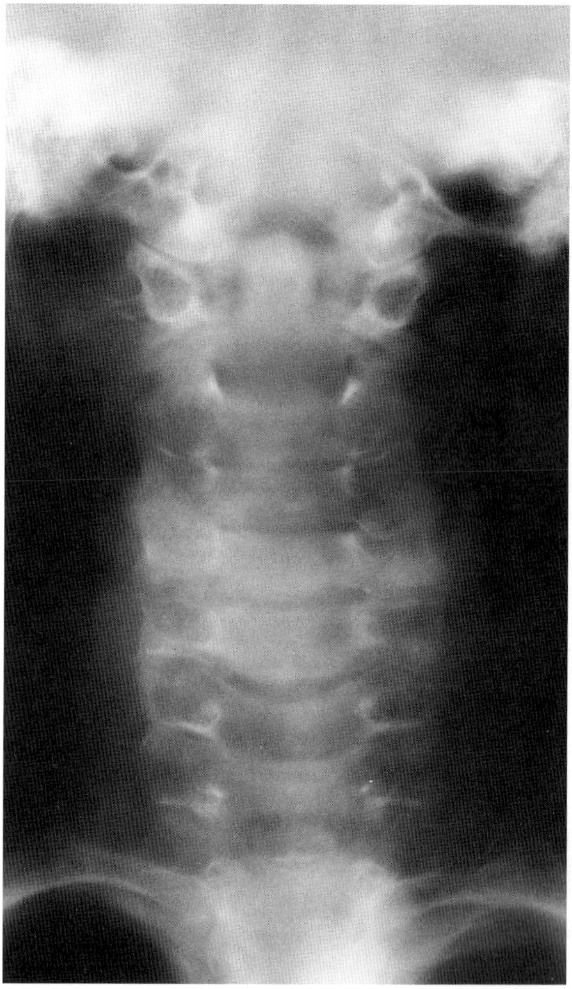

Abb. 1.**9** Halswirbelsäule a.-p. (konventionelle Tomographie).
Anmerkung: Schnitt auf Höhe der Pediculi arcuum vertebrarum, 1 cm dorsel von Abb. 1.**8**.

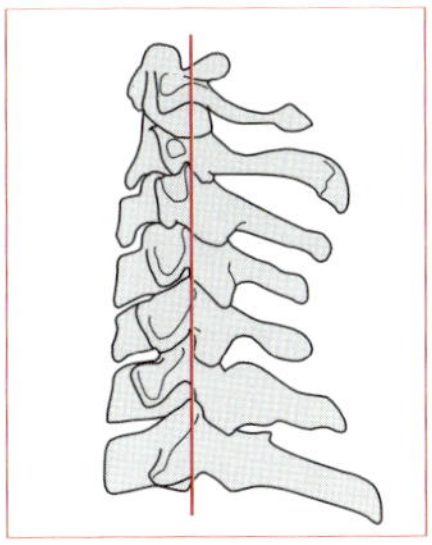

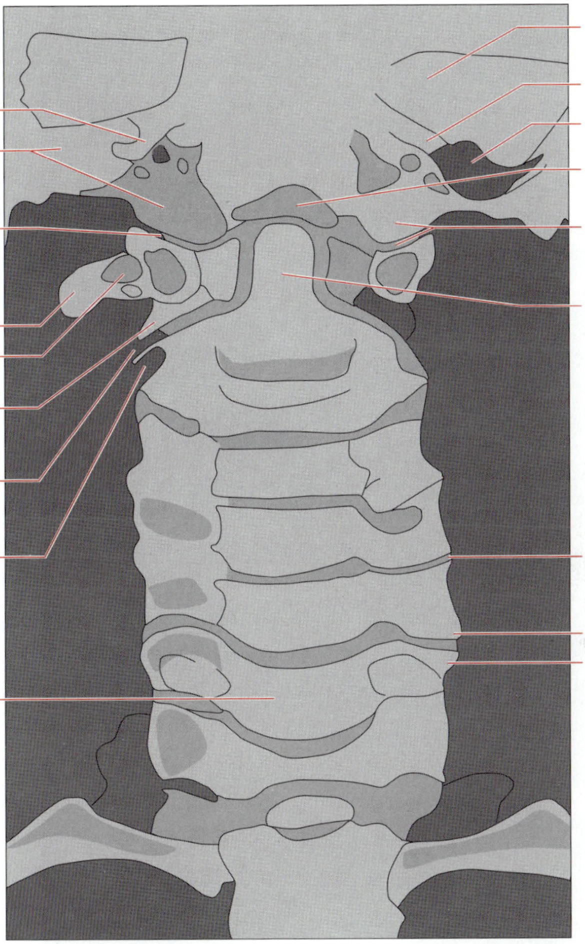
Pars petrosa ossis temporalis
Fissura petrooccipitalis
Foramen jugulare
Foramen occipitale magnum
Condylus occipitalis und Gelenkspalt der Articulatio atlantooccipitalis
Dens axis
Gelenkspalt der Articulatio zygapophysialis
Processus articularis inferior
Processus articularis superior
Foramen jugulare
Pars lateralis ossis occipitalis mit Condylus occipitalis
Fovea articularis superior atlantis und Facies articularis superior atlantis
Processus transversus
Foramen processus transversi
Massa lateralis atlantis mit Facies articularis atlantis inferior
Gelenkspalt der Articulatio atlantoaxialis lateralis
Foramen processus transversi
Corpus vertebrae (C 6)

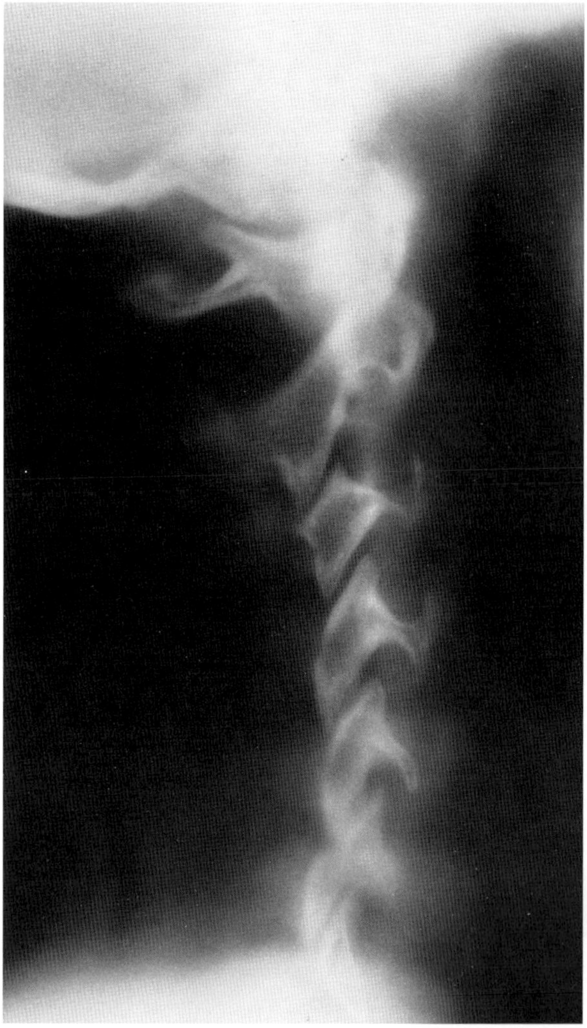

Abb. 1.**10** Halswirbelsäule seitlich (konventionelle Tomographie). *Anmerkung:* Schnitt durch die Processus articulares und die Pediculi arcuum vertebrarum.

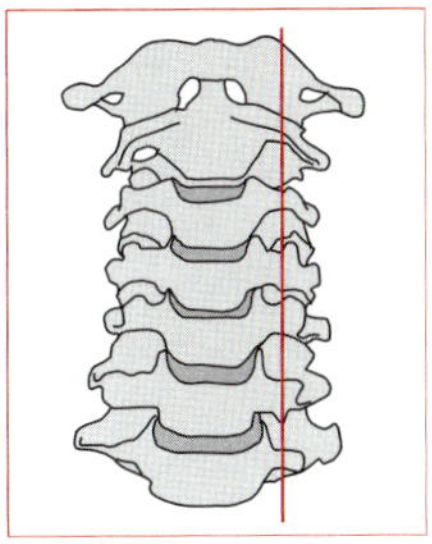

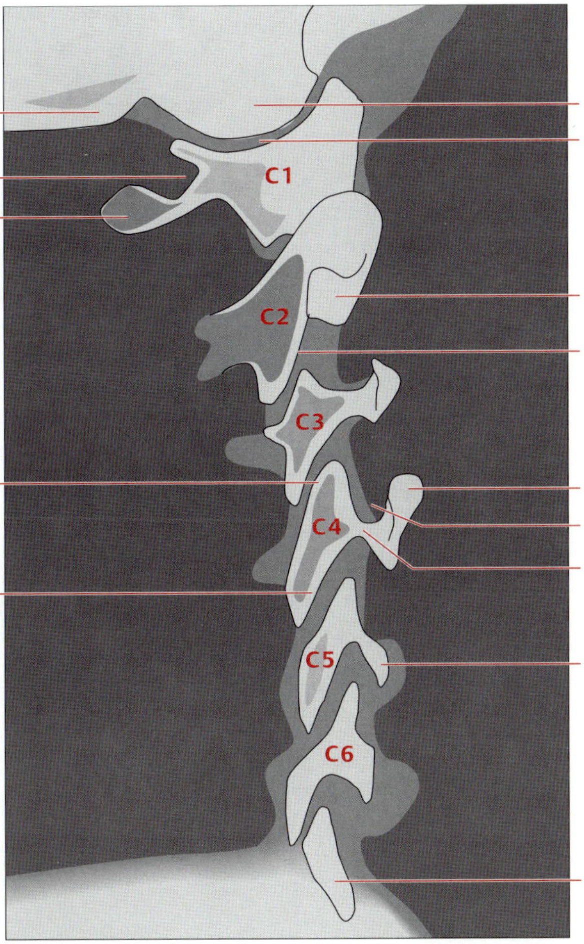
Os occipitale
Sulcus arteriae vertebralis
Arcus posterior atlantis
Processus articularis superior mit Facies articularis superior
Processus articularis inferior mit Facies articularis inferior
Condylus occipitalis
Fovea articularis superior atlantis
Foramen processus transversi
Processus articularis inferior axis mit Facies articularis inferior axis
Tuberculum anterius
Sulcus nervi spinalis
Anschnitt des Processus transversus
Tuberculum posterius
Anschnitt des Processus articularis superior (C 7)
C1
C2
C3
C4
C5
C6

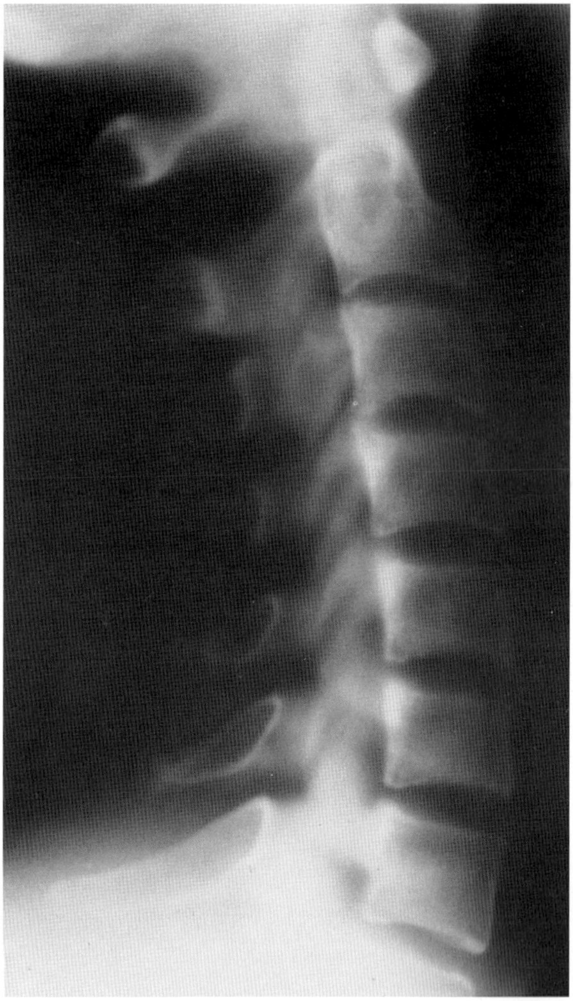

Abb. 1.**11** Halswirbelsäule seitlich (konventionelle Tomographie).
Anmerkung: Die Schicht liegt 3 cm Richtung Medianebene im Vergleich zur Abb. 1.**10**.

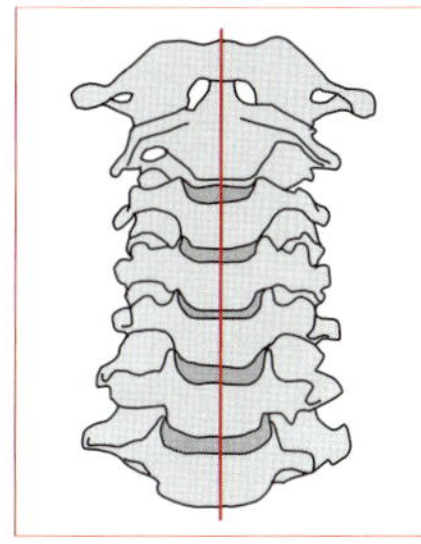

Dens axis
Tuberculum posterius atlantis
Arcus posterior atlantis
Processus articularis superior
Processus articularis inferior
Processus spinosus
Lamina arcus vertebrae
Fovea dentis
Arcus anterior atlantis
Articulatio atlantoaxialis mediana
Facies articularis superior axis
Foramen processus transversi mit Processus transversus (schemenhaft durchschimmernd)
konkave Grundplatte
Incisura vertebralis inferior
Incisura vertebralis superior
Pediculus arcus vertebrae
Vertebra prominens (C 7)

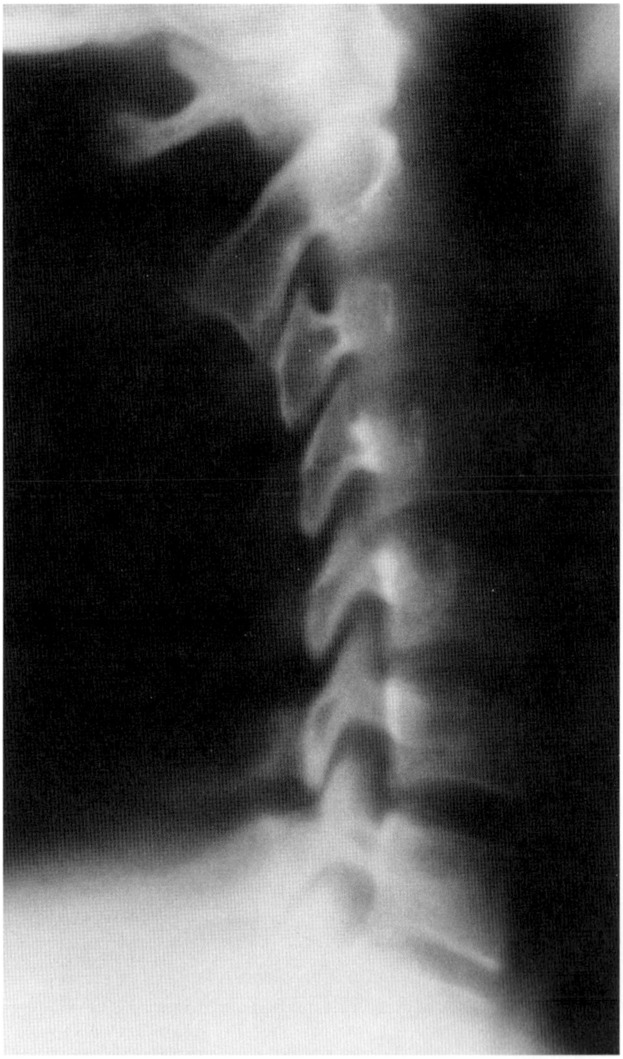

Abb. 1.**12** Halswirbelsäule seitlich (konventionelle Tomographie).
Anmerkung: Die Schicht wandert 1,5 cm aus der Medianebene nach lateral im Vergleich zur Abb. 1.**11**.

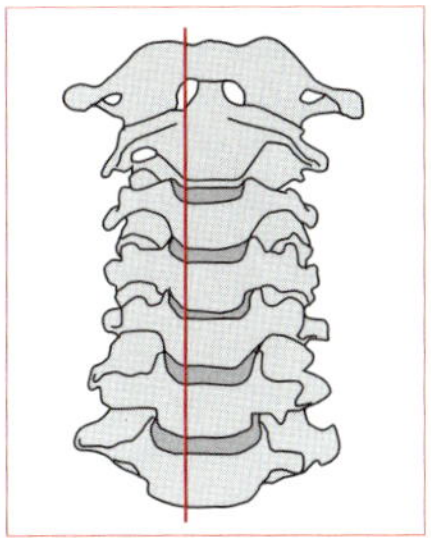

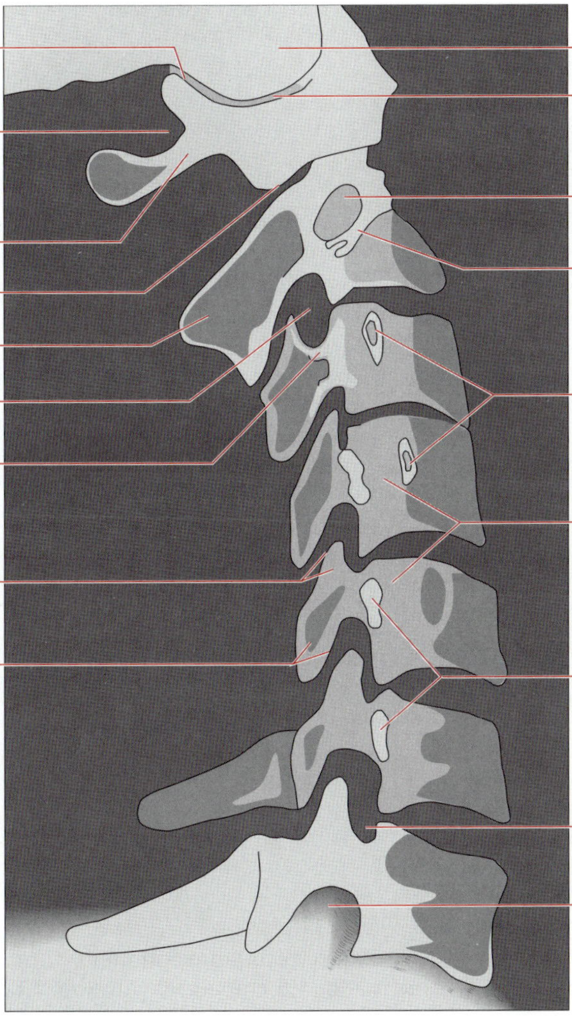

Fovea articularis superior atlantis
Sulcus arteriae vertebralis
Arcus posterior atlantis
Facies articularis inferior atlantis
Lamina arcus vertebrae
Foramen intervertebrale
Pediculus arcus vertebrae
Processus articularis superior mit Facies articularis superior
Processus articularis inferior mit Facies articularis inferior
Condylus occipitalis
Gelenkspalt der Articulatio atlantooccipitalis
Foramen processus transversi
Processus transversus
Processus transversus (vordere Spange medial des Tuberculum anterius)
Foramen processus transversi
Kompaktaverdickung am Übergang von Pediculus in Corpus vertebrae
Incisura vertebralis superior
Incisura vertebralis inferior

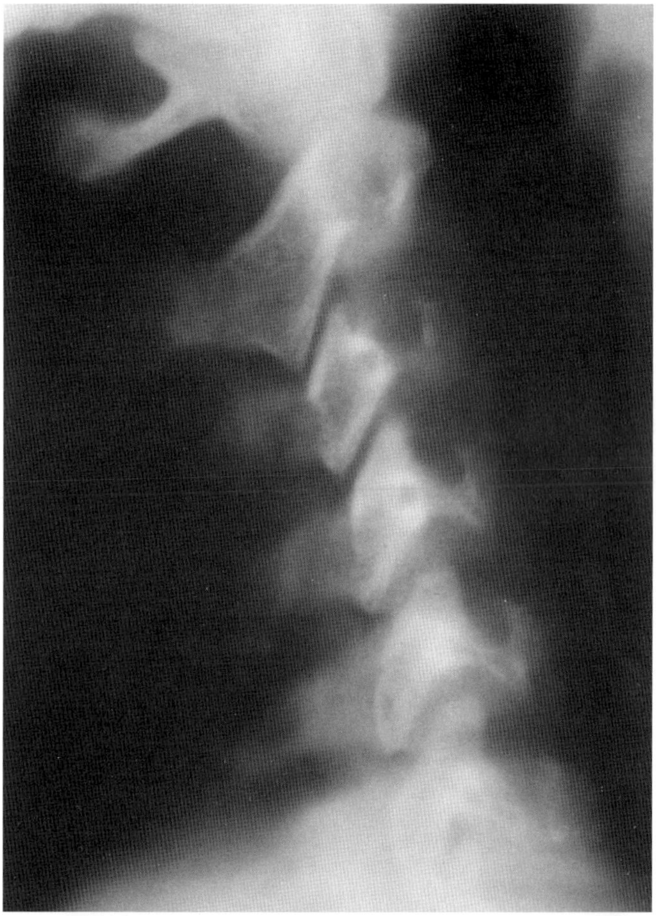

Abb. 1.**13** Halswirbelsäule seitlich (konventionelle Tomographie).
Anmerkung: Die Schicht liegt 1,5 cm lateral von Abb. 1.**12**.

Abb. 1.13

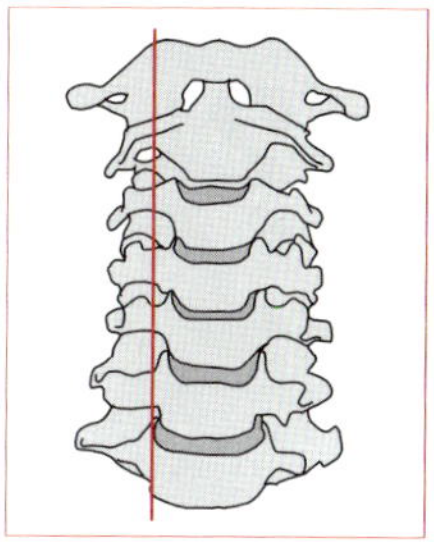

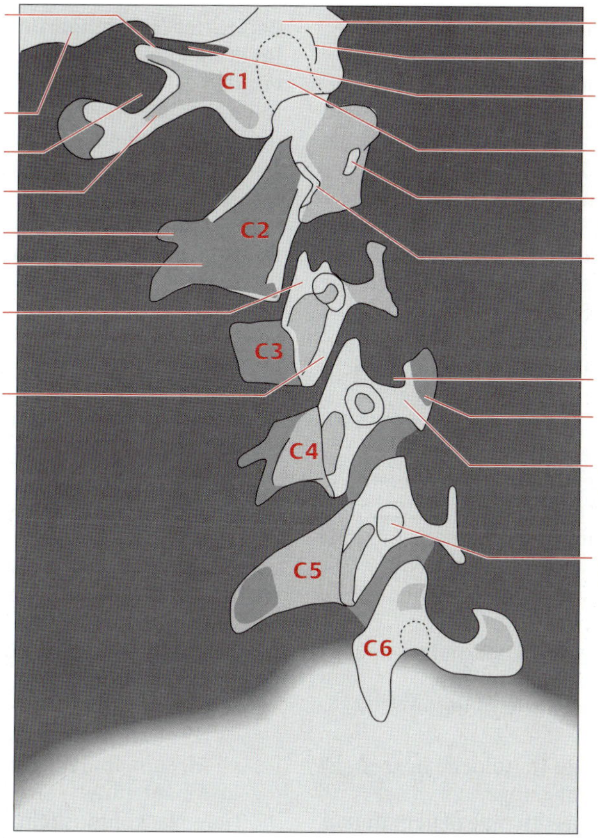
Fovea articularis superior atlantis
Os occipitale
Sulcus arteriae vertebralis
Arcus posterior atlantis
Processus spinosus
Lamina arcus vertebrae
Processus articularis superior
Processus articularis inferior
C1
C2
C3
C4
C5
C6
Massa lateralis atlantis
Arcus anterior atlantis
Gelenkspalt der Articulatio atlantooccipitalis
Dens axis
vordere Spange des Processus transversus
Ansatz der hinteren Spange des Processus tranversus am Pedicus arcus vertebrae
Sulcus nervi spinalis
Tuberculum anterius
Processus transversus (Boden des Sulcus nervi spinalis)
hintere Spange des Processus transversus

2 Anatomie des Halses im CT (axial)

Topographische Vorbemerkungen

Die komplizierte anatomische Struktur des Halses kann man sich aus einzelnen Kompartimenten zusammengesetzt vorstellen (Abb. 2.**1**). Bei der Interpretation von Schnittbildern des Halses ist es ratsam, diese Kompartimente aufzusuchen, um zuerst die großen Leitstrukturen (Knochen, Muskeln, Gefäße) zu identifizieren. Von diesen Landmarken ausgehend, gelingt dann auch die Bestimmung kleinerer Strukturen.
Für die Kompartimente gelten die folgenden topographischen Grundsätze, die unbedingt beachtet werden müssen.

Eingeweidekompartiment

- Das Os hyoideum liegt beim Erwachsenen auf Höhe des Discus intervertebralis C 2/C 3.
- Der Larynx liegt beim Erwachsenen auf Höhe vom C 5 – C 6.
- Die infrahyale Muskulatur ist schichtweise angeordnet:
  - oberflächlich liegen: M. sternohyoideus und M. omohyoideus,
  - tief liegen: M. sternothyroideus und M. thyrohyoideus.
- Der Isthmus glandulae thyroideae liegt meist vor der 2.–4. Trachealspange.
- Die Lamina cartilaginis cricoideae liegt dorsal.
- Der M. vocalis liegt medial des M. thyroarytaenoideus.
- Die Rima glottidis liegt auf Höhe der Mm. arytaenoidei.
- Der Mundboden ist schichtweise gegliedert (von kaudal nach kranial):
  - Platysma,
  - Venter anterior m. digastrici,
  - M. mylohyoideus,
  - M. geniohyoideus,
  - M. genioglossus.

Gefäß-Nerven-Kompartiment

Im kranialen Abschnitt liegt die A. carotis interna vor der V. jugularis interna. Im gesamten Mittelteil des Halses liegt die A. carotis interna medial neben der V. jugularis interna und in der kaudalen Halspartie trennen sich diese beiden Gefäße voneinander, so daß zwischen ihnen ein dreieckiger Raum frei bleibt, in dessen Tiefe der Anfangsteil der A. subclavia und die A. vertebralis erscheint.

Wirbelsäulen-Muskel-Kompartiment

- Vor der Wirbelsäule liegt die prävertebrale Muskelgruppe:
  - M. longus capitis (lateral gelegen),
  - M. longus colli (3 Anteile, weiter medial gelegen).
- Der Wirbelsäule liegt dorsal die schichtweise angeordnete autochthone Rückenmuskulatur auf, die sich im Bereich des kraniozervikalen Übergangs zur sog. tiefen Nackenmuskulatur umwandelt.
  Lange autochthone Rückenmuskeln (von innen nach außen):
  - M. multifidi,
  - M. semispinalis cervicis,
  - M. semispinalis capitis,
  - M. splenius.

  Tiefe Nackenmuskeln:
  - M. rectus capitis posterior major,
  - M. rectus capitis posterior minor,
  - M. obliquus capitis superior,
  - M. obliquus capitis inferior.

- Seitlich lagert sich die Skalenusgruppe und der M. levator scapulae der Wirbelsäule an:
  - M. scalenus anterior: Ursprung von den Tubercula anteriora des 3.–6. Halswirbelquerfortsatzes. Ansatz am Tuberculum m. scaleni anterioris der ersten Rippe.
  - M. scalenus medius: Ursprung von den Tubercula anteriora aller Halswirbelquerfortsätze. Ansatz an der 1. Rippe hinter dem Sulcus a. subclaviae.
  - M. scalenus posterior: Ursprung von den Tubercula posteriora des 5.–7. Halswirbelquerfortsatzes. Ansatz an der kranialen Fläche der 2. Rippe.
  - M. levator scapulae (trunkofugale Muskulatur). Ursprung: Tubercula posteriora des 1.–4. Halswirbelquerfortsatzes. Ansatz: Angulus superior scapulae.
- Die beiden kraniofugalen Muskeln (M. sternocleidomastoideus und M. trapezius. Innervation: N. accessorius) hüllen als oberflächliche Muskelschicht die o. g. Muskelgruppen ein.

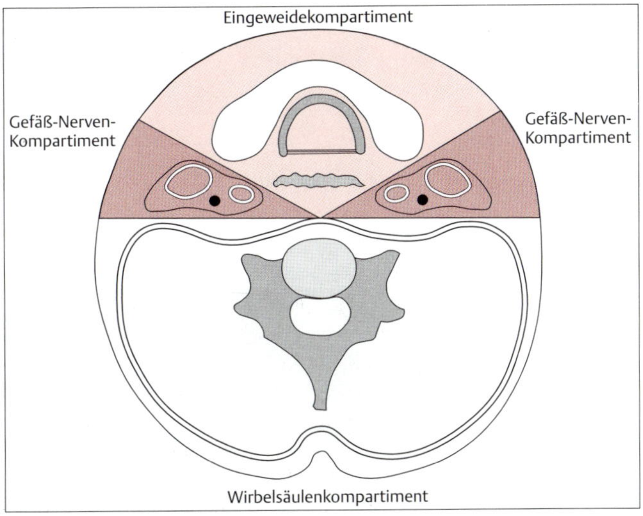

Abb. 2.**1** Kompartimente des Halses.

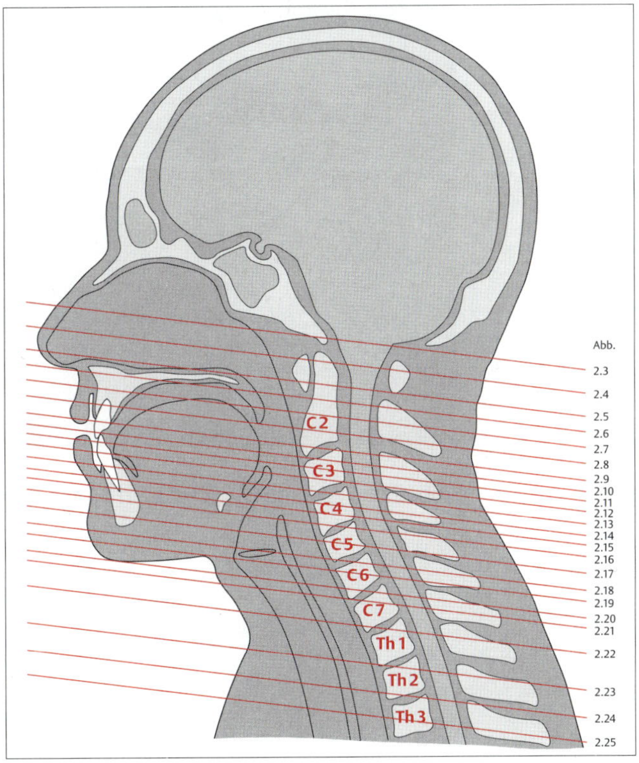

Abb. 2.**2** Lage der axialen CT-Schnitte (Abb. 2.**3**–2.**25**).

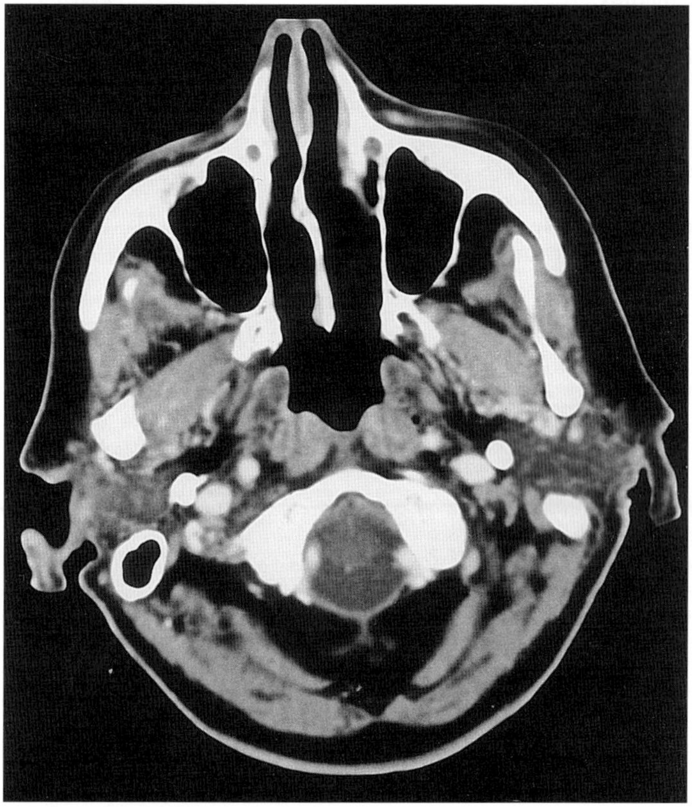

Abb. 2.**3** Axialer CT-Schnitt in Höhe der Condyli occipitales.

Abb. 2.3

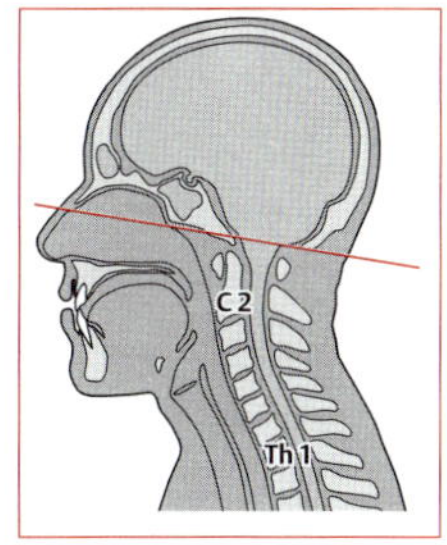
C2
Th1

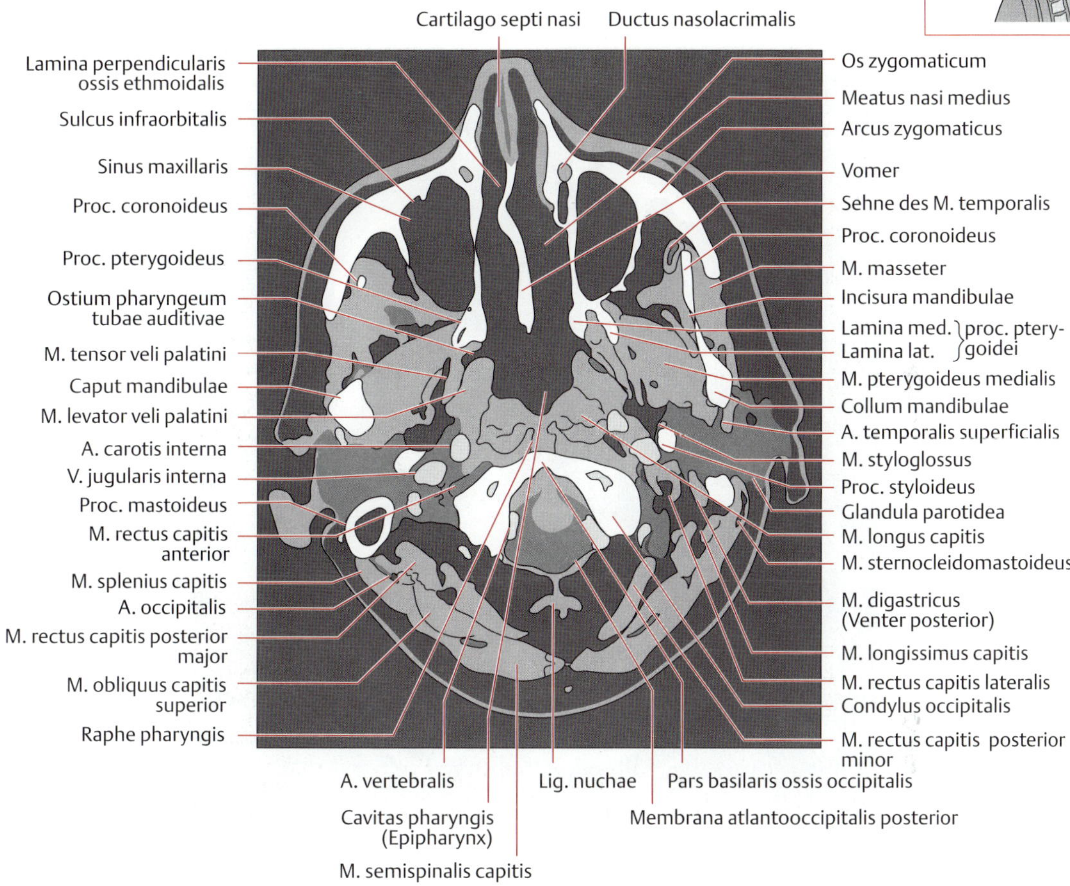
Cartilago septi nasi
Ductus nasolacrimalis
Lamina perpendicularis ossis ethmoidalis
Sulcus infraorbitalis
Sinus maxillaris
Proc. coronoideus
Proc. pterygoideus
Ostium pharyngeum tubae auditivae
M. tensor veli palatini
Caput mandibulae
M. levator veli palatini
A. carotis interna
V. jugularis interna
Proc. mastoideus
M. rectus capitis anterior
M. splenius capitis
A. occipitalis
M. rectus capitis posterior major
M. obliquus capitis superior
Raphe pharyngis
Os zygomaticum
Meatus nasi medius
Arcus zygomaticus
Vomer
Sehne des M. temporalis
Proc. coronoideus
M. masseter
Incisura mandibulae
Lamina med. } proc. pterygoidei
Lamina lat.
M. pterygoideus medialis
Collum mandibulae
A. temporalis superficialis
M. styloglossus
Proc. styloideus
Glandula parotidea
M. longus capitis
M. sternocleidomastoideus
M. digastricus (Venter posterior)
M. longissimus capitis
M. rectus capitis lateralis
Condylus occipitalis
M. rectus capitis posterior minor
A. vertebralis
Lig. nuchae
Pars basilaris ossis occipitalis
Cavitas pharyngis (Epipharynx)
Membrana atlantooccipitalis posterior
M. semispinalis capitis

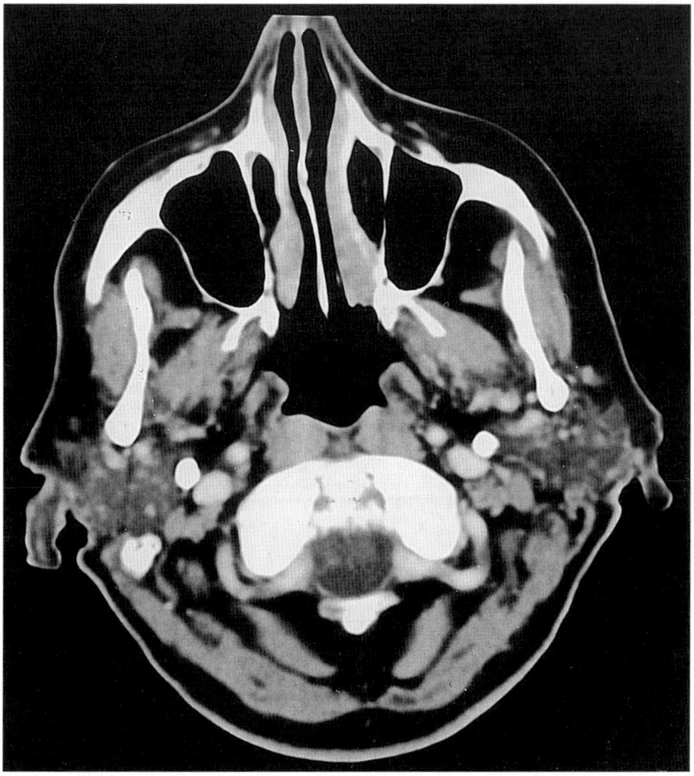

Abb. 2.**4** Axialer CT-Schnitt in Höhe der Spitze des Dens axis.

Abb. 2.4

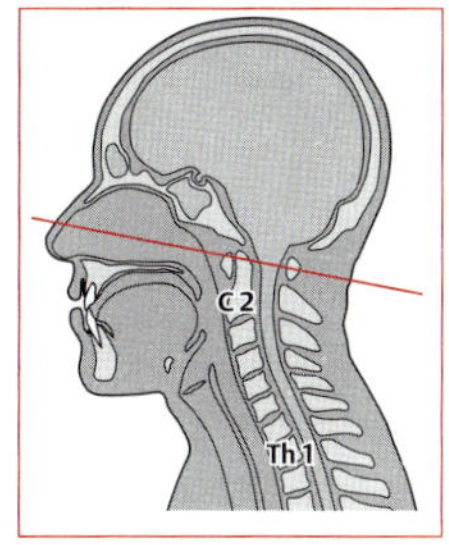
C 2
Th 1

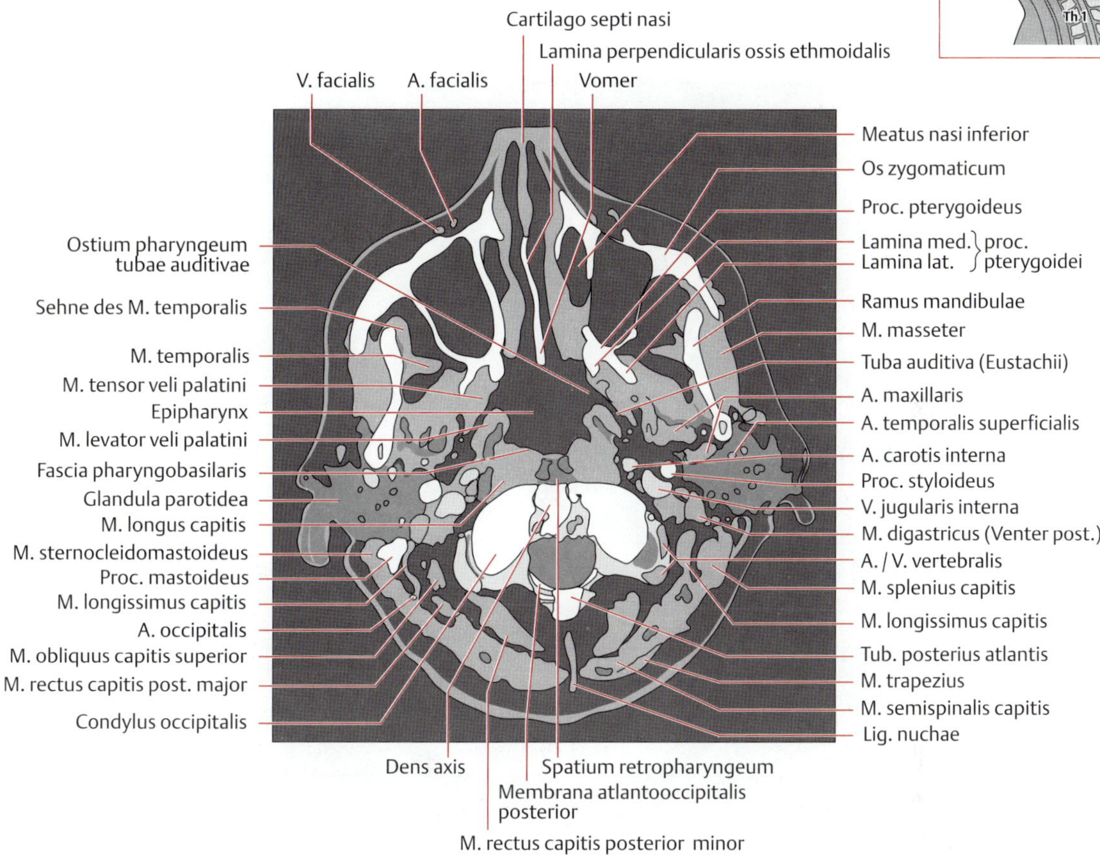
Cartilago septi nasi
Lamina perpendicularis ossis ethmoidalis
V. facialis
A. facialis
Vomer
Ostium pharyngeum tubae auditivae
Sehne des M. temporalis
M. temporalis
M. tensor veli palatini
Epipharynx
M. levator veli palatini
Fascia pharyngobasilaris
Glandula parotidea
M. longus capitis
M. sternocleidomastoideus
Proc. mastoideus
M. longissimus capitis
A. occipitalis
M. obliquus capitis superior
M. rectus capitis post. major
Condylus occipitalis
Meatus nasi inferior
Os zygomaticum
Proc. pterygoideus
Lamina med. } proc.
Lamina lat. } pterygoidei
Ramus mandibulae
M. masseter
Tuba auditiva (Eustachii)
A. maxillaris
A. temporalis superficialis
A. carotis interna
Proc. styloideus
V. jugularis interna
M. digastricus (Venter post.)
A. / V. vertebralis
M. splenius capitis
M. longissimus capitis
Tub. posterius atlantis
M. trapezius
M. semispinalis capitis
Lig. nuchae
Dens axis
Spatium retropharyngeum
Membrana atlantooccipitalis posterior
M. rectus capitis posterior minor

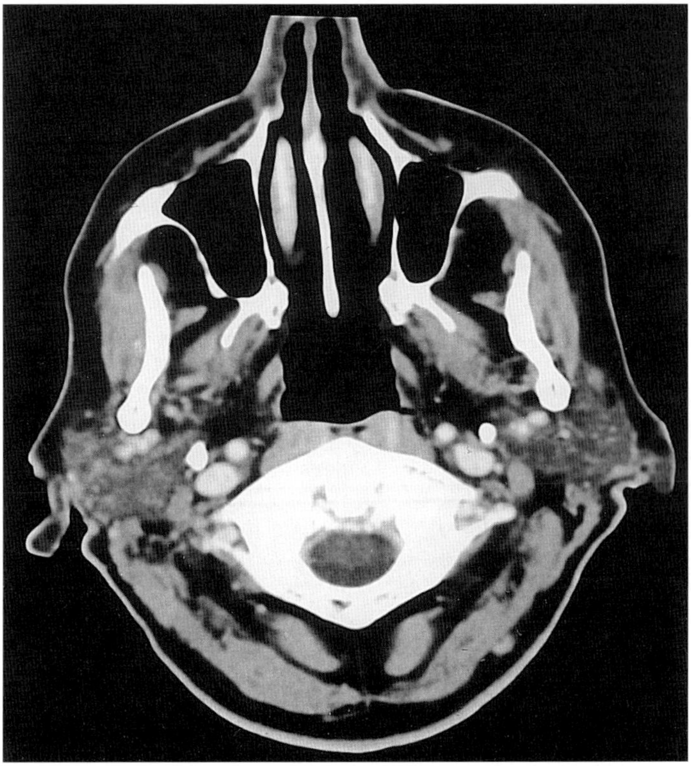

Abb. 2.**5** Axialer CT-Schnitt in Höhe des Atlas.

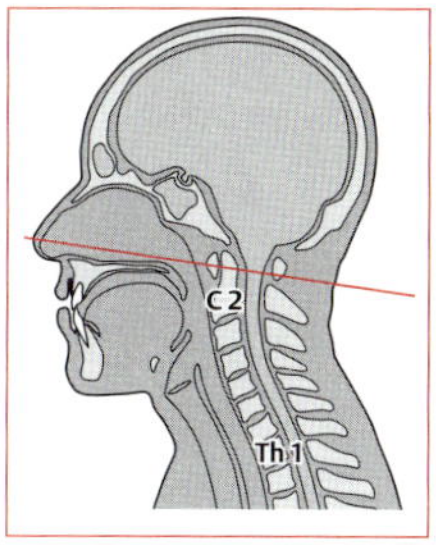
C 2
Th 1

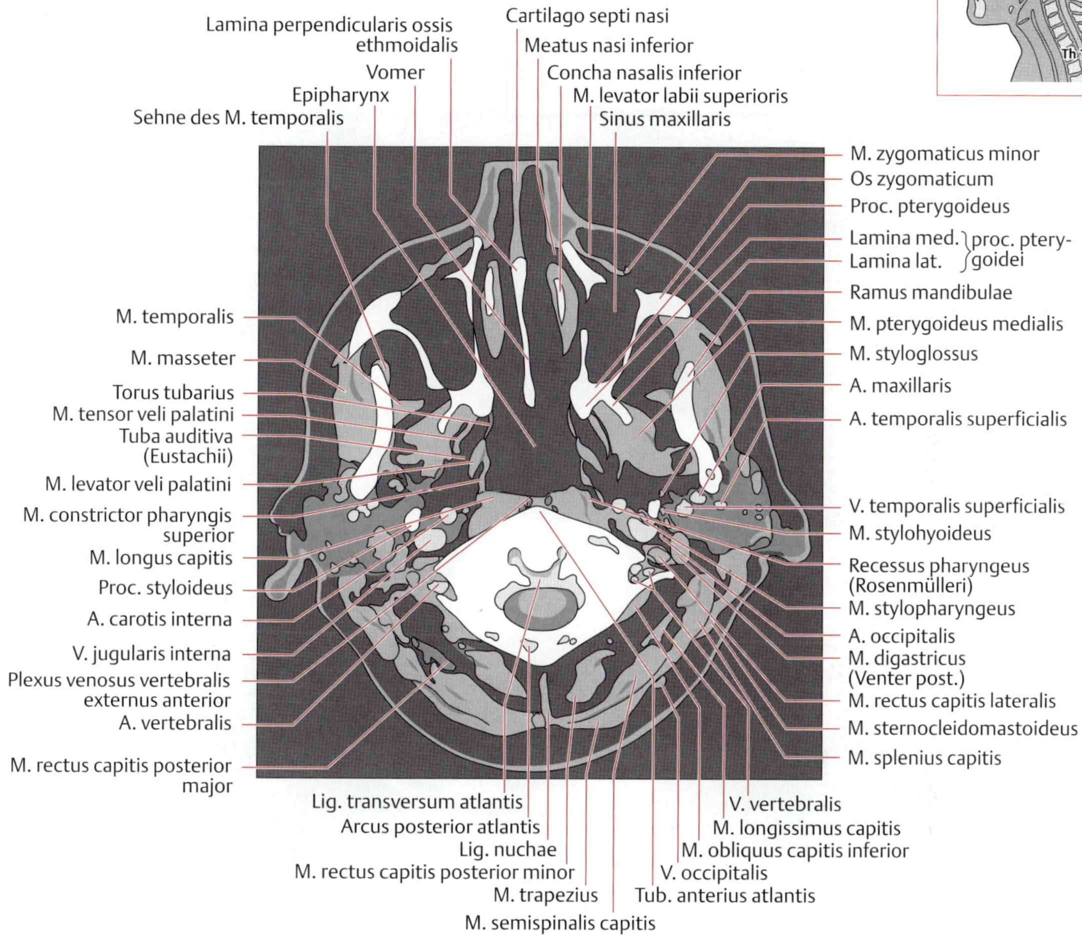
Lamina perpendicularis ossis ethmoidalis
Vomer
Epipharynx
Sehne des M. temporalis
Cartilago septi nasi
Meatus nasi inferior
Concha nasalis inferior
M. levator labii superioris
Sinus maxillaris
M. zygomaticus minor
Os zygomaticum
Proc. pterygoideus
Lamina med. } proc. pterygoidei
Lamina lat.
Ramus mandibulae
M. pterygoideus medialis
M. styloglossus
A. maxillaris
A. temporalis superficialis
V. temporalis superficialis
M. stylohyoideus
Recessus pharyngeus (Rosenmülleri)
M. stylopharyngeus
A. occipitalis
M. digastricus (Venter post.)
M. rectus capitis lateralis
M. sternocleidomastoideus
M. splenius capitis
M. temporalis
M. masseter
Torus tubarius
M. tensor veli palatini
Tuba auditiva (Eustachii)
M. levator veli palatini
M. constrictor pharyngis superior
M. longus capitis
Proc. styloideus
A. carotis interna
V. jugularis interna
Plexus venosus vertebralis externus anterior
A. vertebralis
M. rectus capitis posterior major
Lig. transversum atlantis
Arcus posterior atlantis
Lig. nuchae
M. rectus capitis posterior minor
M. trapezius
M. semispinalis capitis
Tub. anterius atlantis
V. occipitalis
M. obliquus capitis inferior
M. longissimus capitis
V. vertebralis

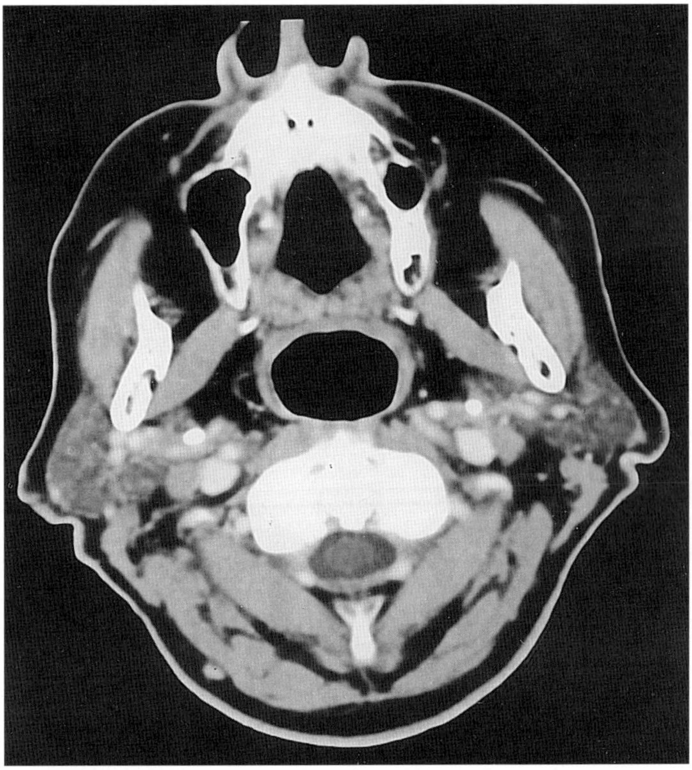

Abb. 2.**6** Axialer CT-Schnitt in Höhe der Basis des Dens axis.

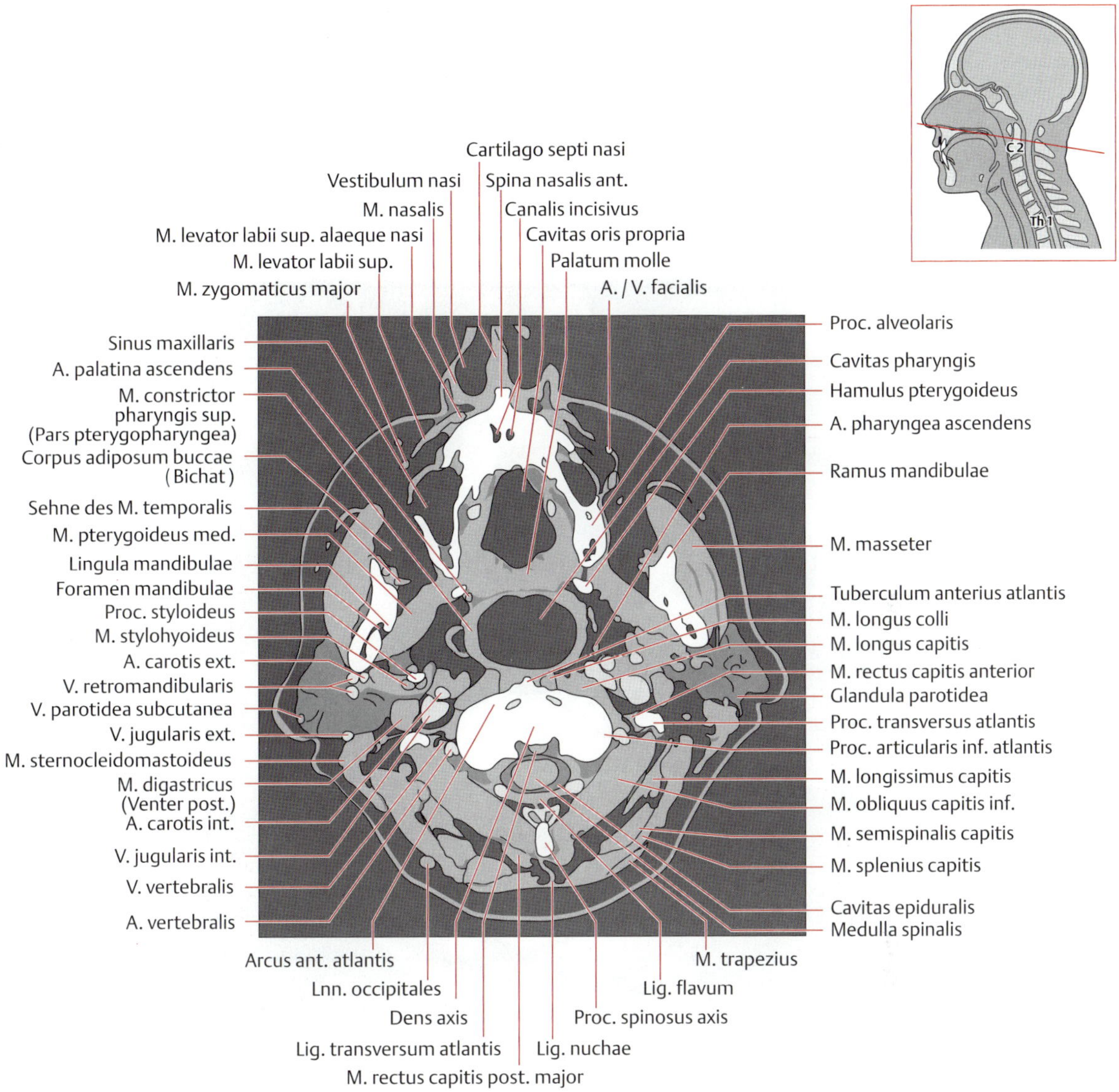
C 2
Th 1
Cartilago septi nasi
Vestibulum nasi
Spina nasalis ant.
M. nasalis
Canalis incisivus
M. levator labii sup. alaeque nasi
Cavitas oris propria
M. levator labii sup.
Palatum molle
M. zygomaticus major
A. / V. facialis
Sinus maxillaris
A. palatina ascendens
M. constrictor pharyngis sup. (Pars pterygopharyngea)
Corpus adiposum buccae (Bichat)
Sehne des M. temporalis
M. pterygoideus med.
Lingula mandibulae
Foramen mandibulae
Proc. styloideus
M. stylohyoideus
A. carotis ext.
V. retromandibularis
V. parotidea subcutanea
V. jugularis ext.
M. sternocleidomastoideus
M. digastricus (Venter post.)
A. carotis int.
V. jugularis int.
V. vertebralis
A. vertebralis
Proc. alveolaris
Cavitas pharyngis
Hamulus pterygoideus
A. pharyngea ascendens
Ramus mandibulae
M. masseter
Tuberculum anterius atlantis
M. longus colli
M. longus capitis
M. rectus capitis anterior
Glandula parotidea
Proc. transversus atlantis
Proc. articularis inf. atlantis
M. longissimus capitis
M. obliquus capitis inf.
M. semispinalis capitis
M. splenius capitis
Cavitas epiduralis
Medulla spinalis
Arcus ant. atlantis
M. trapezius
Lnn. occipitales
Lig. flavum
Dens axis
Proc. spinosus axis
Lig. transversum atlantis
Lig. nuchae
M. rectus capitis post. major

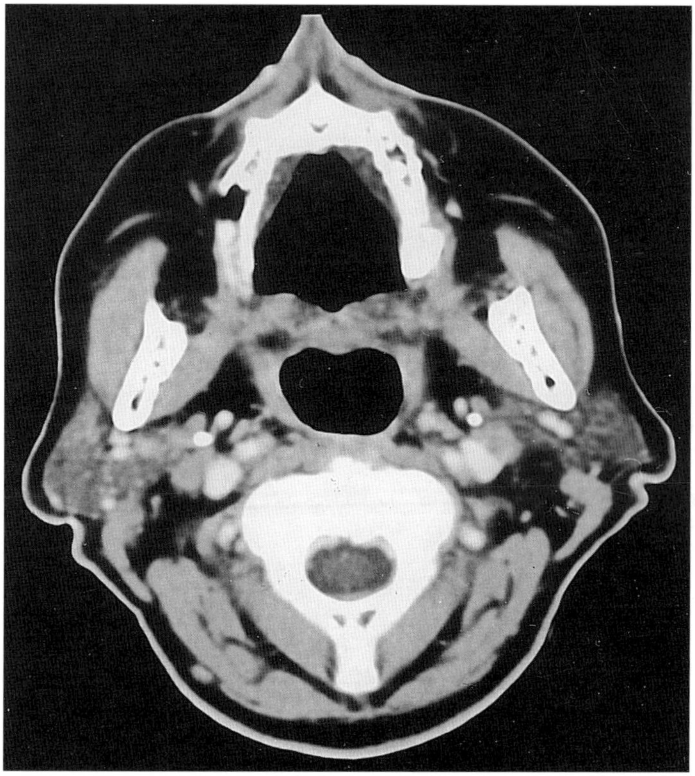

Abb. 2.7 Axialer CT-Schnitt in Höhe des Corpus axis.

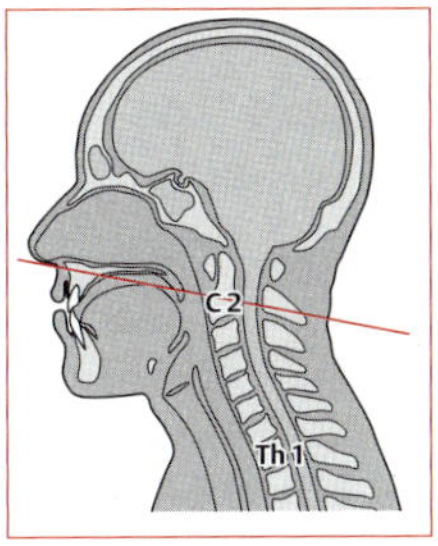
C 2
Th 1

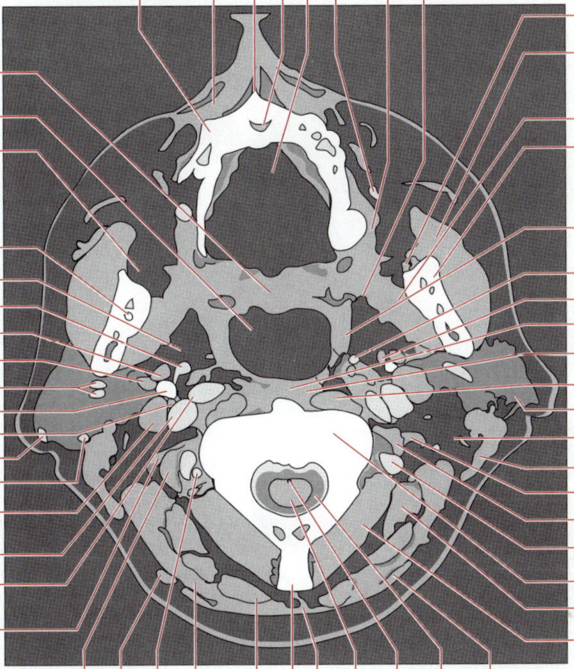
Spina nasalis ant.
Foramen incisivum
Cavitas oris propria
A. / V. facialis
M. buccinator
Raphe pterygomandibularis
M. orbicularis oris
Proc. alveolaris mit Juga alveolaria
Palatum molle
Cavitas pharyngis
Corpus adiposum buccae (Bichat)
Canalis mandibulae
Spatium parapharyngeum
A. carotis ext.
M. styloglossus
M. stylohyoideus
V. retromandibularis
Proc. styloideus
M. stylopharyngeus
V. parotidea subcut.
V. jugularis ext.
M. digastricus (Venter post.)
V. jugularis int.
A. carotis int.
M. levator scapulae
Sehne des M. temporalis
M. masseter
M. pterygoideus med.
Ramus mandibulae
M. constrictor pharyngis sup. (Pars buccopharyngea)
A. pharyngea ascendens
A. carotis ext.
Spatium retropharyngeum
M. longus colli
M. longus capitis
Glandula parotidea
Recessus submuscularis
M. sternocleidomastoideus
M. scalenus med.
Mm. intertransversarii
A. vertebralis
Proc. articularis sup. axis
M. longissimus capitis
M. obliquus capitis inf.
M. scalenus med.
Lnn. occipitales
V. vertebralis
M. splenius capitis
M. semispinalis capitis
Proc. spinosus axis
Lig. nuchae
Medulla spinalis
A. spinalis ant.
Cavitas epiduralis
M. trapezius

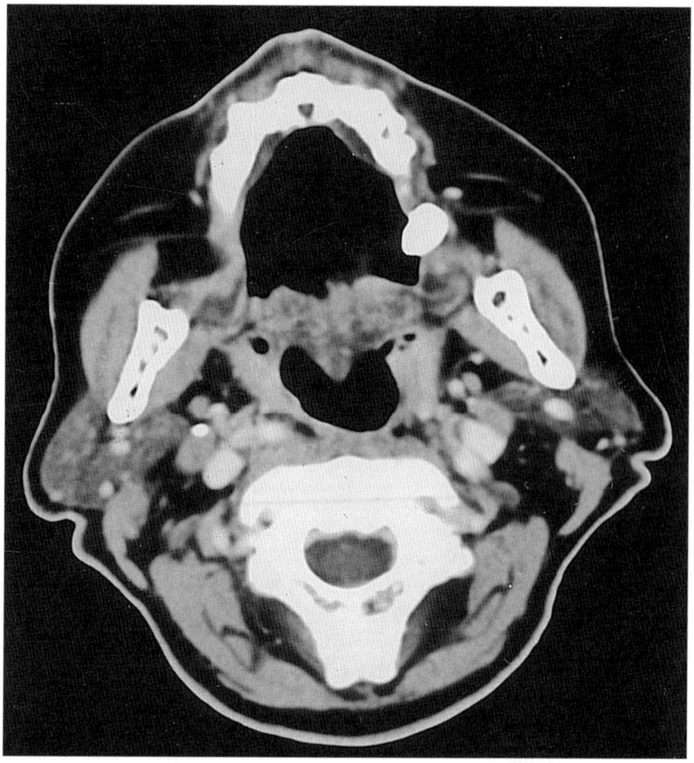

Abb. 2.**8** Axialer CT-Schnitt in Höhe des Foramen processus transversi C 2.

Abb. 2.8

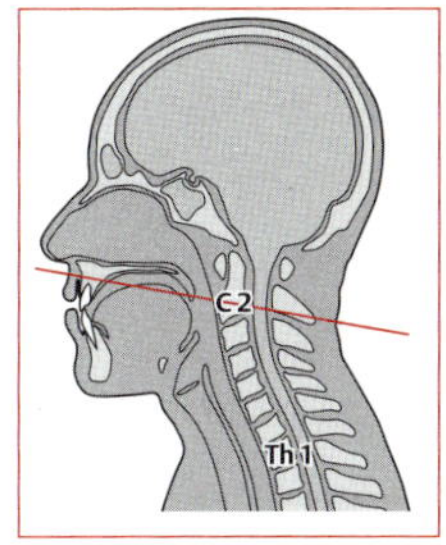

C 2
Th 1

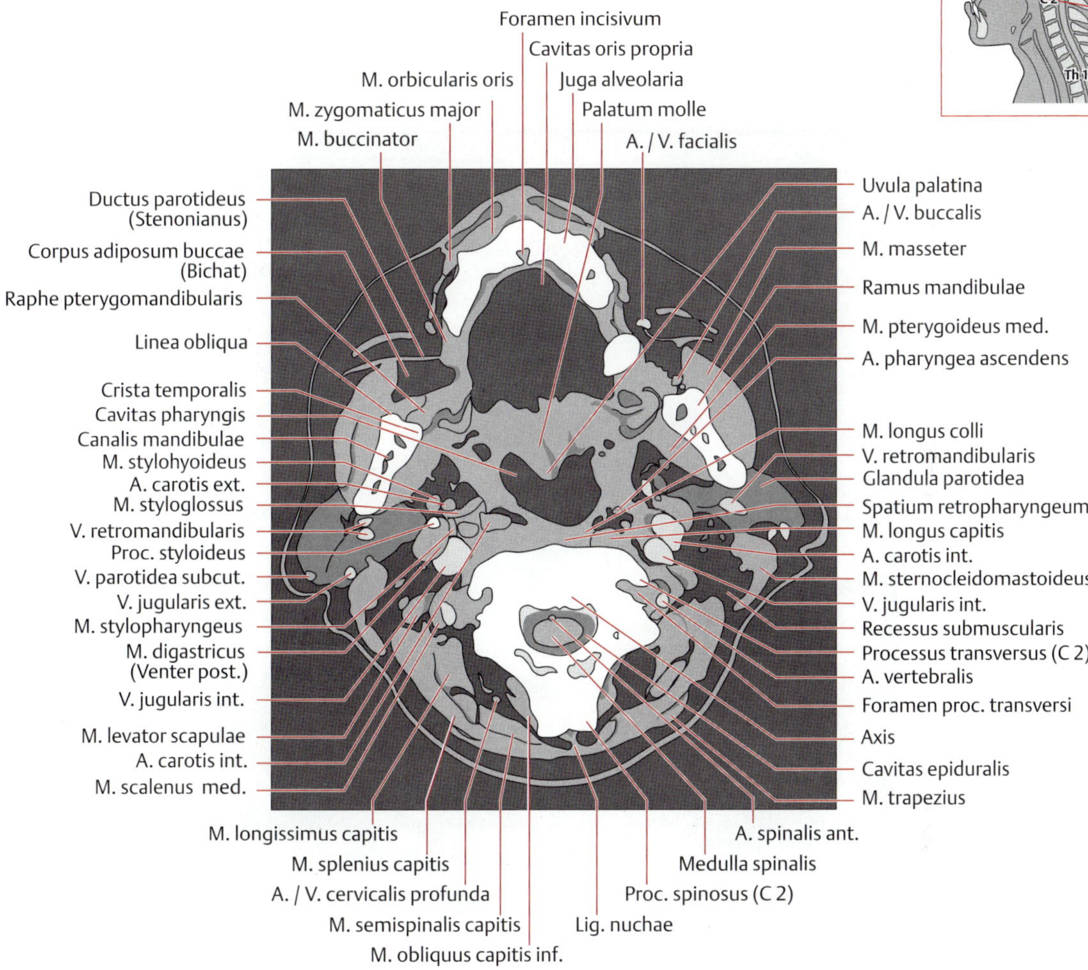

Foramen incisivum
Cavitas oris propria
M. orbicularis oris
Juga alveolaria
M. zygomaticus major
Palatum molle
M. buccinator
A. / V. facialis
Ductus parotideus (Stenonianus)
Corpus adiposum buccae (Bichat)
Raphe pterygomandibularis
Linea obliqua
Crista temporalis
Cavitas pharyngis
Canalis mandibulae
M. stylohyoideus
A. carotis ext.
M. styloglossus
V. retromandibularis
Proc. styloideus
V. parotidea subcut.
V. jugularis ext.
M. stylopharyngeus
M. digastricus (Venter post.)
V. jugularis int.
M. levator scapulae
A. carotis int.
M. scalenus med.
Uvula palatina
A. / V. buccalis
M. masseter
Ramus mandibulae
M. pterygoideus med.
A. pharyngea ascendens
M. longus colli
V. retromandibularis
Glandula parotidea
Spatium retropharyngeum
M. longus capitis
A. carotis int.
M. sternocleidomastoideus
V. jugularis int.
Recessus submuscularis
Processus transversus (C 2)
A. vertebralis
Foramen proc. transversi
Axis
Cavitas epiduralis
M. trapezius
M. longissimus capitis
M. splenius capitis
A. / V. cervicalis profunda
M. semispinalis capitis
M. obliquus capitis inf.
A. spinalis ant.
Medulla spinalis
Proc. spinosus (C 2)
Lig. nuchae

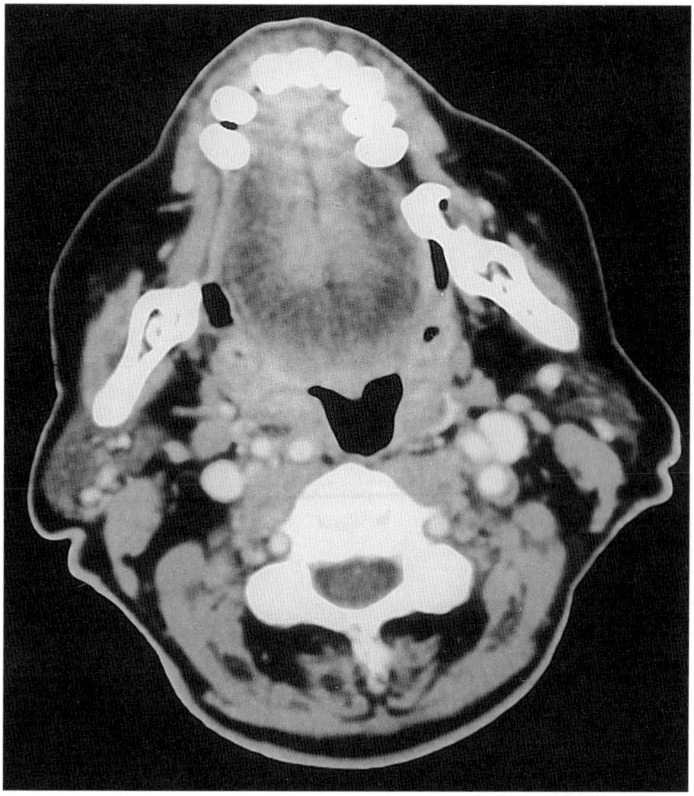

Abb. 2.**9** Axialer CT-Schnitt in Höhe des Discus intervertebralis C2/C3.

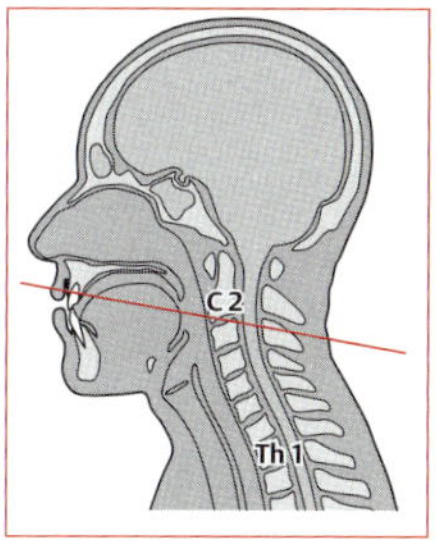
C 2
Th 1

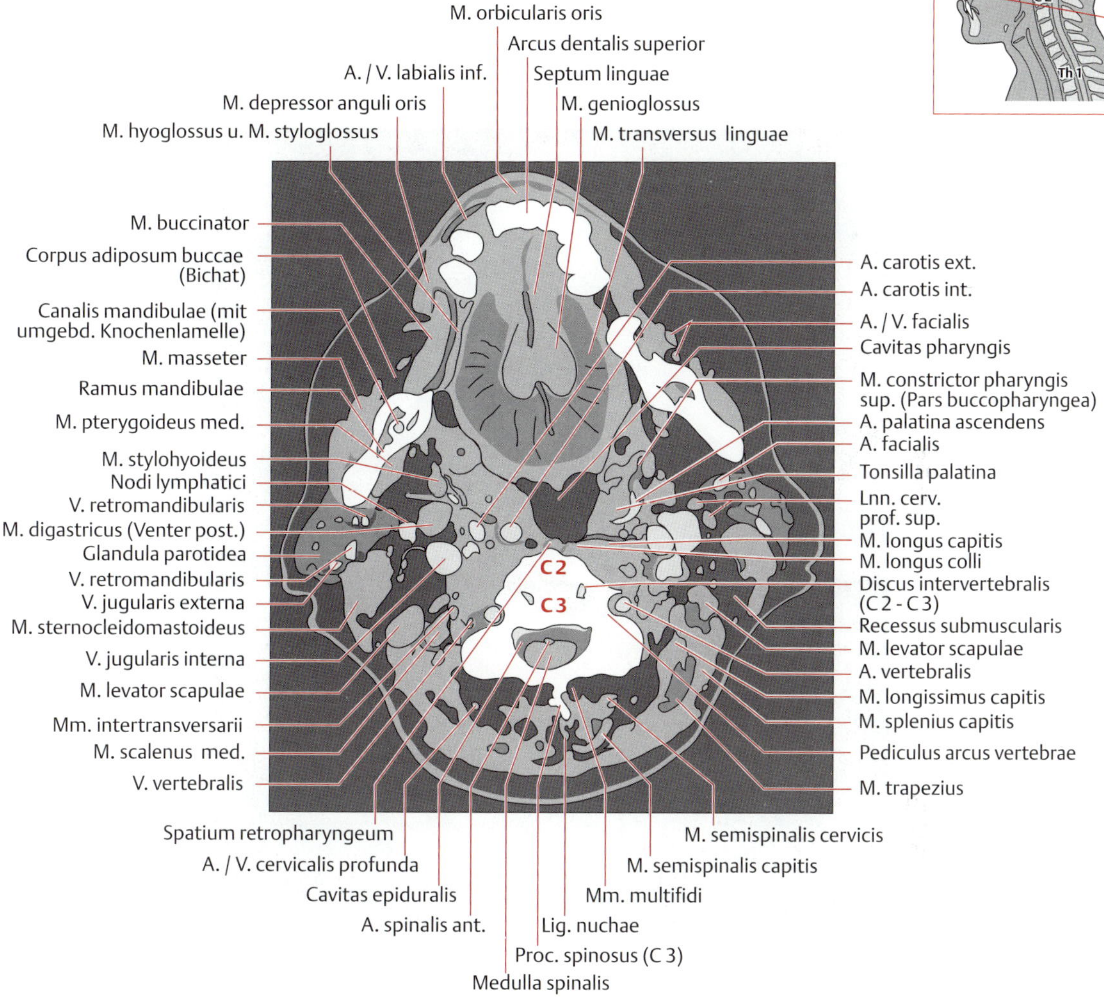
M. orbicularis oris
Arcus dentalis superior
A. / V. labialis inf.
Septum linguae
M. depressor anguli oris
M. genioglossus
M. hyoglossus u. M. styloglossus
M. transversus linguae
M. buccinator
Corpus adiposum buccae (Bichat)
Canalis mandibulae (mit umgebd. Knochenlamelle)
M. masseter
Ramus mandibulae
M. pterygoideus med.
M. stylohyoideus
Nodi lymphatici
V. retromandibularis
M. digastricus (Venter post.)
Glandula parotidea
V. retromandibularis
V. jugularis externa
M. sternocleidomastoideus
V. jugularis interna
M. levator scapulae
Mm. intertransversarii
M. scalenus med.
V. vertebralis
A. carotis ext.
A. carotis int.
A. / V. facialis
Cavitas pharyngis
M. constrictor pharyngis sup. (Pars buccopharyngea)
A. palatina ascendens
A. facialis
Tonsilla palatina
Lnn. cerv. prof. sup.
M. longus capitis
M. longus colli
Discus intervertebralis (C 2 - C 3)
Recessus submuscularis
M. levator scapulae
A. vertebralis
M. longissimus capitis
M. splenius capitis
Pediculus arcus vertebrae
M. trapezius
C2
C3
Spatium retropharyngeum
A. / V. cervicalis profunda
Cavitas epiduralis
A. spinalis ant.
Medulla spinalis
Proc. spinosus (C 3)
Lig. nuchae
Mm. multifidi
M. semispinalis capitis
M. semispinalis cervicis

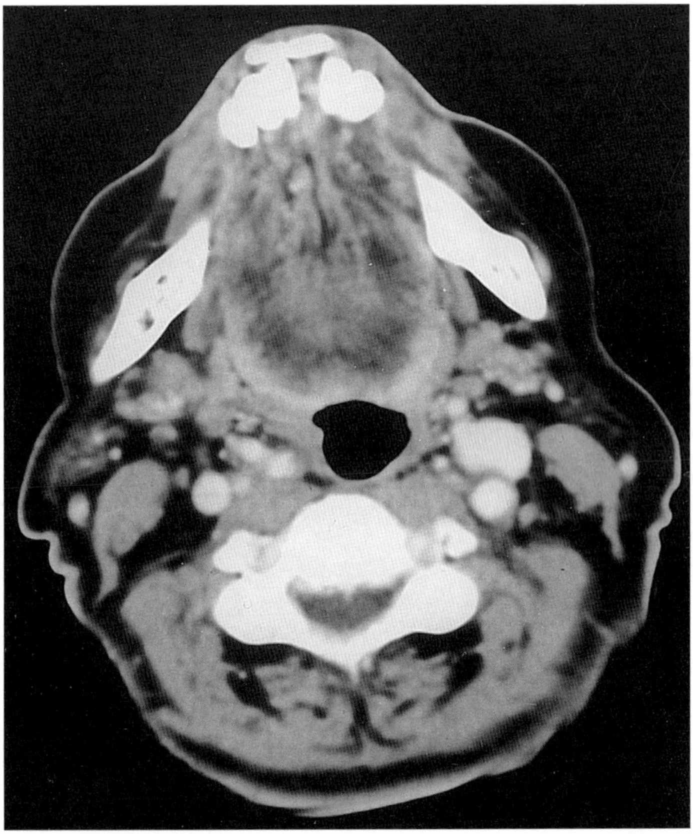

Abb. 2.**10** Axialer CT-Schnitt in Höhe des Corpus vertebrae C 3 (oberer Anteil) und des Processus alveolaris mandibulae.

Abb. 2.10

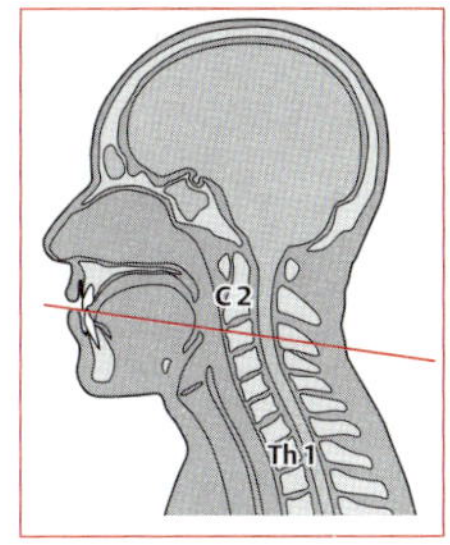

C 2
Th 1

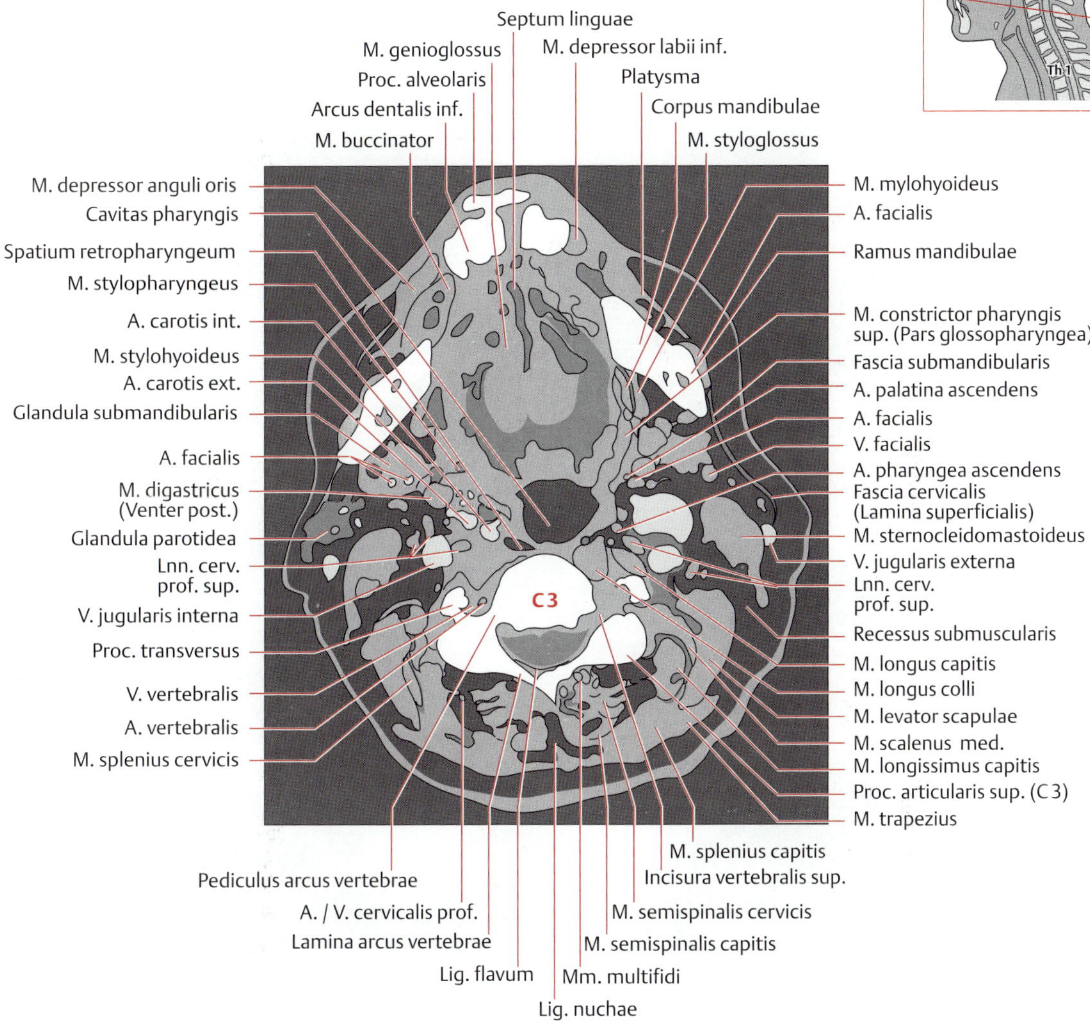

Septum linguae
M. genioglossus
M. depressor labii inf.
Proc. alveolaris
Platysma
Arcus dentalis inf.
Corpus mandibulae
M. buccinator
M. styloglossus
M. depressor anguli oris
Cavitas pharyngis
Spatium retropharyngeum
M. stylopharyngeus
A. carotis int.
M. stylohyoideus
A. carotis ext.
Glandula submandibularis
A. facialis
M. digastricus (Venter post.)
Glandula parotidea
Lnn. cerv. prof. sup.
V. jugularis interna
Proc. transversus
V. vertebralis
A. vertebralis
M. splenius cervicis
M. mylohyoideus
A. facialis
Ramus mandibulae
M. constrictor pharyngis sup. (Pars glossopharyngea)
Fascia submandibularis
A. palatina ascendens
A. facialis
V. facialis
A. pharyngea ascendens
Fascia cervicalis (Lamina superficialis)
M. sternocleidomastoideus
V. jugularis externa
Lnn. cerv. prof. sup.
Recessus submuscularis
M. longus capitis
M. longus colli
M. levator scapulae
M. scalenus med.
M. longissimus capitis
Proc. articularis sup. (C 3)
M. trapezius
C3
M. splenius capitis
Incisura vertebralis sup.
Pediculus arcus vertebrae
A. / V. cervicalis prof.
M. semispinalis cervicis
Lamina arcus vertebrae
M. semispinalis capitis
Lig. flavum
Mm. multifidi
Lig. nuchae

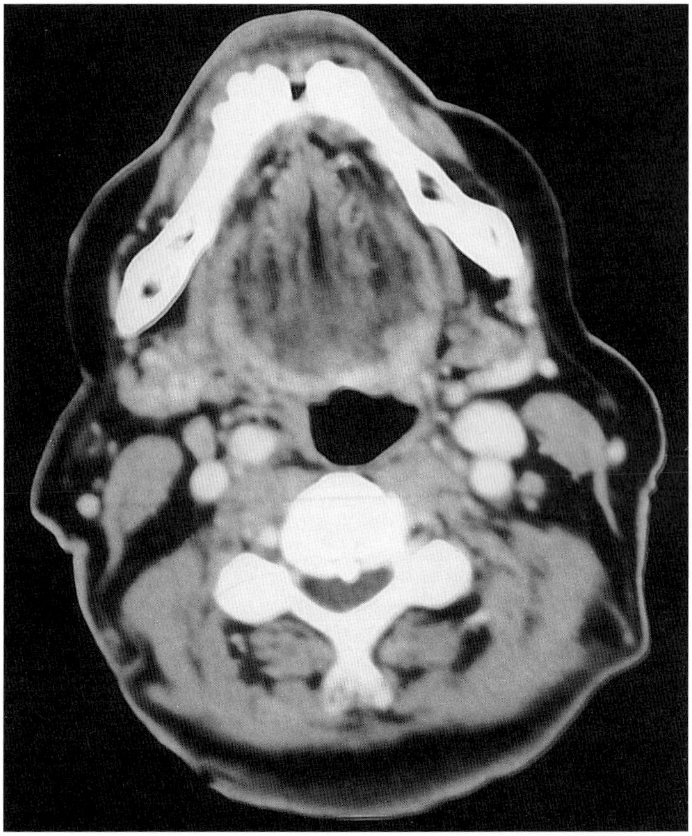

Abb. 2.**11** Axialer CT-Schnitt in Höhe des Corpus vertebrae C 3 (oberer Anteil) und des Corpus mandibulae.

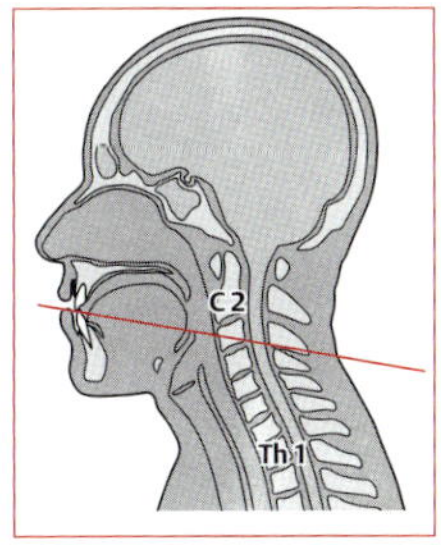
C 2
Th 1

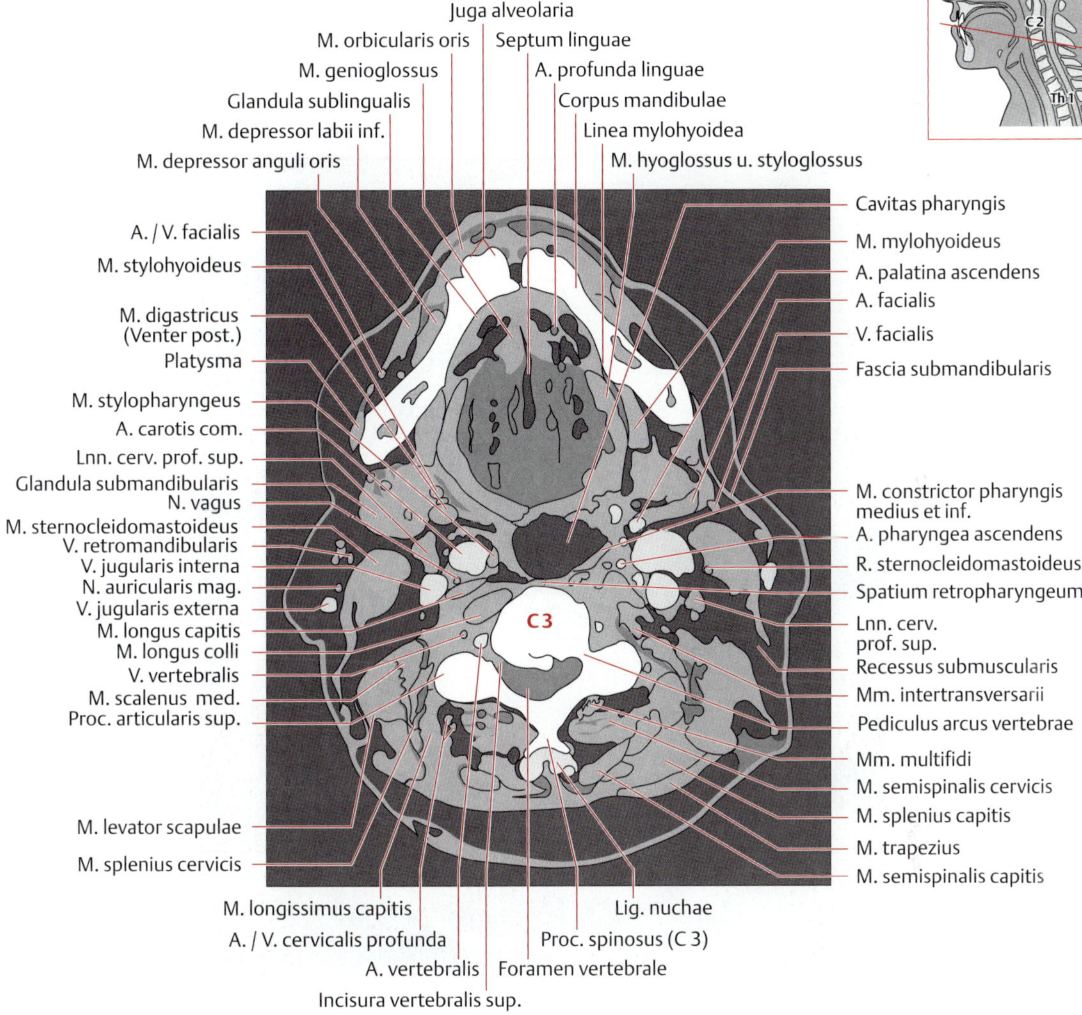
Juga alveolaria
M. orbicularis oris
Septum linguae
M. genioglossus
A. profunda linguae
Glandula sublingualis
Corpus mandibulae
M. depressor labii inf.
Linea mylohyoidea
M. depressor anguli oris
M. hyoglossus u. styloglossus
A. / V. facialis
M. stylohyoideus
M. digastricus (Venter post.)
Platysma
M. stylopharyngeus
A. carotis com.
Lnn. cerv. prof. sup.
Glandula submandibularis
N. vagus
M. sternocleidomastoideus
V. retromandibularis
V. jugularis interna
N. auricularis mag.
V. jugularis externa
M. longus capitis
M. longus colli
V. vertebralis
M. scalenus med.
Proc. articularis sup.
M. levator scapulae
M. splenius cervicis
Cavitas pharyngis
M. mylohyoideus
A. palatina ascendens
A. facialis
V. facialis
Fascia submandibularis
M. constrictor pharyngis medius et inf.
A. pharyngea ascendens
R. sternocleidomastoideus
Spatium retropharyngeum
Lnn. cerv. prof. sup.
Recessus submuscularis
Mm. intertransversarii
Pediculus arcus vertebrae
Mm. multifidi
M. semispinalis cervicis
M. splenius capitis
M. trapezius
M. semispinalis capitis
C 3
M. longissimus capitis
Lig. nuchae
A. / V. cervicalis profunda
Proc. spinosus (C 3)
A. vertebralis
Foramen vertebrale
Incisura vertebralis sup.

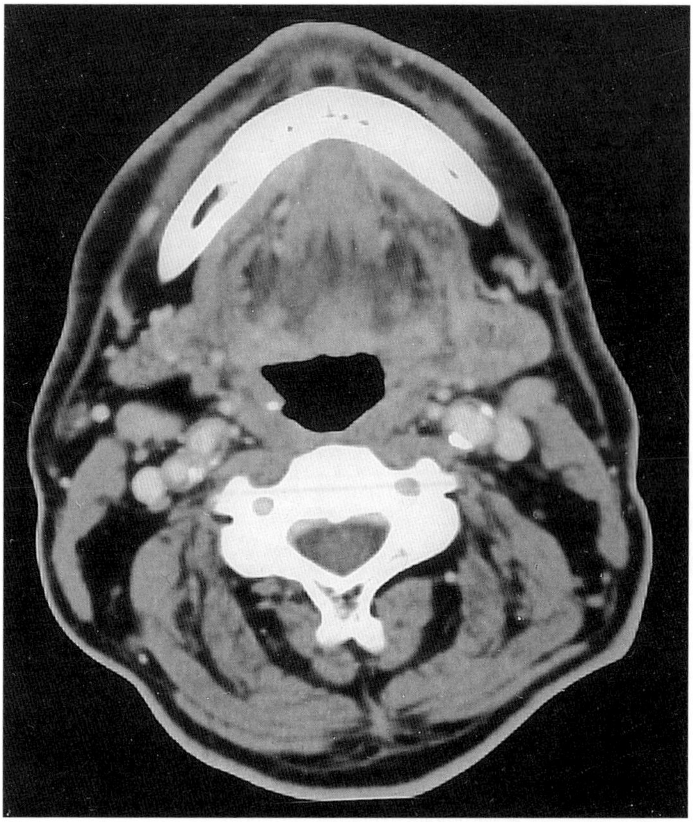

Abb. 2.**12** Axialer CT-Schnitt in Höhe des Processus transversus C 3 und des kaudalen Randes des Corpus mandibulae.

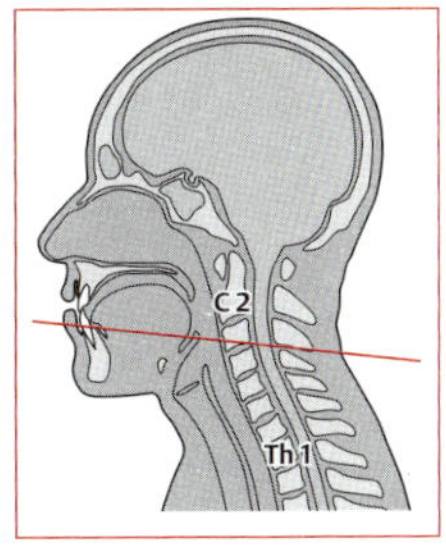
C2
Th1

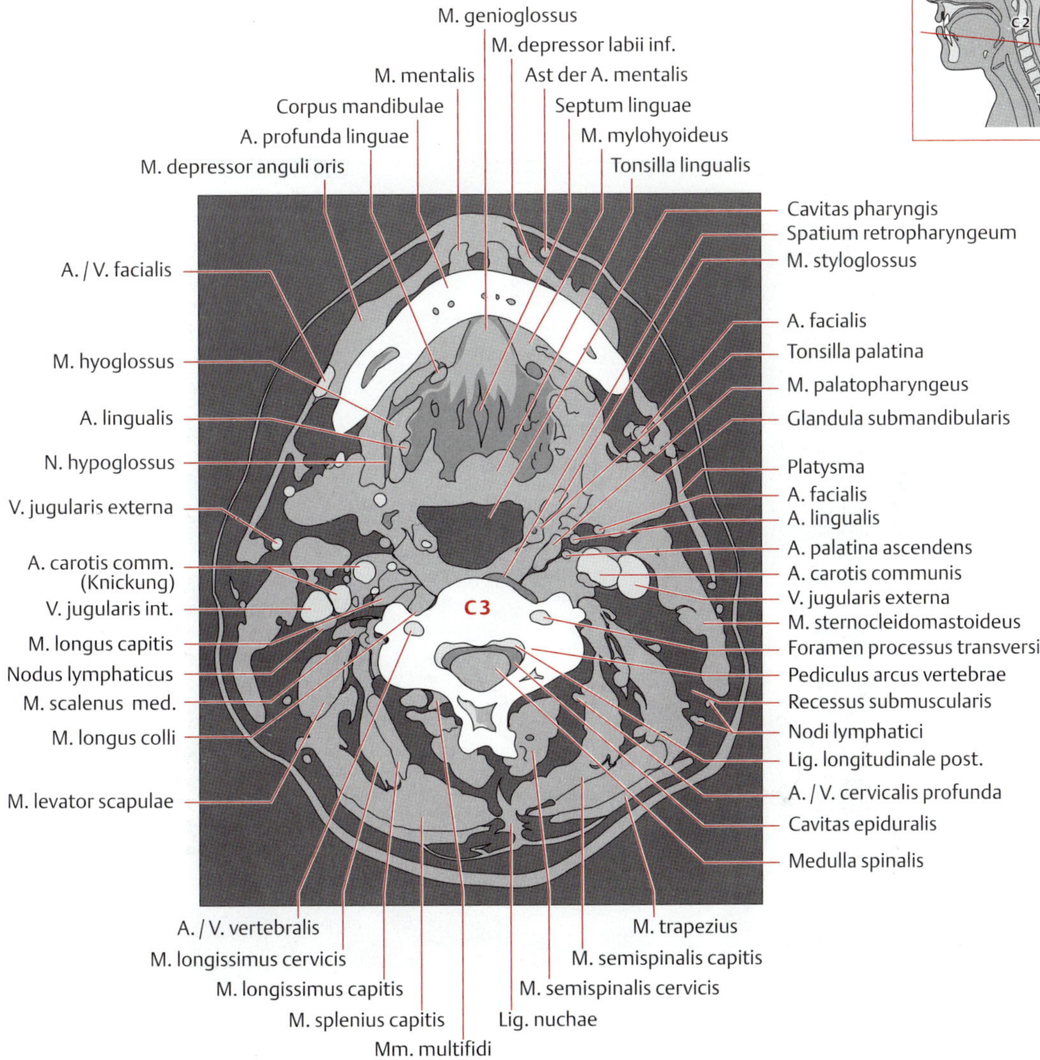
M. genioglossus
M. depressor labii inf.
M. mentalis
Ast der A. mentalis
Corpus mandibulae
Septum linguae
A. profunda linguae
M. mylohyoideus
M. depressor anguli oris
Tonsilla lingualis
A. / V. facialis
M. hyoglossus
A. lingualis
N. hypoglossus
V. jugularis externa
A. carotis comm. (Knickung)
V. jugularis int.
M. longus capitis
Nodus lymphaticus
M. scalenus med.
M. longus colli
M. levator scapulae
Cavitas pharyngis
Spatium retropharyngeum
M. styloglossus
A. facialis
Tonsilla palatina
M. palatopharyngeus
Glandula submandibularis
Platysma
A. facialis
A. lingualis
A. palatina ascendens
A. carotis communis
V. jugularis externa
M. sternocleidomastoideus
Foramen processus transversi
Pediculus arcus vertebrae
Recessus submuscularis
Nodi lymphatici
Lig. longitudinale post.
A. / V. cervicalis profunda
Cavitas epiduralis
Medulla spinalis
C3
A. / V. vertebralis
M. longissimus cervicis
M. longissimus capitis
M. splenius capitis
Mm. multifidi
M. trapezius
M. semispinalis capitis
M. semispinalis cervicis
Lig. nuchae

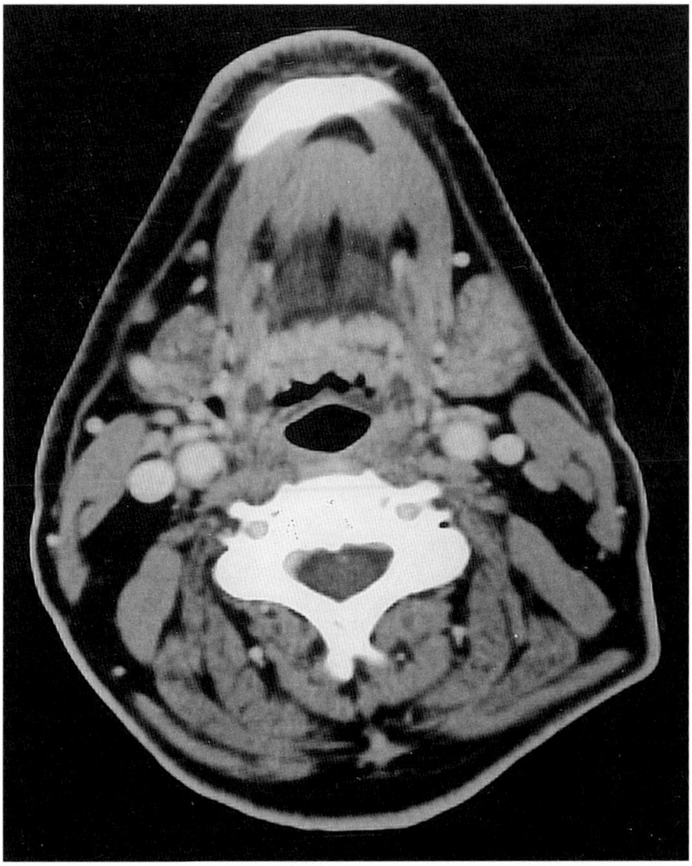

Abb. 2.**13** Axialer CT-Schnitt in Höhe des Mundbodens und C 4.

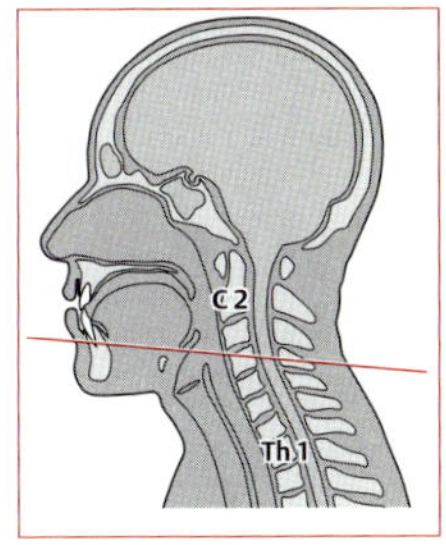
C2
Th1

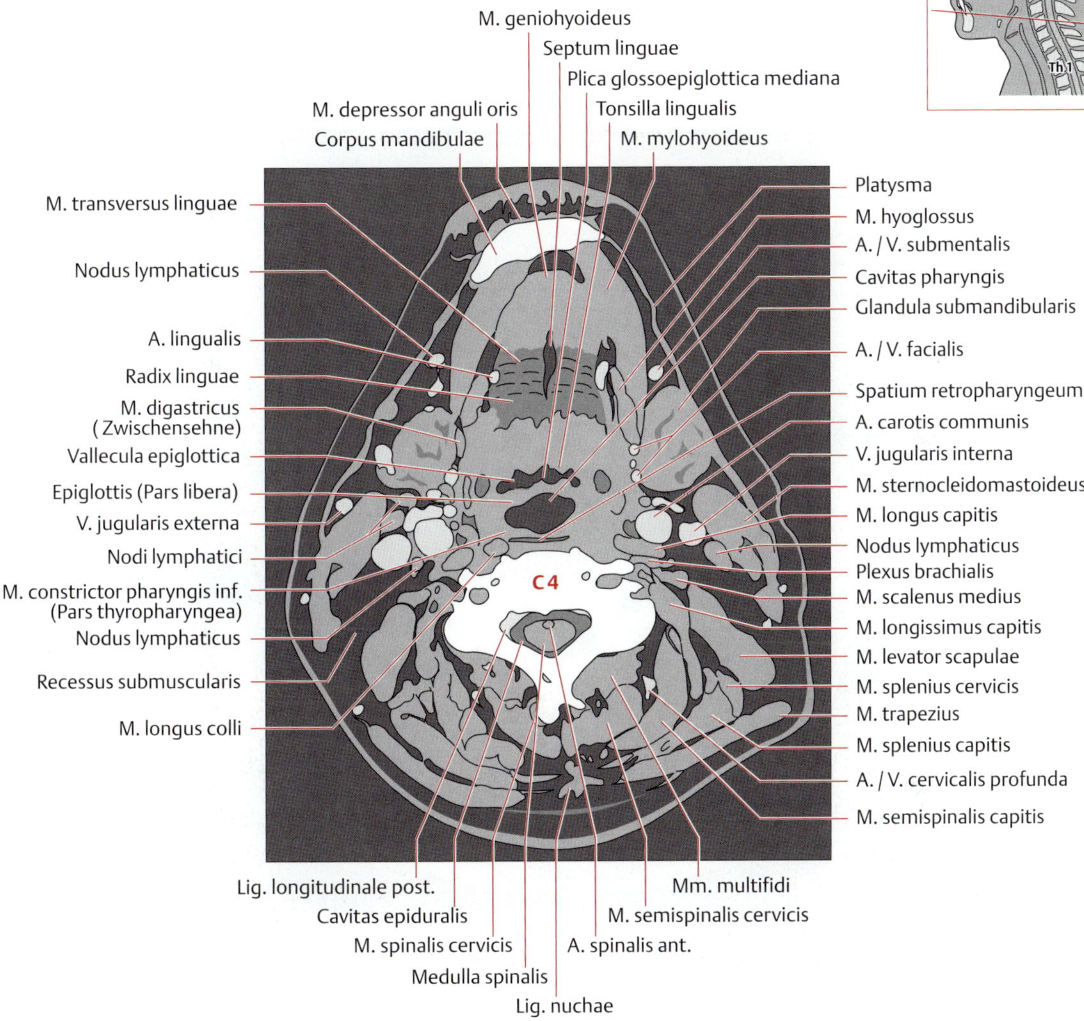
M. geniohyoideus
Septum linguae
Plica glossoepiglottica mediana
M. depressor anguli oris
Tonsilla lingualis
Corpus mandibulae
M. mylohyoideus
M. transversus linguae
Nodus lymphaticus
A. lingualis
Radix linguae
M. digastricus (Zwischensehne)
Vallecula epiglottica
Epiglottis (Pars libera)
V. jugularis externa
Nodi lymphatici
M. constrictor pharyngis inf. (Pars thyropharyngea)
Nodus lymphaticus
Recessus submuscularis
M. longus colli
Platysma
M. hyoglossus
A. / V. submentalis
Cavitas pharyngis
Glandula submandibularis
A. / V. facialis
Spatium retropharyngeum
A. carotis communis
V. jugularis interna
M. sternocleidomastoideus
M. longus capitis
Nodus lymphaticus
Plexus brachialis
M. scalenus medius
M. longissimus capitis
M. levator scapulae
M. splenius cervicis
M. trapezius
M. splenius capitis
A. / V. cervicalis profunda
M. semispinalis capitis
C4
Lig. longitudinale post.
Cavitas epiduralis
M. spinalis cervicis
Medulla spinalis
Lig. nuchae
Mm. multifidi
M. semispinalis cervicis
A. spinalis ant.

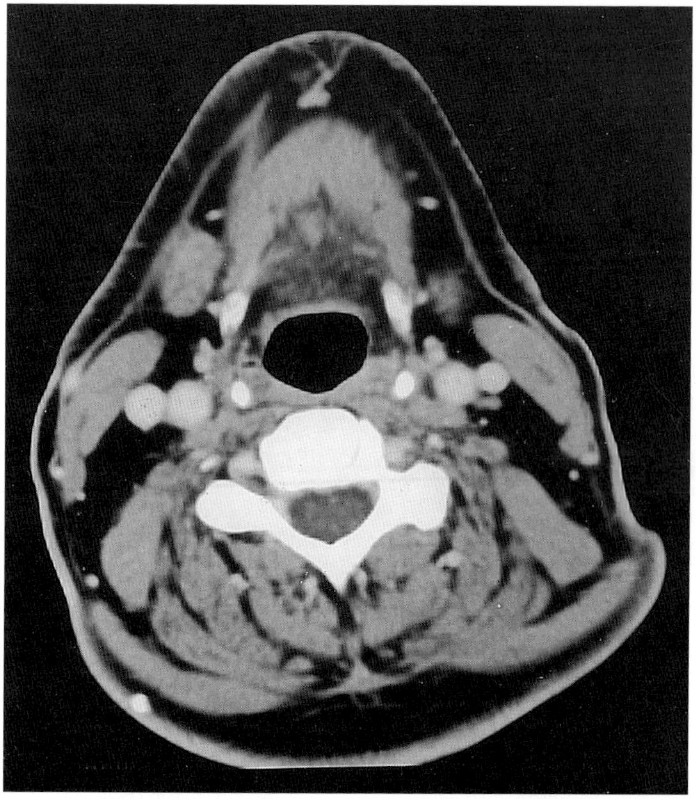

Abb. 2.**14** Axialer CT-Schnitt in Höhe des Mundbodens und C4.

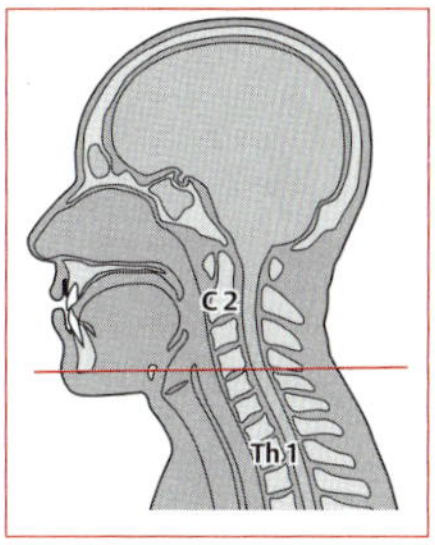
C2
Th1

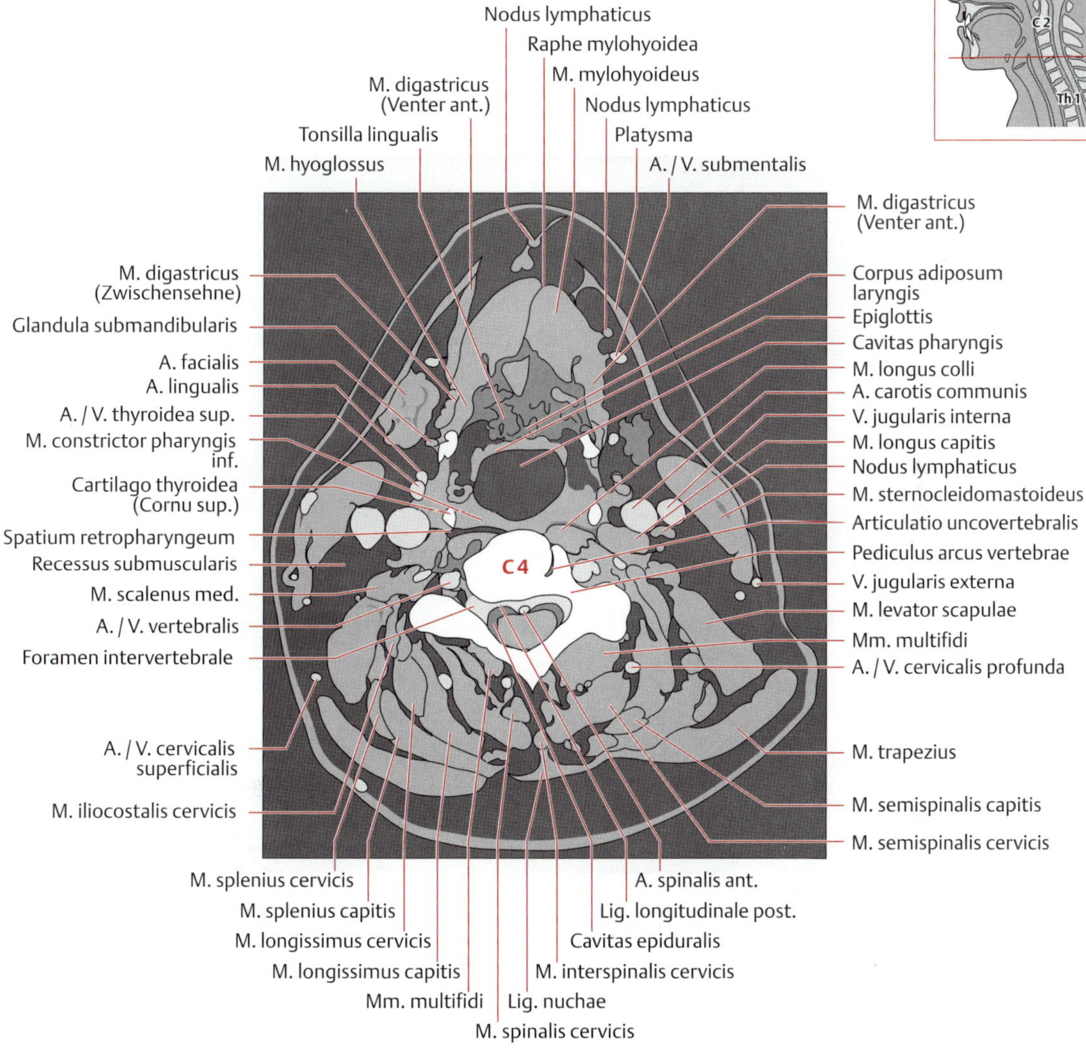
Nodus lymphaticus
Raphe mylohyoidea
M. mylohyoideus
M. digastricus (Venter ant.)
Nodus lymphaticus
Platysma
Tonsilla lingualis
M. hyoglossus
A. / V. submentalis
M. digastricus (Venter ant.)
M. digastricus (Zwischensehne)
Corpus adiposum laryngis
Glandula submandibularis
Epiglottis
Cavitas pharyngis
A. facialis
M. longus colli
A. lingualis
A. carotis communis
A. / V. thyroidea sup.
V. jugularis interna
M. constrictor pharyngis inf.
M. longus capitis
Nodus lymphaticus
Cartilago thyroidea (Cornu sup.)
M. sternocleidomastoideus
Articulatio uncovertebralis
Spatium retropharyngeum
Pediculus arcus vertebrae
Recessus submuscularis
C4
V. jugularis externa
M. scalenus med.
M. levator scapulae
A. / V. vertebralis
Mm. multifidi
Foramen intervertebrale
A. / V. cervicalis profunda
A. / V. cervicalis superficialis
M. trapezius
M. iliocostalis cervicis
M. semispinalis capitis
M. semispinalis cervicis
M. splenius cervicis
A. spinalis ant.
M. splenius capitis
Lig. longitudinale post.
M. longissimus cervicis
Cavitas epiduralis
M. longissimus capitis
M. interspinalis cervicis
Mm. multifidi
Lig. nuchae
M. spinalis cervicis

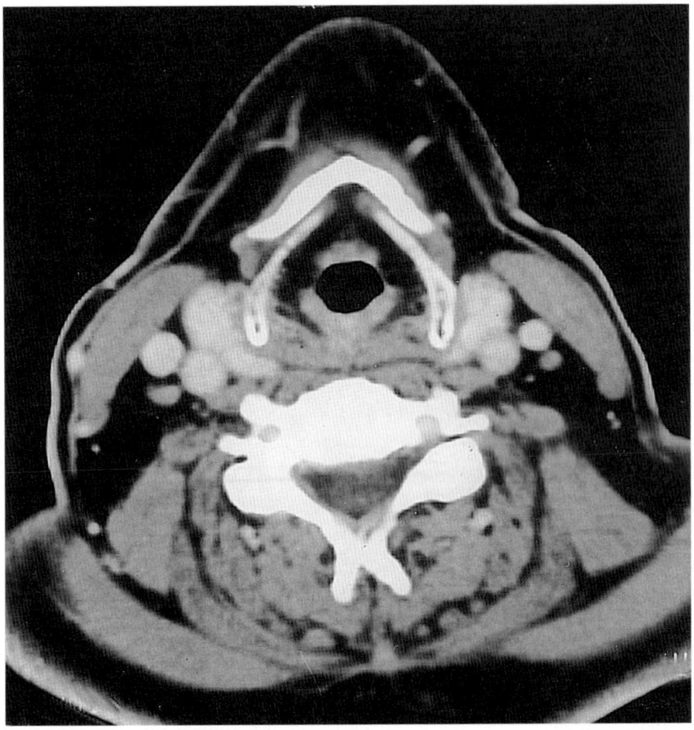

Abb. 2.**15** Axialer CT-Schnitt in Höhe des Os hyoideum und C4.

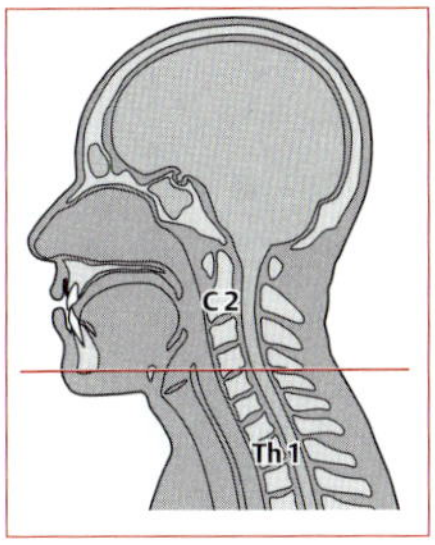
C2
Th1

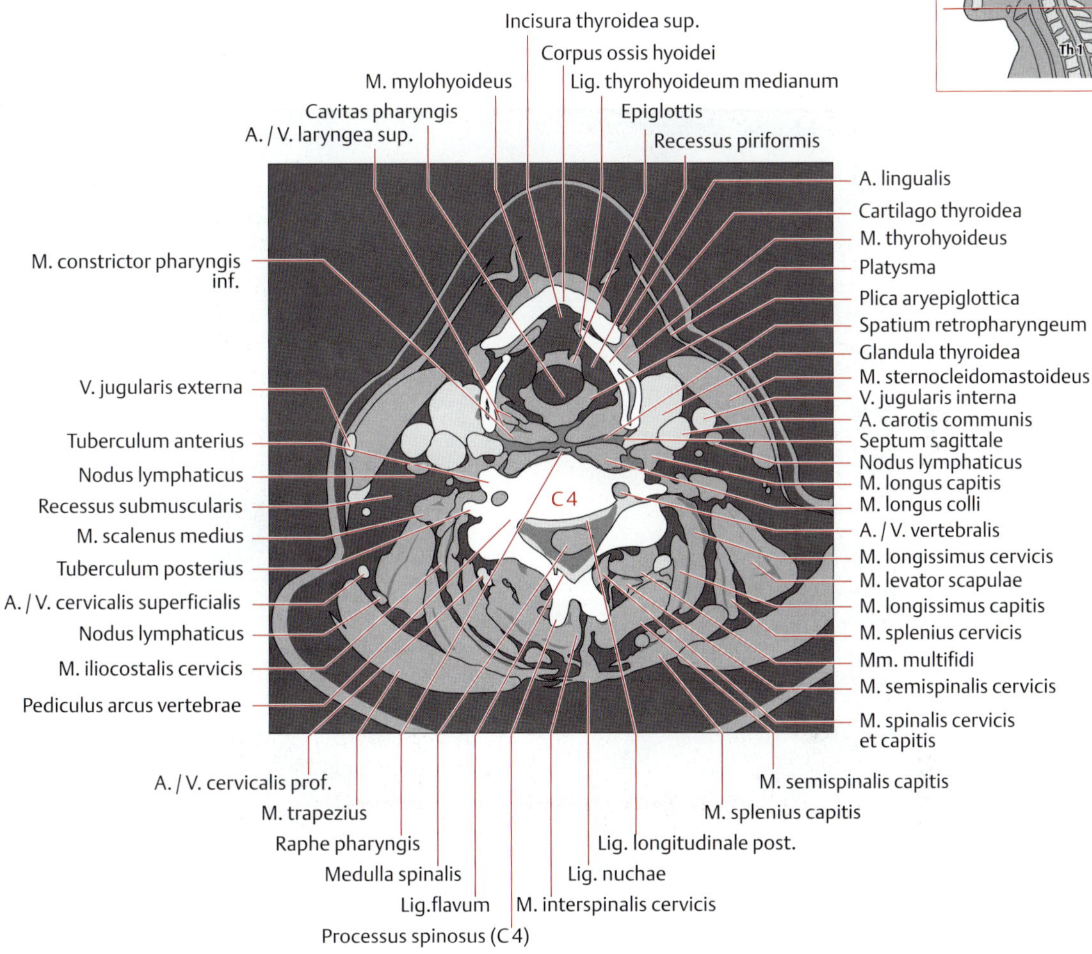
Incisura thyroidea sup.
Corpus ossis hyoidei
M. mylohyoideus
Lig. thyrohyoideum medianum
Cavitas pharyngis
Epiglottis
A. / V. laryngea sup.
Recessus piriformis
A. lingualis
Cartilago thyroidea
M. thyrohyoideus
Platysma
Plica aryepiglottica
Spatium retropharyngeum
Glandula thyroidea
M. sternocleidomastoideus
V. jugularis interna
A. carotis communis
Septum sagittale
Nodus lymphaticus
M. longus capitis
M. longus colli
A. / V. vertebralis
M. longissimus cervicis
M. levator scapulae
M. longissimus capitis
M. splenius cervicis
Mm. multifidi
M. semispinalis cervicis
M. spinalis cervicis et capitis
M. constrictor pharyngis inf.
V. jugularis externa
Tuberculum anterius
Nodus lymphaticus
Recessus submuscularis
M. scalenus medius
Tuberculum posterius
A. / V. cervicalis superficialis
Nodus lymphaticus
M. iliocostalis cervicis
Pediculus arcus vertebrae
C4
A. / V. cervicalis prof.
M. trapezius
Raphe pharyngis
Medulla spinalis
Lig.flavum
Processus spinosus (C4)
M. interspinalis cervicis
Lig. nuchae
Lig. longitudinale post.
M. splenius capitis
M. semispinalis capitis

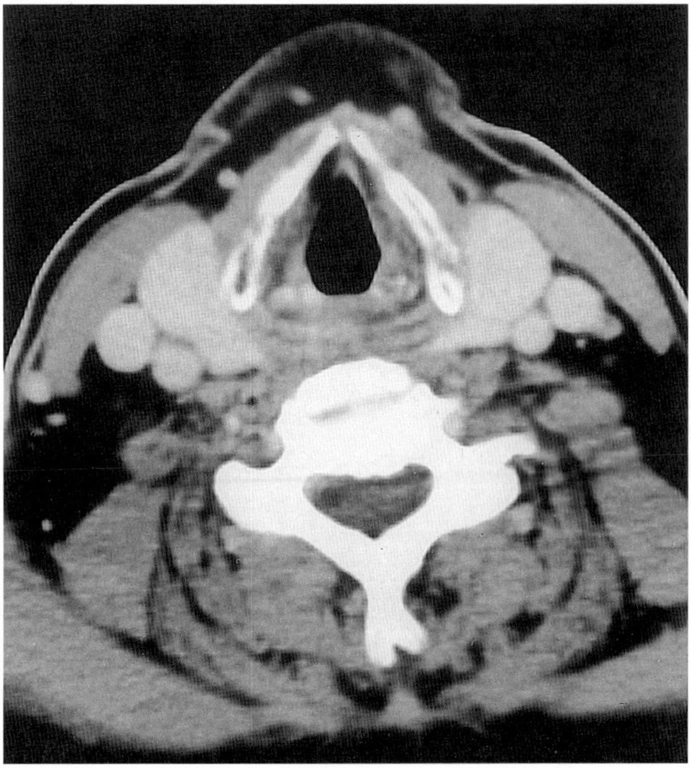

Abb. 2.**16** Axialer CT-Schnitt in Höhe des Oberrandes der Cartilago thyroidea und C4/C5.

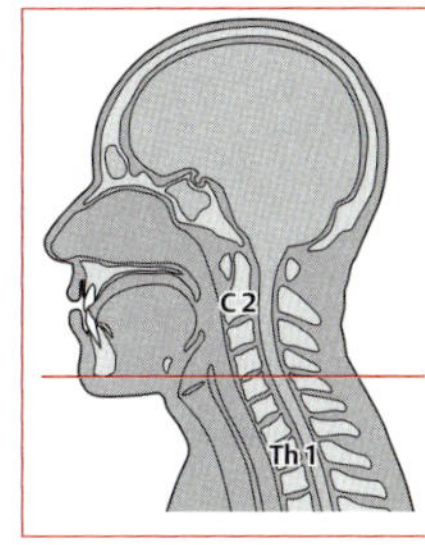
C2
Th1

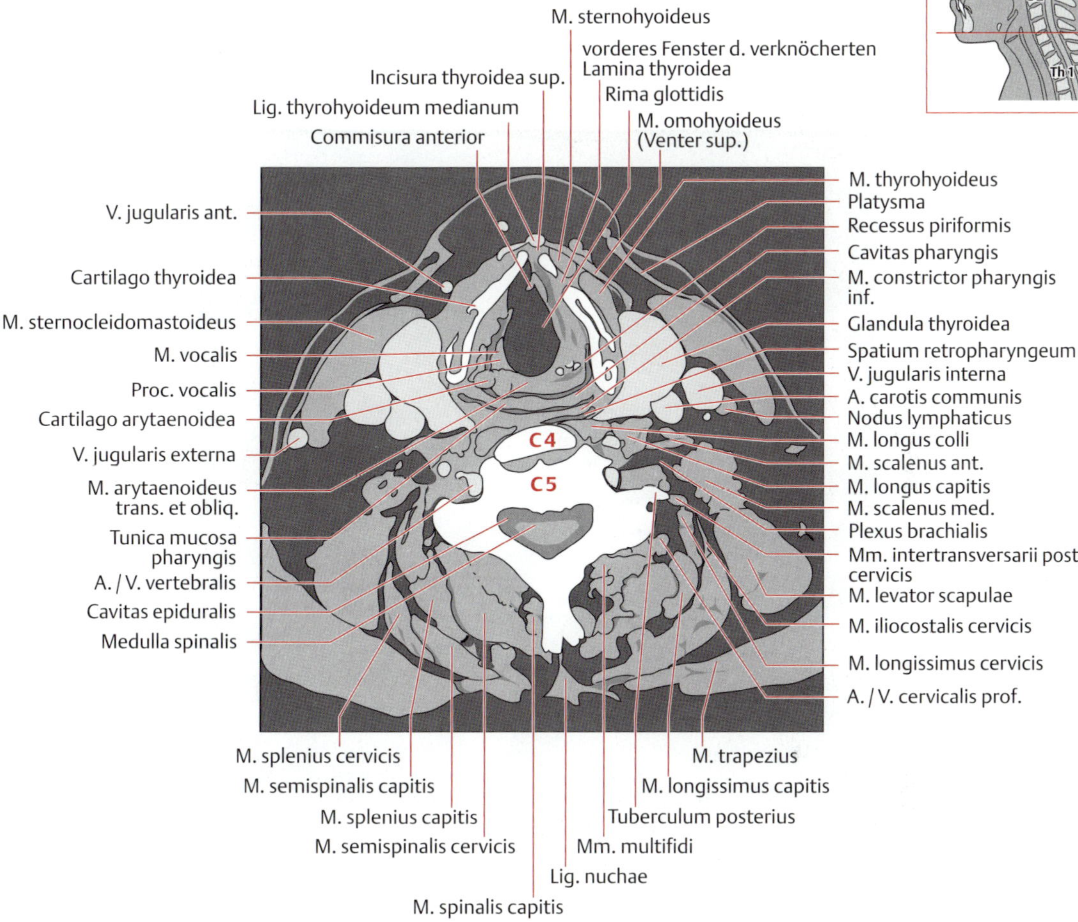
M. sternohyoideus
vorderes Fenster d. verknöcherten Lamina thyroidea
Incisura thyroidea sup.
Rima glottidis
Lig. thyrohyoideum medianum
M. omohyoideus (Venter sup.)
Commisura anterior
V. jugularis ant.
Cartilago thyroidea
M. sternocleidomastoideus
M. vocalis
Proc. vocalis
Cartilago arytaenoidea
V. jugularis externa
M. arytaenoideus trans. et obliq.
Tunica mucosa pharyngis
A. / V. vertebralis
Cavitas epiduralis
Medulla spinalis
M. thyrohyoideus
Platysma
Recessus piriformis
Cavitas pharyngis
M. constrictor pharyngis inf.
Glandula thyroidea
Spatium retropharyngeum
V. jugularis interna
A. carotis communis
Nodus lymphaticus
M. longus colli
M. scalenus ant.
M. longus capitis
M. scalenus med.
Plexus brachialis
Mm. intertransversarii post. cervicis
M. levator scapulae
M. iliocostalis cervicis
M. longissimus cervicis
A. / V. cervicalis prof.
C4
C5
M. splenius cervicis
M. trapezius
M. semispinalis capitis
M. longissimus capitis
M. splenius capitis
Tuberculum posterius
M. semispinalis cervicis
Mm. multifidi
Lig. nuchae
M. spinalis capitis

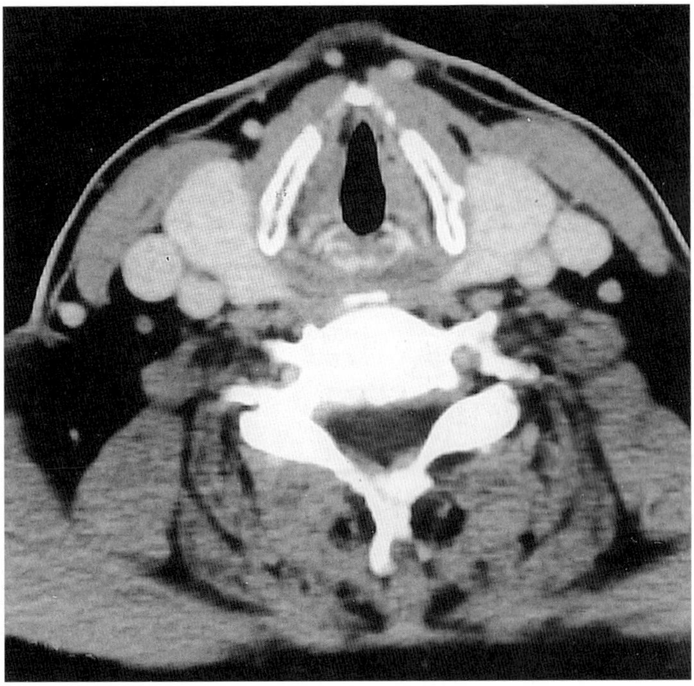

Abb. 2.17 Axialer CT-Schnitt in Höhe der Rima glottidis und C5.

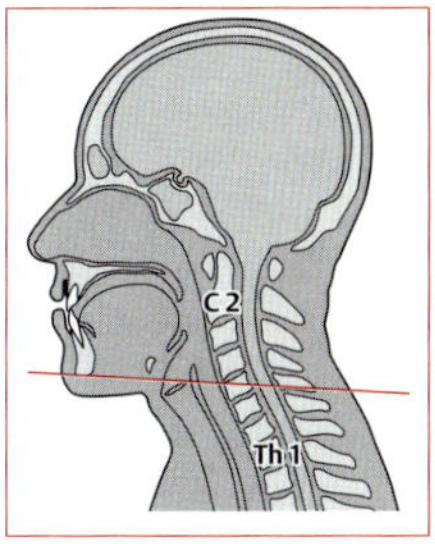
C 2
Th 1

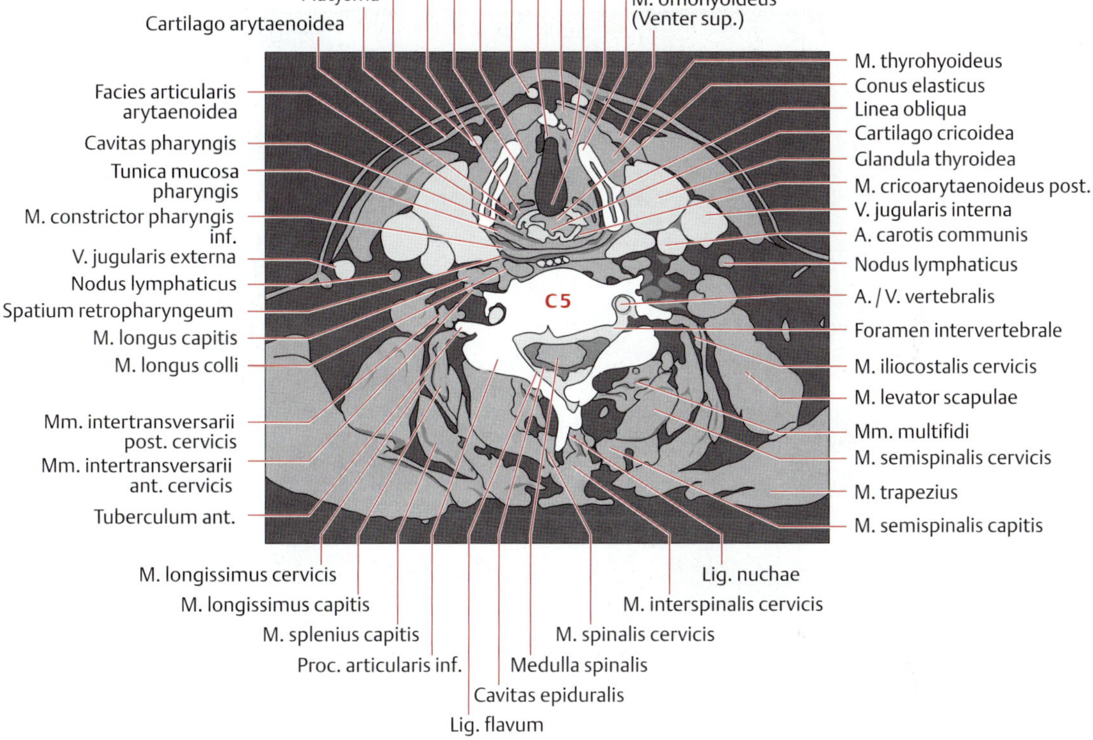
V. colli mediana
Commisura ant.
M. thyroarytaenoideus
M. sternohyoideus
vorderes Fenster d. verknöcherten Lamina thyroidea
M. vocalis
Articulatio cricoarytaenoidea
Rima glottidis
V. jugularis ant.
Cartilago thyroidea
Platysma
M. omohyoideus (Venter sup.)
Cartilago arytaenoidea
Facies articularis arytaenoidea
Cavitas pharyngis
Tunica mucosa pharyngis
M. constrictor pharyngis inf.
V. jugularis externa
Nodus lymphaticus
Spatium retropharyngeum
M. longus capitis
M. longus colli
Mm. intertransversarii post. cervicis
Mm. intertransversarii ant. cervicis
Tuberculum ant.
M. thyrohyoideus
Conus elasticus
Linea obliqua
Cartilago cricoidea
Glandula thyroidea
M. cricoarytaenoideus post.
V. jugularis interna
A. carotis communis
Nodus lymphaticus
A. / V. vertebralis
Foramen intervertebrale
M. iliocostalis cervicis
M. levator scapulae
Mm. multifidi
M. semispinalis cervicis
M. trapezius
M. semispinalis capitis
C5
M. longissimus cervicis
Lig. nuchae
M. longissimus capitis
M. interspinalis cervicis
M. splenius capitis
M. spinalis cervicis
Proc. articularis inf.
Medulla spinalis
Cavitas epiduralis
Lig. flavum

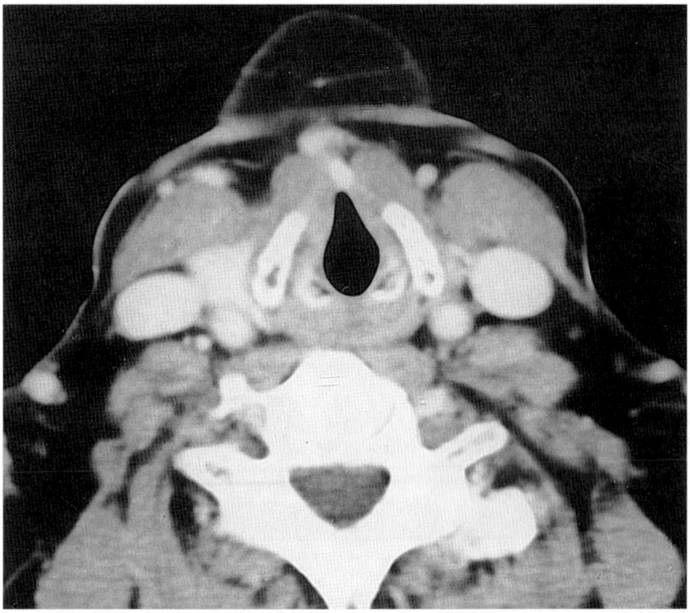

Abb. 2.**18** Axialer CT-Schnitt in Höhe der Rima glottidis und C 6.

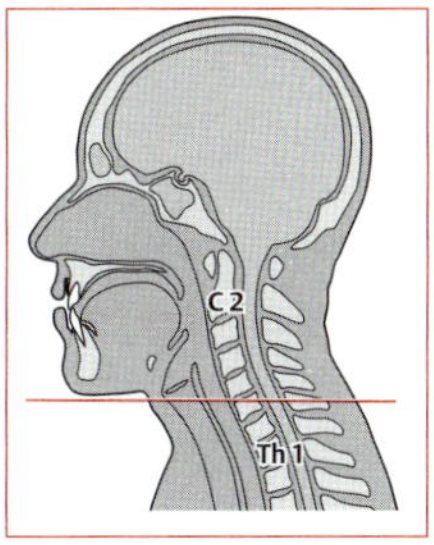
C 2
Th 1

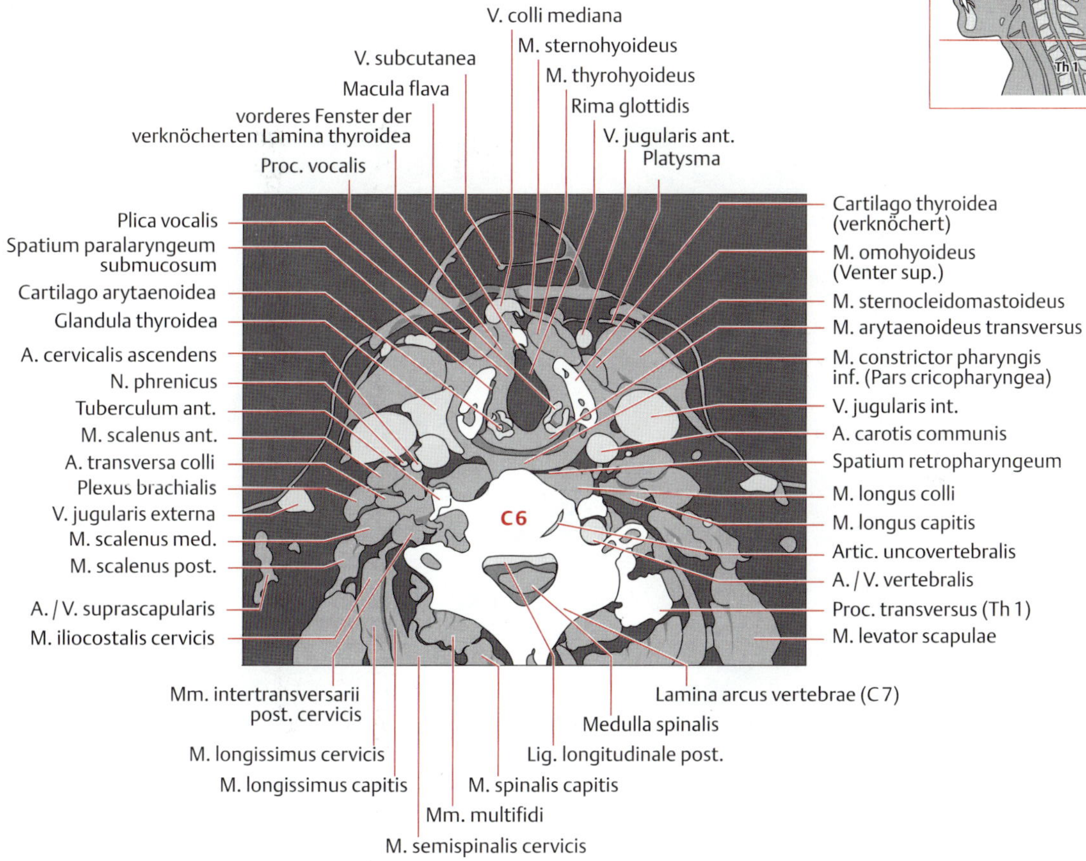
V. colli mediana
M. sternohyoideus
V. subcutanea
M. thyrohyoideus
Macula flava
Rima glottidis
vorderes Fenster der verknöcherten Lamina thyroidea
V. jugularis ant.
Proc. vocalis
Platysma
Plica vocalis
Spatium paralaryngeum submucosum
Cartilago arytaenoidea
Glandula thyroidea
A. cervicalis ascendens
N. phrenicus
Tuberculum ant.
M. scalenus ant.
A. transversa colli
Plexus brachialis
V. jugularis externa
M. scalenus med.
M. scalenus post.
A. / V. suprascapularis
M. iliocostalis cervicis
Cartilago thyroidea (verknöchert)
M. omohyoideus (Venter sup.)
M. sternocleidomastoideus
M. arytaenoideus transversus
M. constrictor pharyngis inf. (Pars cricopharyngea)
V. jugularis int.
A. carotis communis
Spatium retropharyngeum
M. longus colli
M. longus capitis
Artic. uncovertebralis
A. / V. vertebralis
Proc. transversus (Th 1)
M. levator scapulae
C6
Mm. intertransversarii post. cervicis
Lamina arcus vertebrae (C 7)
Medulla spinalis
M. longissimus cervicis
Lig. longitudinale post.
M. longissimus capitis
M. spinalis capitis
Mm. multifidi
M. semispinalis cervicis

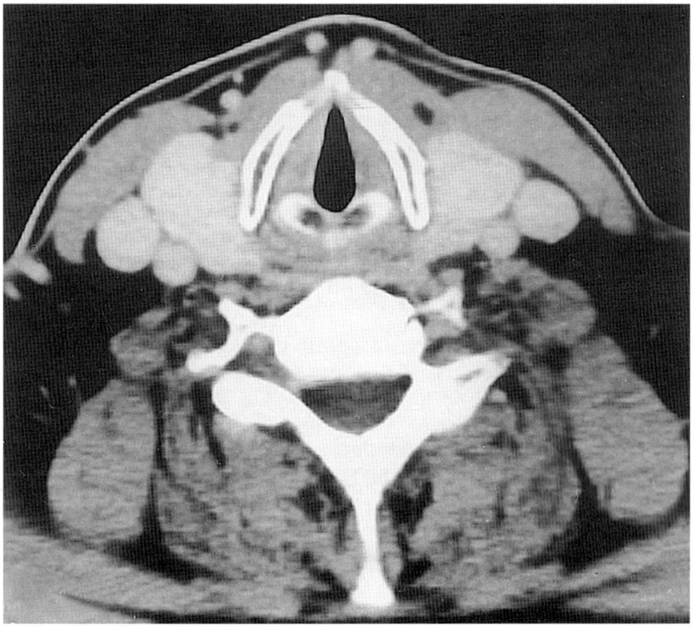

Abb. 2.**19** Axialer CT-Schnitt in Höhe der Lamina cartilaginis cricoideae und C 6.

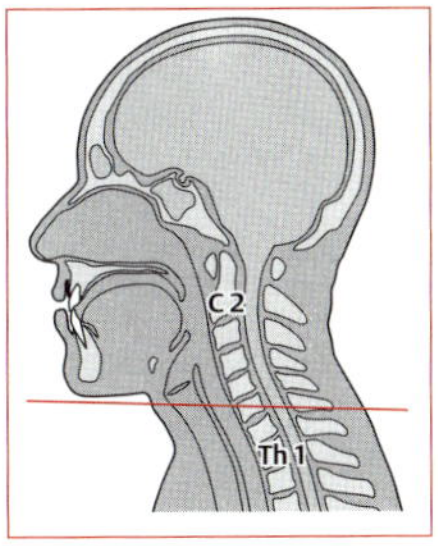
C2
Th 1

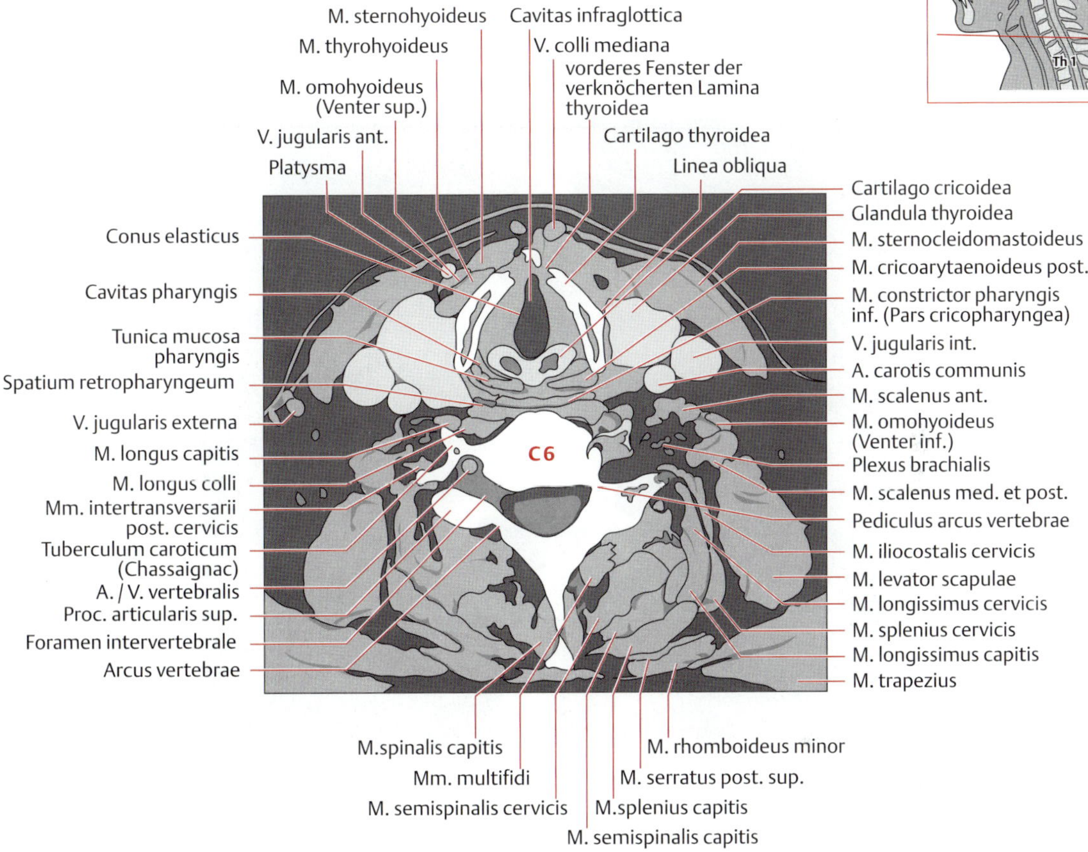
M. sternohyoideus
Cavitas infraglottica
M. thyrohyoideus
V. colli mediana
vorderes Fenster der verknöcherten Lamina thyroidea
M. omohyoideus (Venter sup.)
V. jugularis ant.
Cartilago thyroidea
Platysma
Linea obliqua
Conus elasticus
Cavitas pharyngis
Tunica mucosa pharyngis
Spatium retropharyngeum
V. jugularis externa
M. longus capitis
M. longus colli
Mm. intertransversarii post. cervicis
Tuberculum caroticum (Chassaignac)
A. / V. vertebralis
Proc. articularis sup.
Foramen intervertebrale
Arcus vertebrae
C6
Cartilago cricoidea
Glandula thyroidea
M. sternocleidomastoideus
M. cricoarytaenoideus post.
M. constrictor pharyngis inf. (Pars cricopharyngea)
V. jugularis int.
A. carotis communis
M. scalenus ant.
M. omohyoideus (Venter inf.)
Plexus brachialis
M. scalenus med. et post.
Pediculus arcus vertebrae
M. iliocostalis cervicis
M. levator scapulae
M. longissimus cervicis
M. splenius cervicis
M. longissimus capitis
M. trapezius
M.spinalis capitis
Mm. multifidi
M. semispinalis cervicis
M. rhomboideus minor
M. serratus post. sup.
M.splenius capitis
M. semispinalis capitis

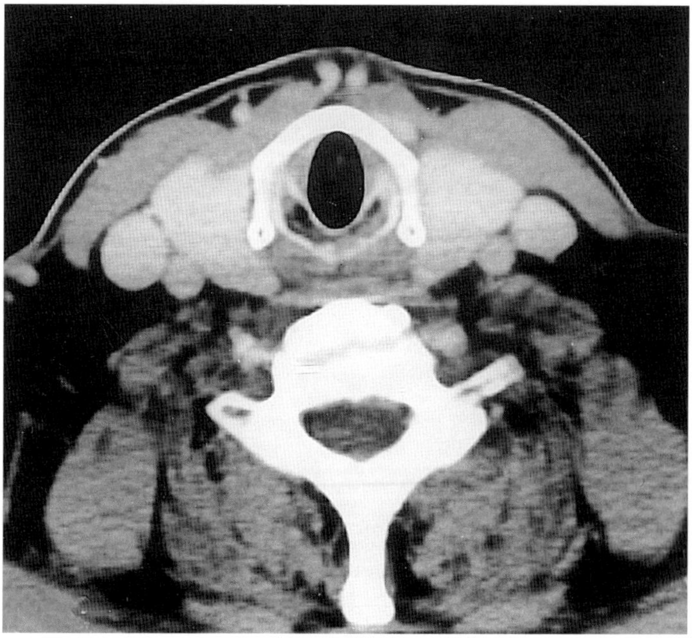

Abb. 2.**20** Axialer CT-Schnitt in Höhe des Discus intervertebralis C 6/C 7.

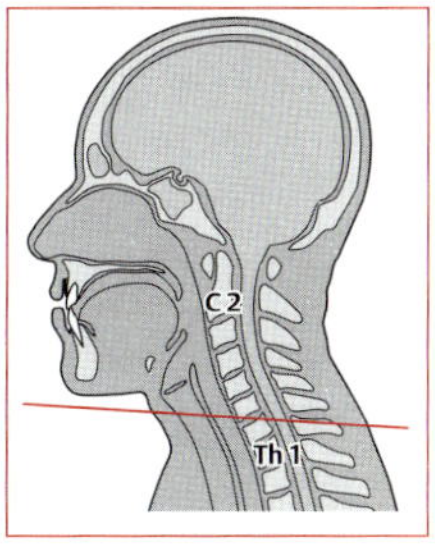
C2
Th 1

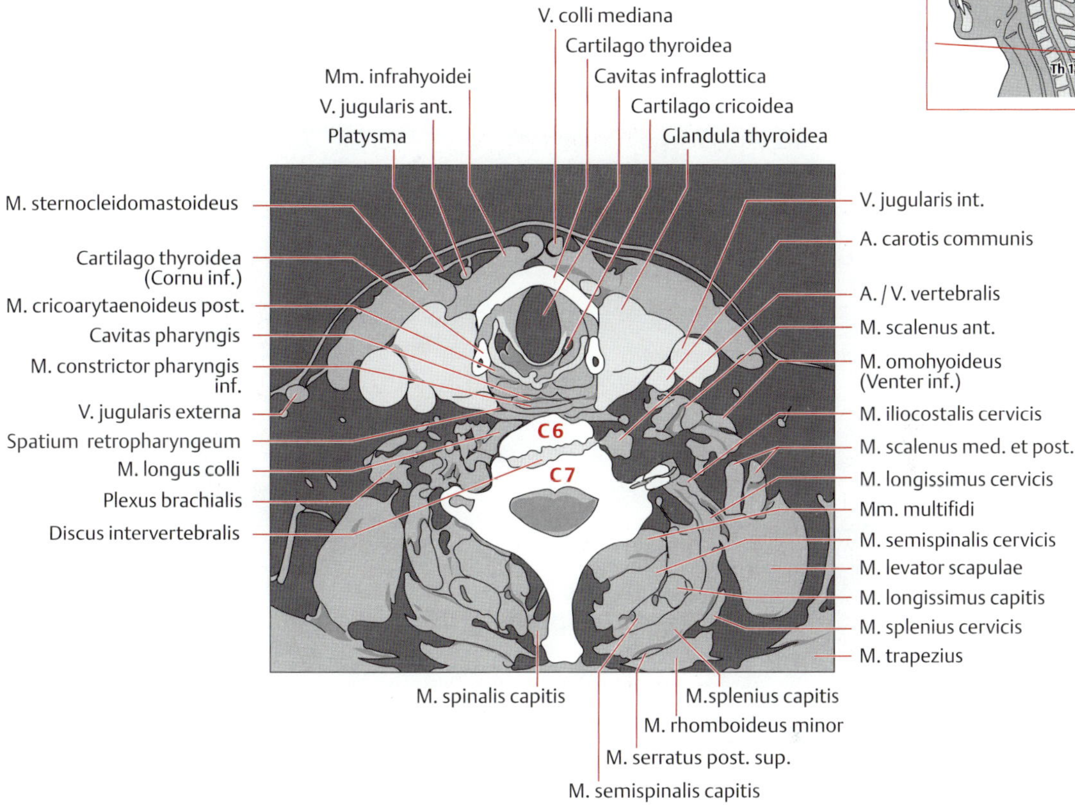
V. colli mediana
Cartilago thyroidea
Mm. infrahyoidei
Cavitas infraglottica
V. jugularis ant.
Cartilago cricoidea
Platysma
Glandula thyroidea
M. sternocleidomastoideus
Cartilago thyroidea (Cornu inf.)
M. cricoarytaenoideus post.
Cavitas pharyngis
M. constrictor pharyngis inf.
V. jugularis externa
Spatium retropharyngeum
M. longus colli
Plexus brachialis
Discus intervertebralis
V. jugularis int.
A. carotis communis
A. / V. vertebralis
M. scalenus ant.
M. omohyoideus (Venter inf.)
M. iliocostalis cervicis
M. scalenus med. et post.
M. longissimus cervicis
Mm. multifidi
M. semispinalis cervicis
M. levator scapulae
M. longissimus capitis
M. splenius cervicis
M. trapezius
C6
C7
M. spinalis capitis
M.splenius capitis
M. rhomboideus minor
M. serratus post. sup.
M. semispinalis capitis

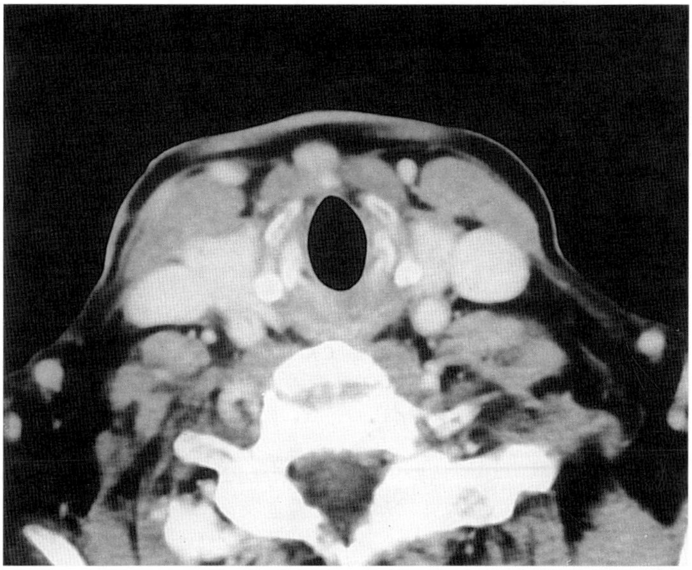

Abb. 2.**21** Axialer CT-Schnitt in Höhe der Cavitas infraglottica und des Discus intervertebralis C 6/C 7.

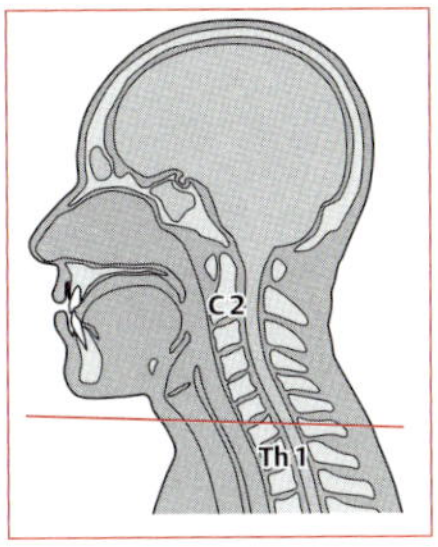
C 2
Th 1

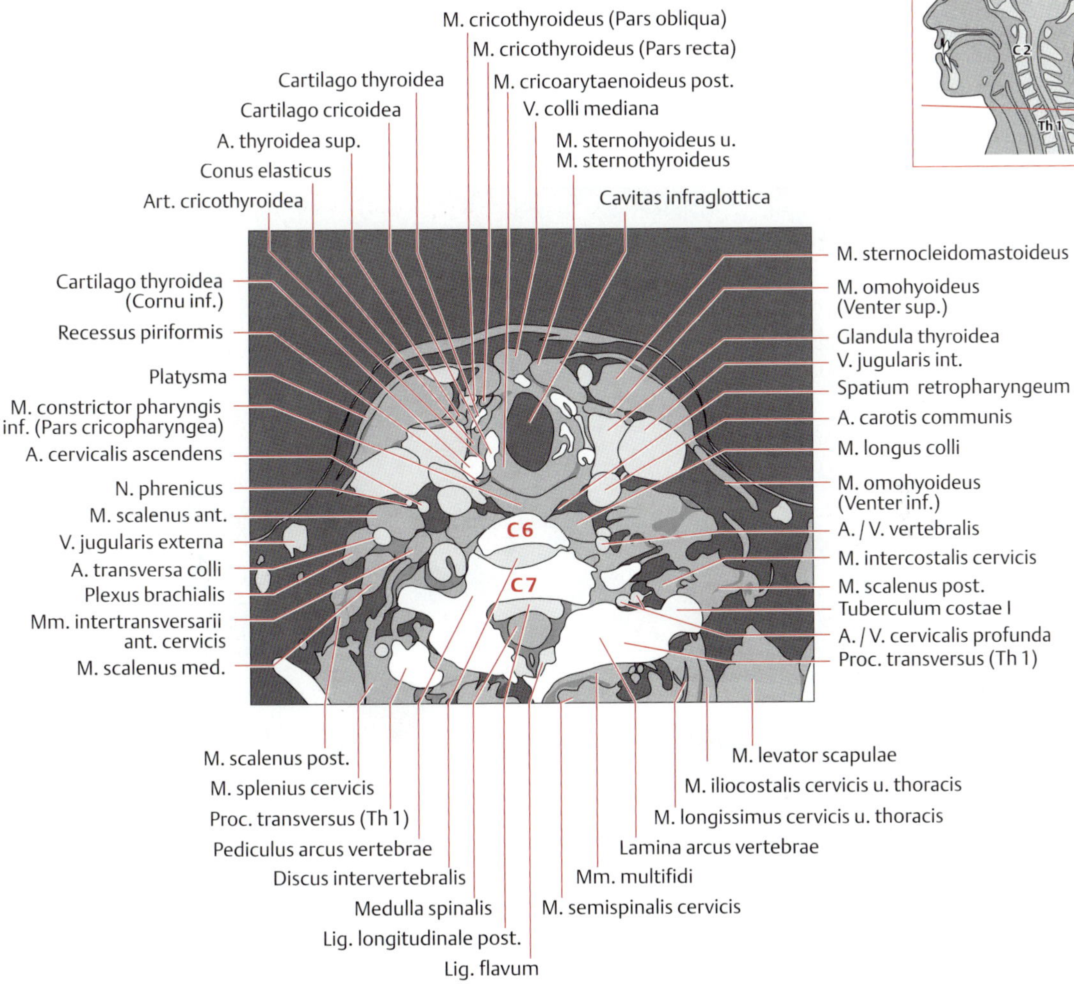
M. cricothyroideus (Pars obliqua)
M. cricothyroideus (Pars recta)
Cartilago thyroidea
M. cricoarytaenoideus post.
Cartilago cricoidea
V. colli mediana
A. thyroidea sup.
M. sternohyoideus u.
M. sternothyroideus
Conus elasticus
Art. cricothyroidea
Cavitas infraglottica
Cartilago thyroidea
(Cornu inf.)
Recessus piriformis
Platysma
M. constrictor pharyngis
inf. (Pars cricopharyngea)
A. cervicalis ascendens
N. phrenicus
M. scalenus ant.
V. jugularis externa
A. transversa colli
Plexus brachialis
Mm. intertransversarii
ant. cervicis
M. scalenus med.
M. sternocleidomastoideus
M. omohyoideus
(Venter sup.)
Glandula thyroidea
V. jugularis int.
Spatium retropharyngeum
A. carotis communis
M. longus colli
M. omohyoideus
(Venter inf.)
A. / V. vertebralis
M. intercostalis cervicis
M. scalenus post.
Tuberculum costae I
A. / V. cervicalis profunda
Proc. transversus (Th 1)
C6
C7
M. scalenus post.
M. splenius cervicis
Proc. transversus (Th 1)
Pediculus arcus vertebrae
Discus intervertebralis
Medulla spinalis
Lig. longitudinale post.
Lig. flavum
M. levator scapulae
M. iliocostalis cervicis u. thoracis
M. longissimus cervicis u. thoracis
Lamina arcus vertebrae
Mm. multifidi
M. semispinalis cervicis

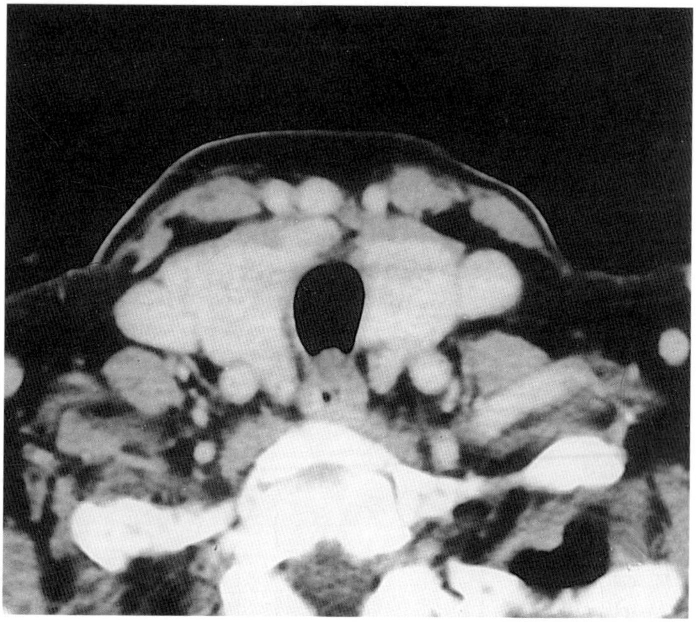

Abb. 2.**22** Axialer CT-Schnitt in Höhe des Discus intervertebralis C 7/Th 1.

Abb. 2.22

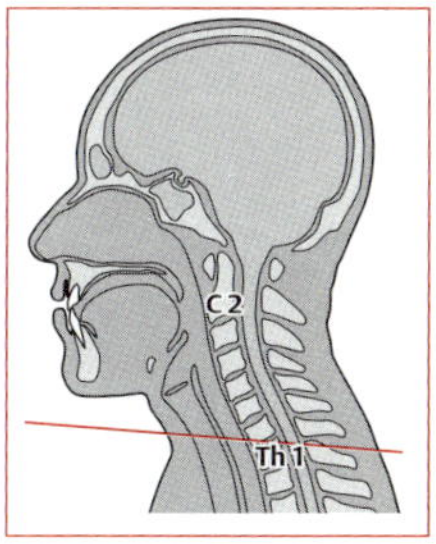
C2
Th1

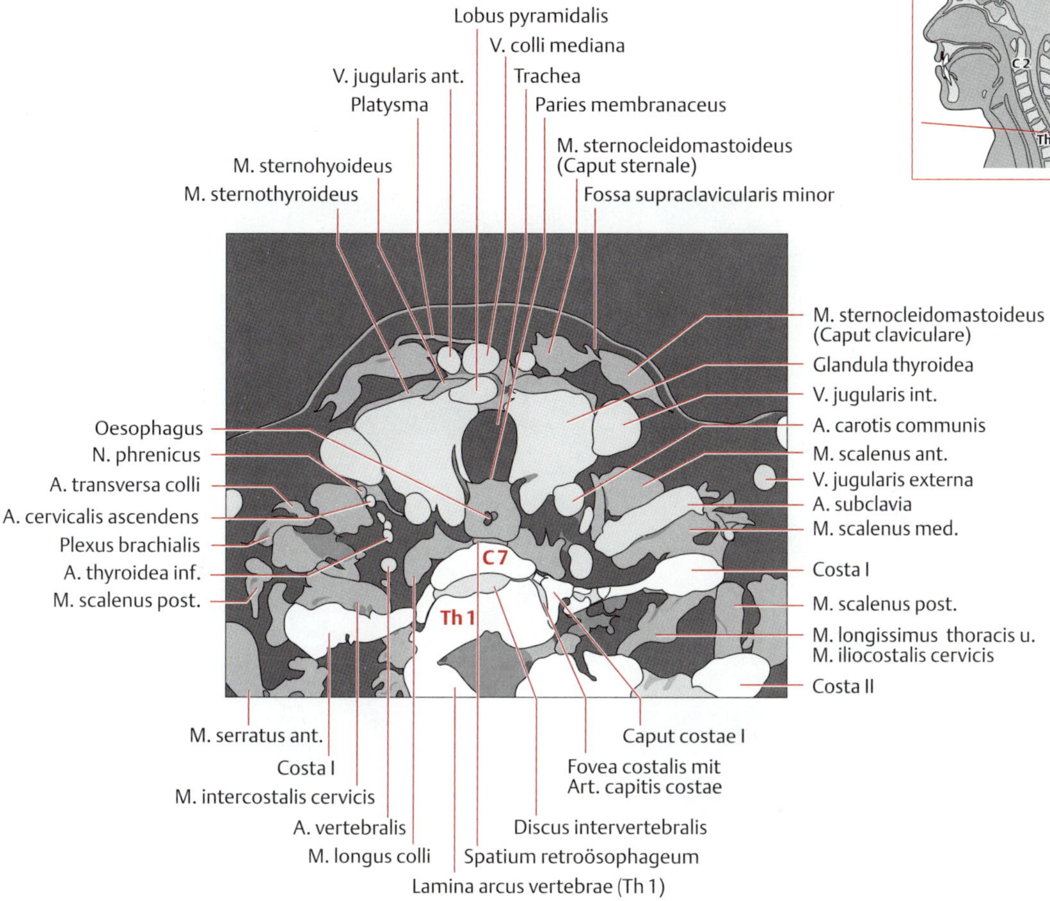
Lobus pyramidalis
V. colli mediana
V. jugularis ant.
Trachea
Platysma
Paries membranaceus
M. sternocleidomastoideus (Caput sternale)
M. sternohyoideus
M. sternothyroideus
Fossa supraclavicularis minor
M. sternocleidomastoideus (Caput claviculare)
Glandula thyroidea
V. jugularis int.
Oesophagus
A. carotis communis
N. phrenicus
M. scalenus ant.
A. transversa colli
V. jugularis externa
A. cervicalis ascendens
A. subclavia
Plexus brachialis
M. scalenus med.
A. thyroidea inf.
Costa I
M. scalenus post.
M. scalenus post.
M. longissimus thoracis u. M. iliocostalis cervicis
Costa II
C7
Th1
M. serratus ant.
Caput costae I
Costa I
Fovea costalis mit Art. capitis costae
M. intercostalis cervicis
A. vertebralis
Discus intervertebralis
M. longus colli
Spatium retroösophageum
Lamina arcus vertebrae (Th 1)

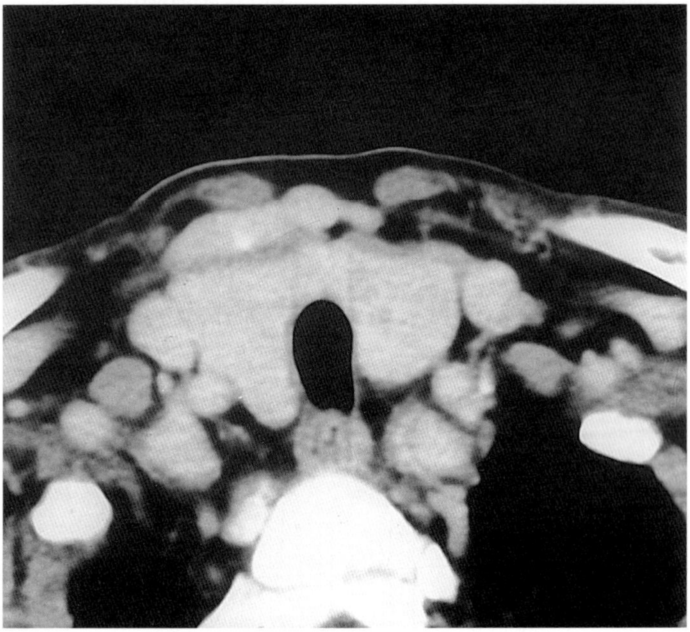

Abb. 2.**23** Axialer CT-Schnitt in Höhe Th 1/Th 2.

Abb. 2.23

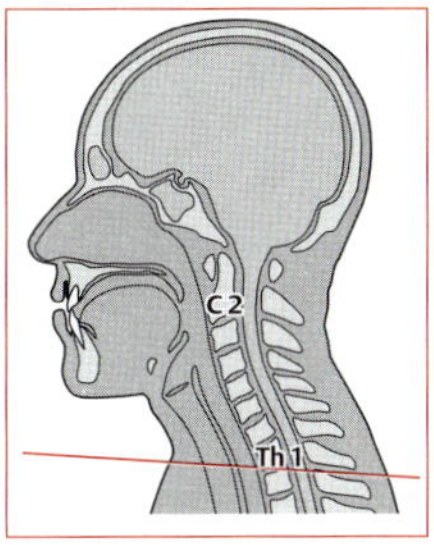
C2
Th1

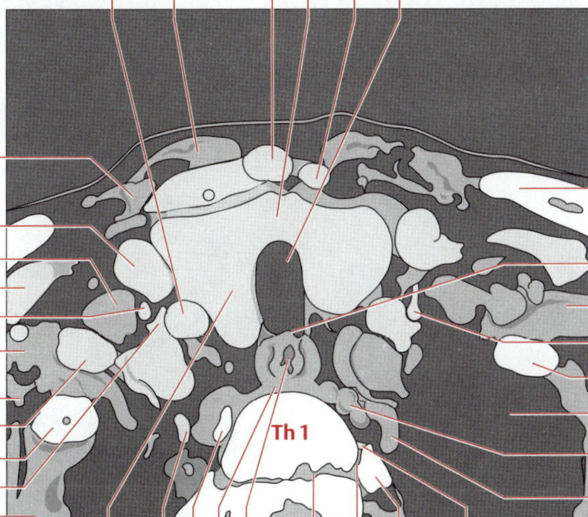
V. colli mediana
Glandula thyroidea (Isthmus)
M. sternocleidomastoideus (Caput sternale)
V. jugularis ant.
A. carotis communis
Trachea
M. sternocleidomastoideus (Caput claviculare)
V. jugularis int.
M. scalenus ant.
V. subclavia
A. cervicalis ascendens
Plexus brachialis
A. transversa colli
A. subclavia
Costa I
Truncus thyrocervicalis
M. scalenus post.
Clavicula
Paries membranaceus
Plexus brachialis
Nodus lymphaticus
Costa I
Apex pulmonis
M. longus colli
Nodi lymphatici
Th 1
Glandula thyroidea (Lobus)
Lig. capitis costae radiatum
Nodus lymphaticus
Caput costae II
Caput costae I
Art. capitis costae
Spatium retroösophageum
Discus intervertebralis (Th 1–Th 2)
Oesophagus

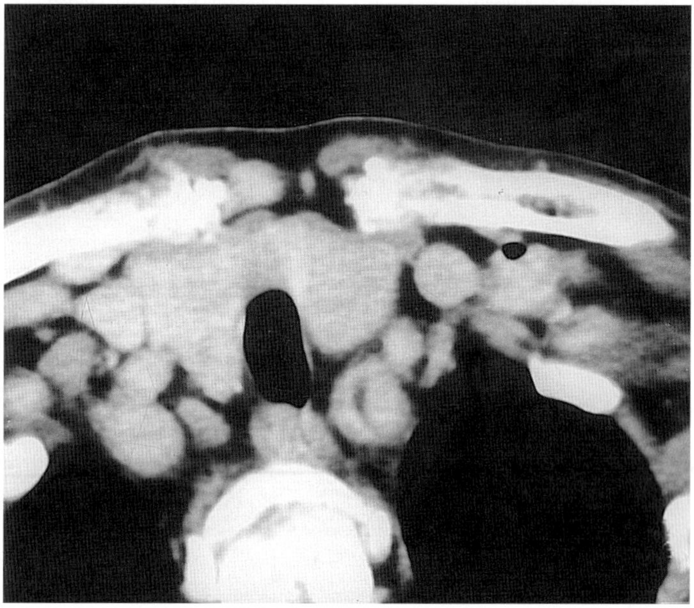

Abb. 2.**24** Axialer CT-Schnitt in Höhe des Discus intervertebralis Th 2/Th 3.

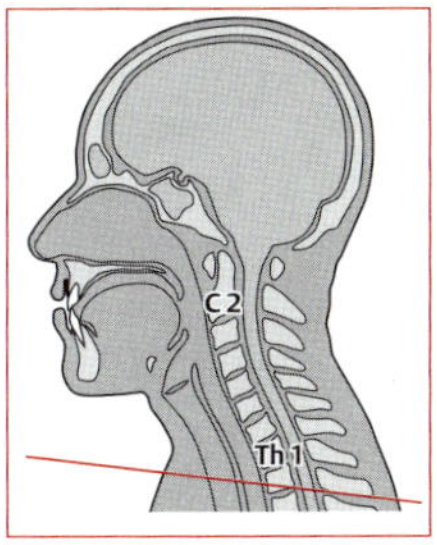
C 2
Th 1

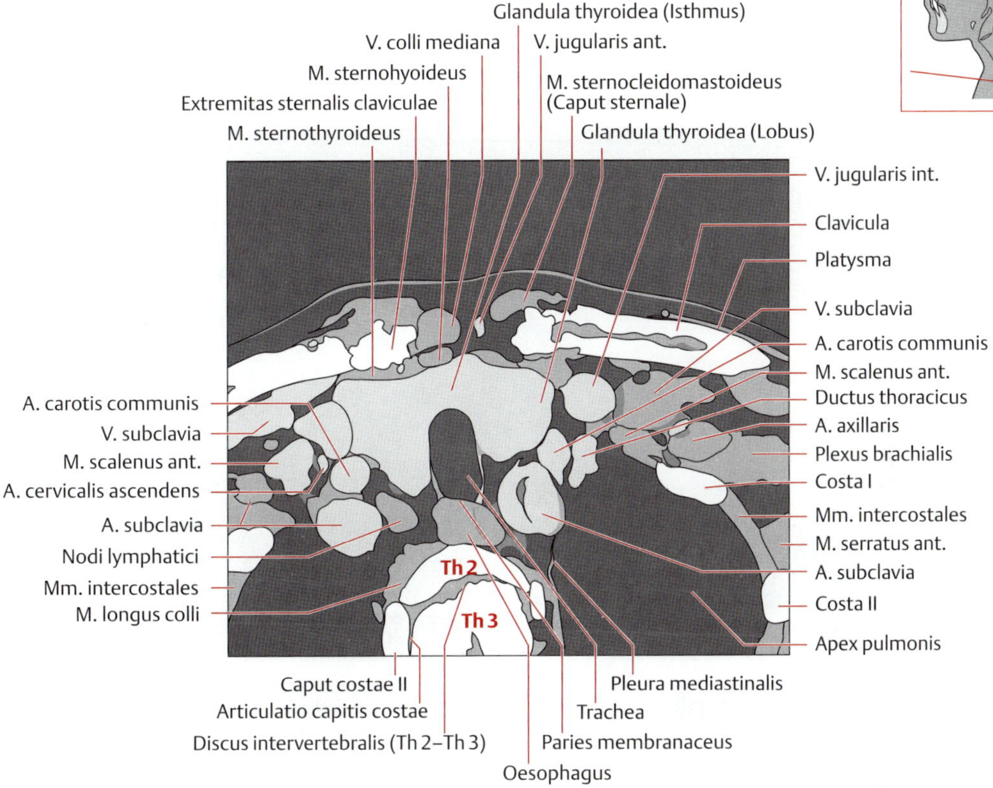
Glandula thyroidea (Isthmus)
V. colli mediana
V. jugularis ant.
M. sternohyoideus
M. sternocleidomastoideus (Caput sternale)
Extremitas sternalis claviculae
M. sternothyroideus
Glandula thyroidea (Lobus)
V. jugularis int.
Clavicula
Platysma
V. subclavia
A. carotis communis
M. scalenus ant.
Ductus thoracicus
A. axillaris
Plexus brachialis
Costa I
Mm. intercostales
M. serratus ant.
A. subclavia
Costa II
Apex pulmonis
A. carotis communis
V. subclavia
M. scalenus ant.
A. cervicalis ascendens
A. subclavia
Nodi lymphatici
Mm. intercostales
M. longus colli
Th 2
Th 3
Caput costae II
Articulatio capitis costae
Discus intervertebralis (Th 2–Th 3)
Pleura mediastinalis
Trachea
Paries membranaceus
Oesophagus

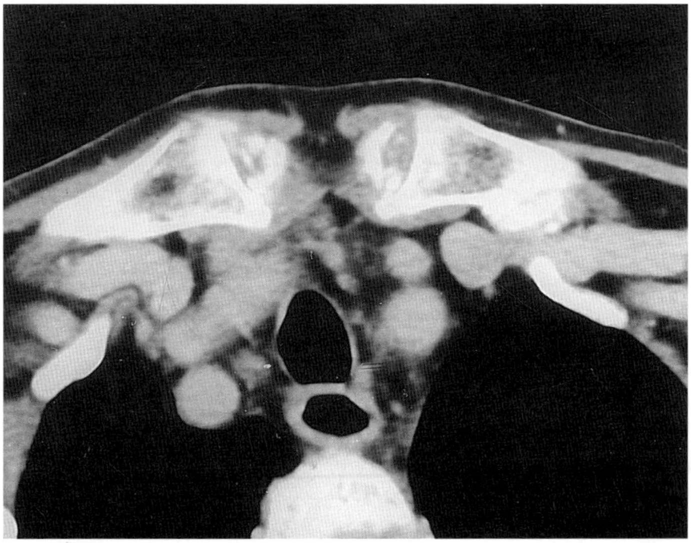

Abb. 2.**25** Axialer CT-Schnitt in Höhe Th 3 und der Articulatio sternoclavicularis.

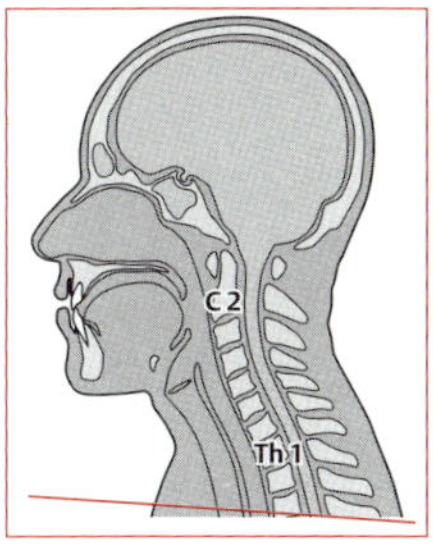
C 2
Th 1

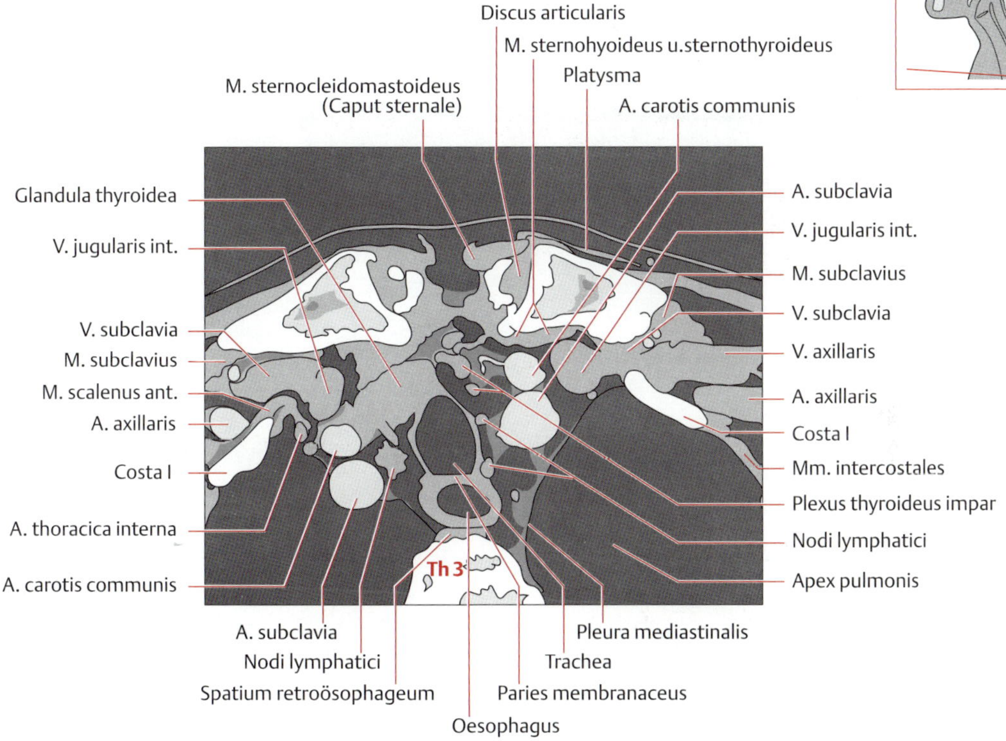
Discus articularis
M. sternohyoideus u.sternothyroideus
Platysma
M. sternocleidomastoideus (Caput sternale)
A. carotis communis
Glandula thyroidea
V. jugularis int.
V. subclavia
M. subclavius
M. scalenus ant.
A. axillaris
Costa I
A. thoracica interna
A. carotis communis
A. subclavia
V. jugularis int.
M. subclavius
V. subclavia
V. axillaris
A. axillaris
Costa I
Mm. intercostales
Plexus thyroideus impar
Nodi lymphatici
Apex pulmonis
Th 3
A. subclavia
Nodi lymphatici
Spatium retroösophageum
Oesophagus
Pleura mediastinalis
Trachea
Paries membranaceus

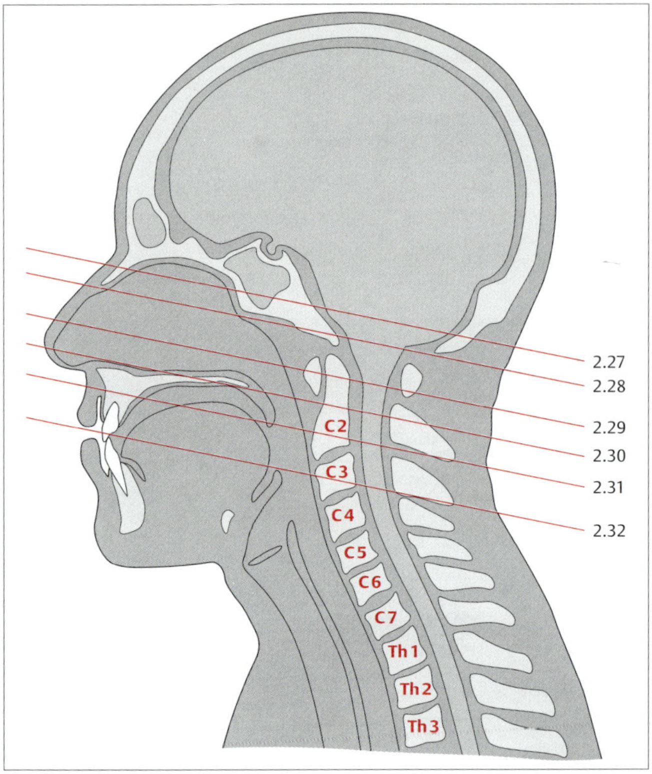

Abb. 2.**26** Lage der axialen CT-Schnitte (Knochenfenster) (Abb. 2.**27** – 2.**32**).

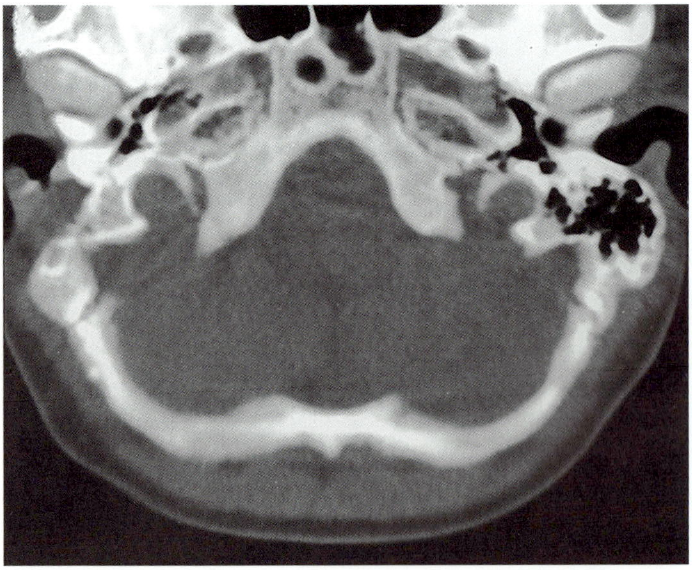

Abb. 2.**27** Axialer CT-Schnitt (Knochenfenster) in Höhe der Fossa cranii posterior.

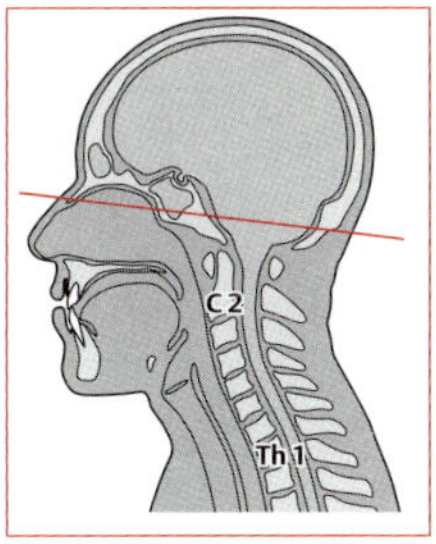
C 2
Th 1

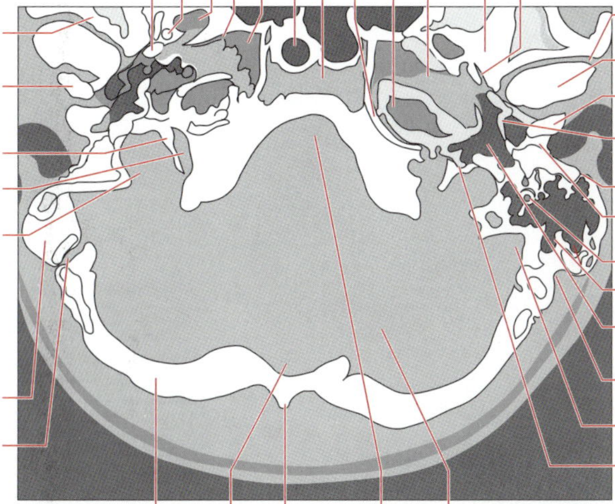
Sinus sphenoidalis
Clivus (Blumenbachii)
Foramen lacerum
Fissura petrooccipitalis
Fissura sphenopetrosa
Pars petrosa ossis temporalis
Foramen ovale
Canalis caroticus
Foramen spinosum
Ala major ossis sphenoidalis
Spina ossis sphenoidalis
Sutura sphenosquamosa
Tuberculum articulare
Pars tympanica ossis temporalis
Proc. intrajugularis
Foramen jugulare (Pars nervosa)
Foramen jugulare (Pars venosa)
Basis des Proc. mastoideus
Emissarium mastoideum
Articulatio temporomandibularis
Caput mandibulae
Vagina proc. styloidei
knöcherne Schwelle, mit Sulcus tympanicus
Fissura tympanomastoidea
Meatus acusticus externus osseus
Canalis facialis
Cellulae mastoideae
Cavitas tympanica (Hypotympanon)
Incisura mastoidea
Sulcus sinus sigmoidei
Apertura externa canaliculi cochleae
Squama ossis occipitalis
Fossa cranii post.
Trigonum vermianum (Variante)
Foramen occipitale magnum
Crista occipitalis ext.

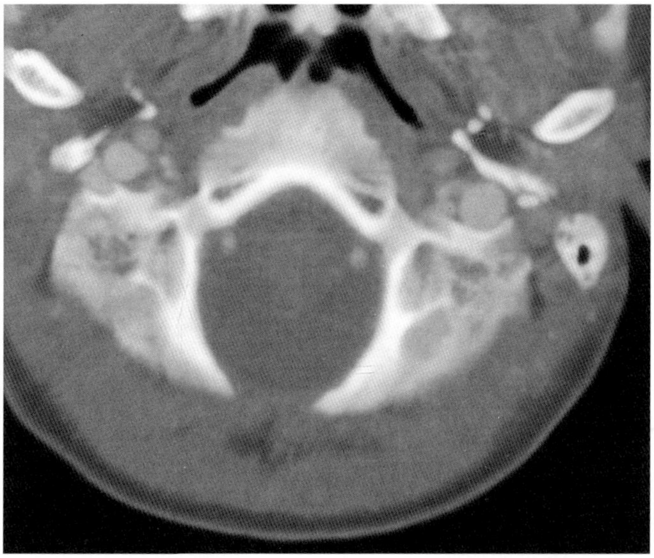

Abb. 2.**28** Axialer CT-Schnitt (Knochenfenster) in Höhe des Foramen occipitale magnum.

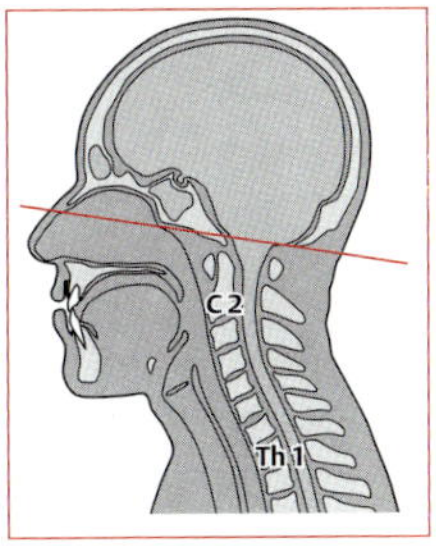
C 2
Th 1

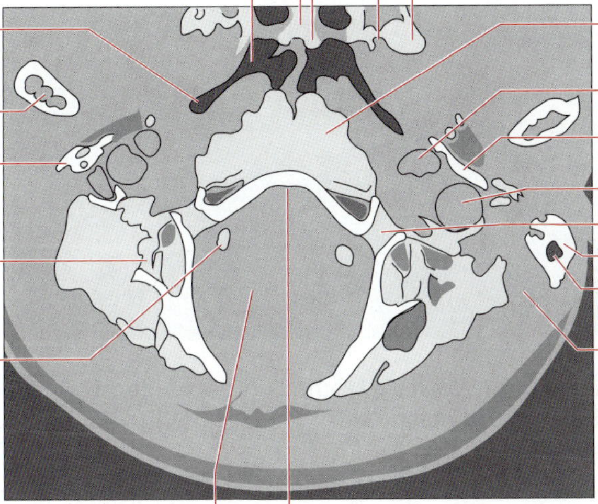
Vomer
Ala vomeris
Epipharynx
Fossa scaphoidea
Proc. pterygoideus
Recessus pharyngeus (Rosenmülleri)
Caput mandibulae
Proc. styloideus mit Vagina processus styloidei
Pars lateralis ossis occipitalis
A. vertebralis
Pars basilaris ossis occipitalis
Canalis caroticus
Pars petrosa ossis temporalis
Foramen jugulare
Canalis hypoglossi
Proc. mastoideus
Cellulae mastoideae
Incisura mastoidea
Margo anterior (Foramen occip. magnum)
Foramen occipitale magnum

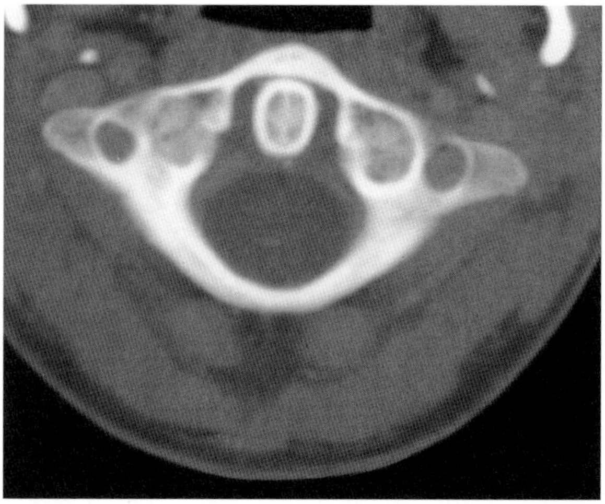

Abb. 2.**29** Axialer CT-Schnitt (Knochenfenster) in Höhe der Articulatio atlantoaxialis mediana.

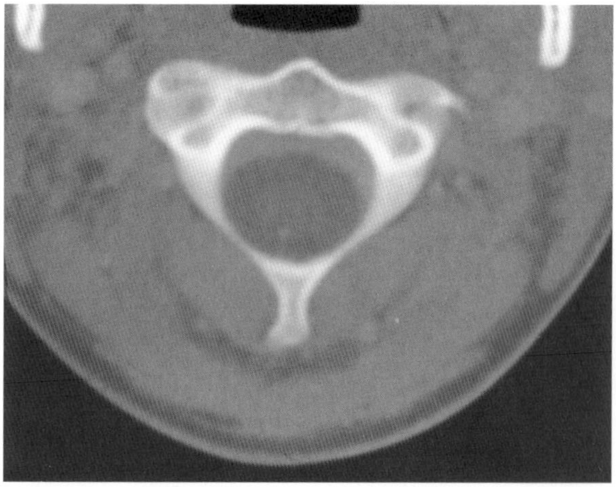

Abb. 2.**30** Axialer CT-Schnitt (Knochenfenster) in Höhe des Denssockels.

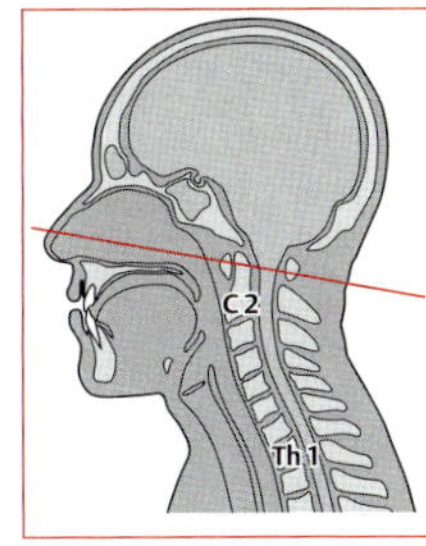
C2
Th 1

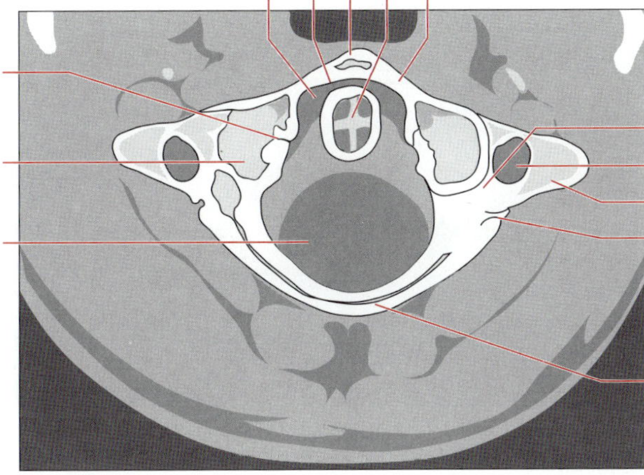
Fovea dentis
Articulatio atlantoaxialis mediana
Tub. ant. atlantis
Dens axis
Arcus ant. atlantis
Ansatzstelle des Lig. transversum atlantis (sog. Tuberculum Henle)
Facies articularis superior atlantis
Foramen vertebrale
Massa lateralis
Foramen proc. transversi
Proc. transversus atlantis
Sulcus arteriae vertebralis
Arcus post. atlantis

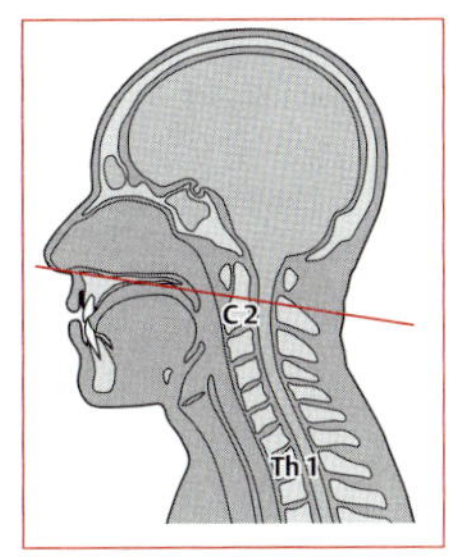
C2
Th 1

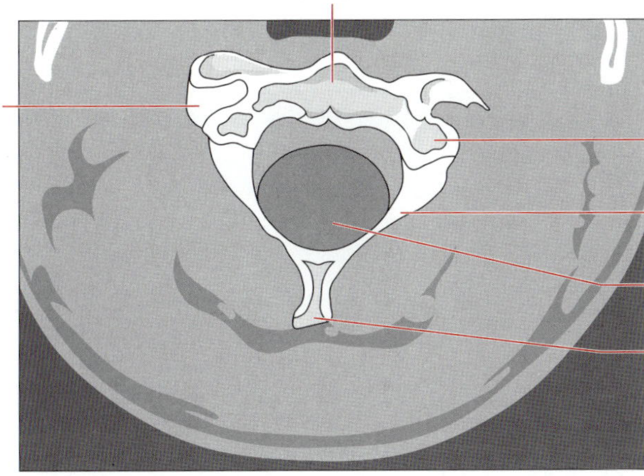
Denssockel
Foramen proc. transversi
Pediculus arcus vertebrae
Lamina arcus vertebrae
Foramen vertebrale
Processus spinosus

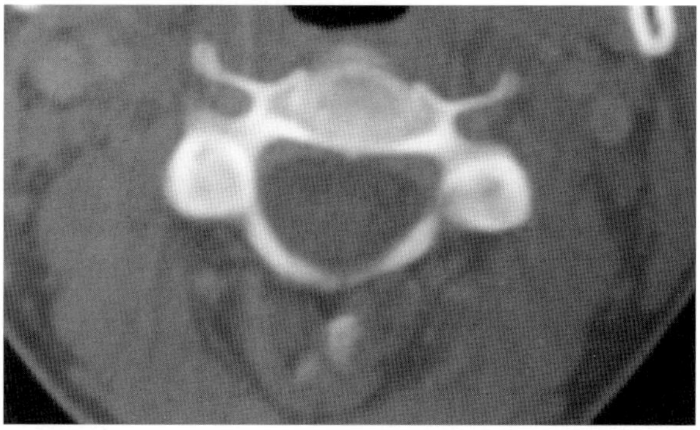

Abb. 2.**31** Axialer CT-Schnitt (Knochenfenster) in Höhe des Corpus vertebrae C 2.

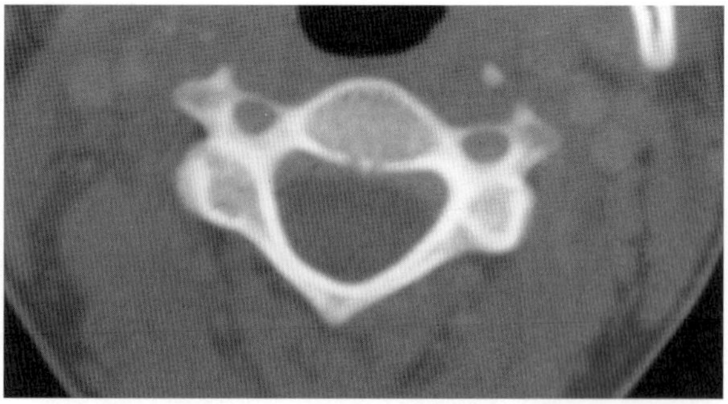

Abb. 2.**32** Axialer CT-Schnitt (Knochenfenster) in Höhe des Corpus vertebrae C 3.

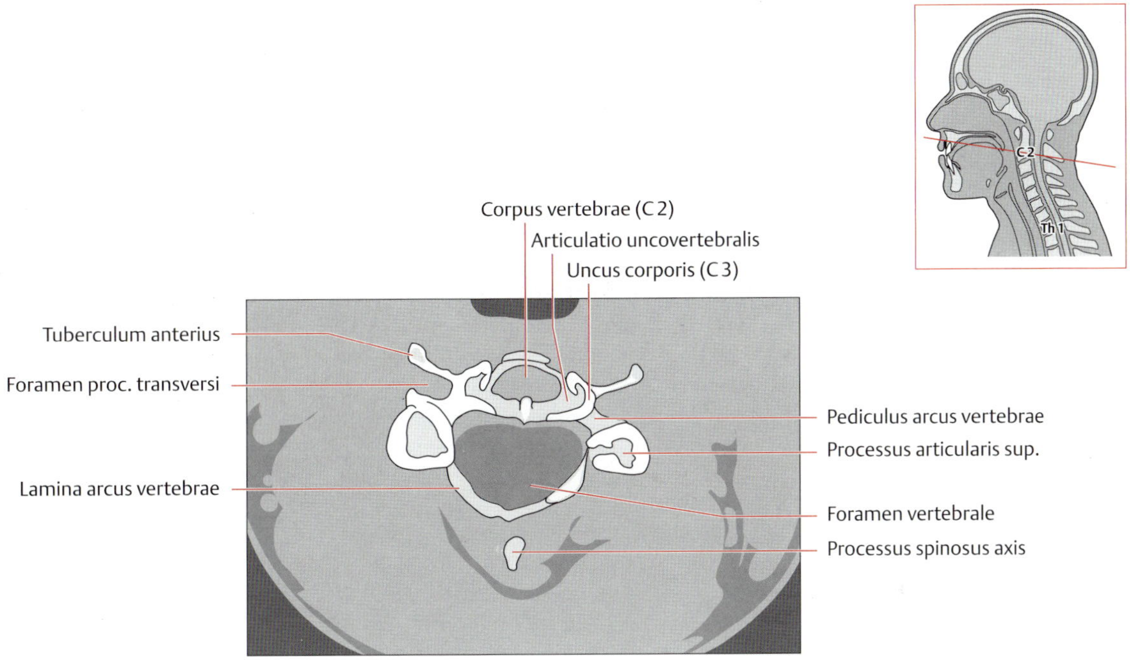
C2
Th1
Corpus vertebrae (C 2)
Articulatio uncovertebralis
Uncus corporis (C 3)
Tuberculum anterius
Foramen proc. transversi
Lamina arcus vertebrae
Pediculus arcus vertebrae
Processus articularis sup.
Foramen vertebrale
Processus spinosus axis

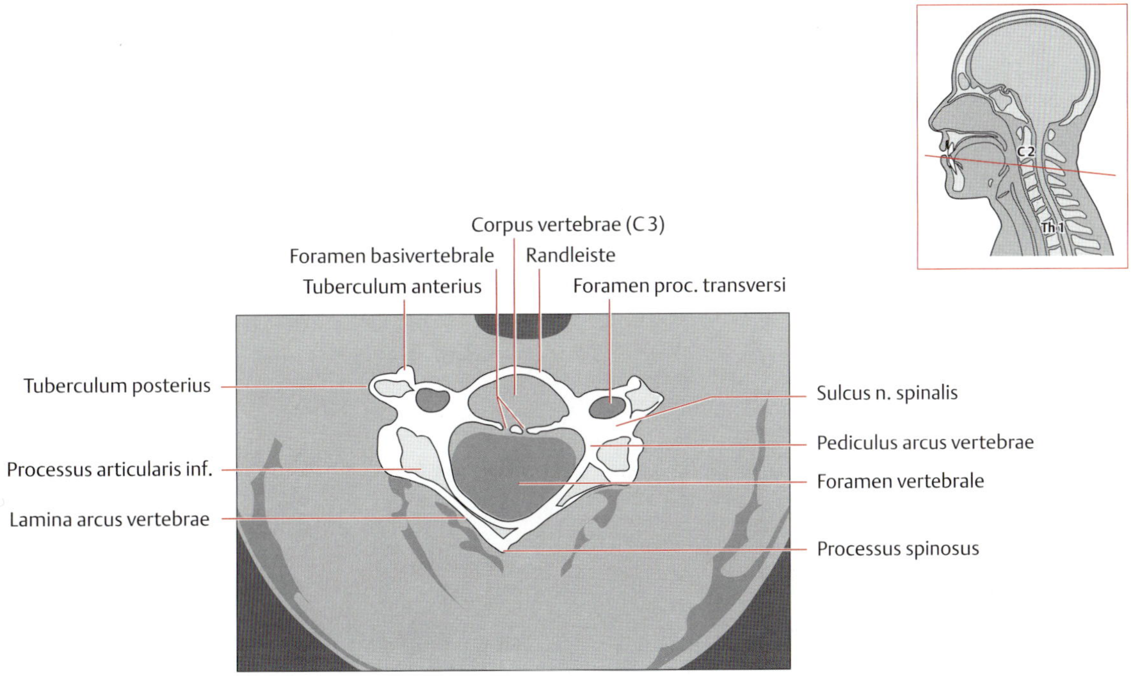
C2
Th1
Corpus vertebrae (C 3)
Foramen basivertebrale
Randleiste
Tuberculum anterius
Foramen proc. transversi
Tuberculum posterius
Processus articularis inf.
Lamina arcus vertebrae
Sulcus n. spinalis
Pediculus arcus vertebrae
Foramen vertebrale
Processus spinosus

3 Anatomie des Halses in der MR-Tomographie

Topographische Vorbemerkungen

Für die kernspintomographische Analyse gelten die gleichen anatomischen Überlegungen wie sie im Kapitel 2 ausgeführt worden sind. Da die axiale Bildserie im CT-Kapitel ausführlich dargestellt worden ist, wird im folgenden nur die frontale und sagittale Schnittrichtung bearbeitet.

Für die frontale Schnittführung ist es ratsam, als erstes die Strukturen des Eingeweideschlauches zu identifizieren, anschließend das Nerven-Gefäß-Bündel. Im dorsalen Bereich leistet die Wirbelsäule wiederum eine sehr gute Orientierungshilfe.

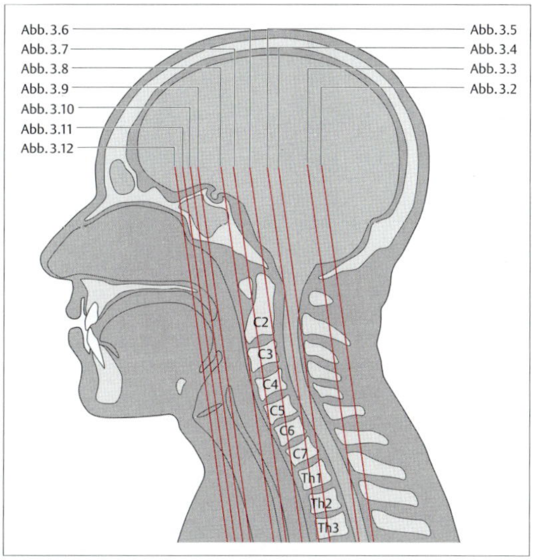

Abb. 3.**1** Lage der frontalen MRT-Schnitte (Abb. 3.**2** – 3.**12**).

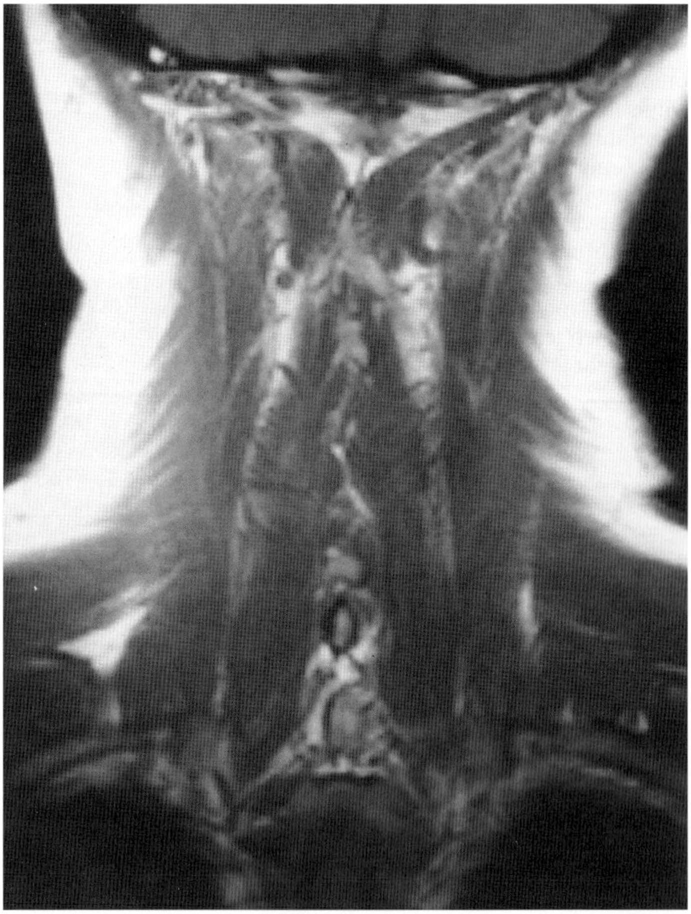

Abb. 3.2 Frontaler MRT-Schnitt durch die Processus spinosi.

Abb. 3.2

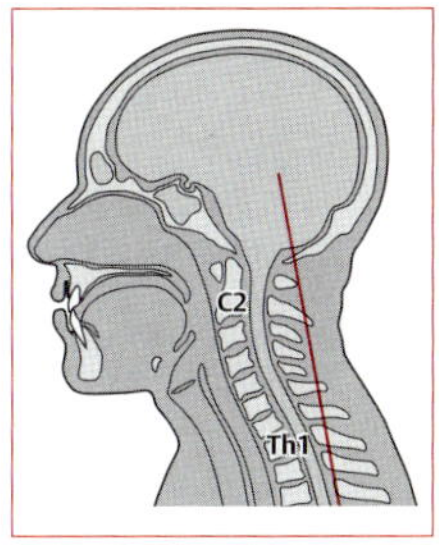

C2
Th1

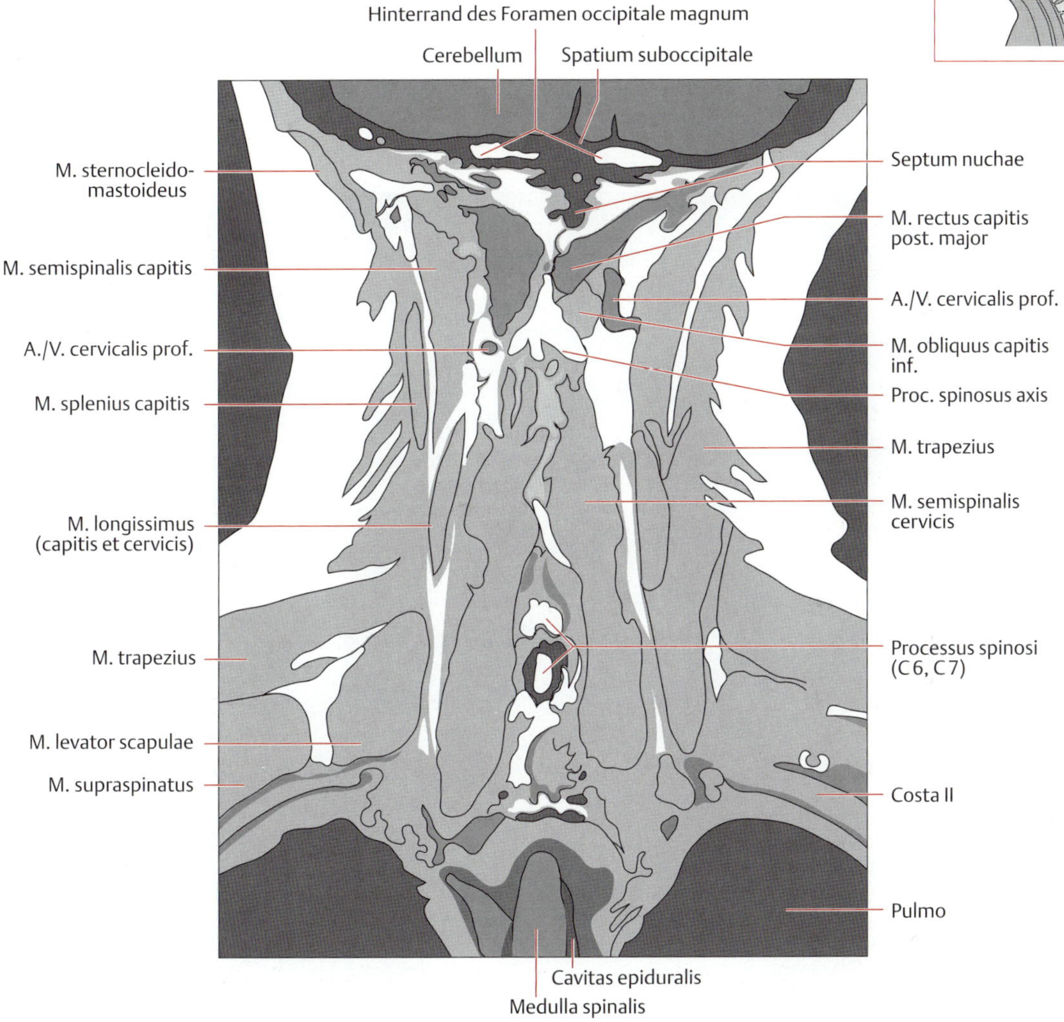

Hinterrand des Foramen occipitale magnum
Cerebellum
Spatium suboccipitale
M. sternocleido-mastoideus
M. semispinalis capitis
A./V. cervicalis prof.
M. splenius capitis
M. longissimus (capitis et cervicis)
M. trapezius
M. levator scapulae
M. supraspinatus
Septum nuchae
M. rectus capitis post. major
A./V. cervicalis prof.
M. obliquus capitis inf.
Proc. spinosus axis
M. trapezius
M. semispinalis cervicis
Processus spinosi (C6, C7)
Costa II
Pulmo
Cavitas epiduralis
Medulla spinalis

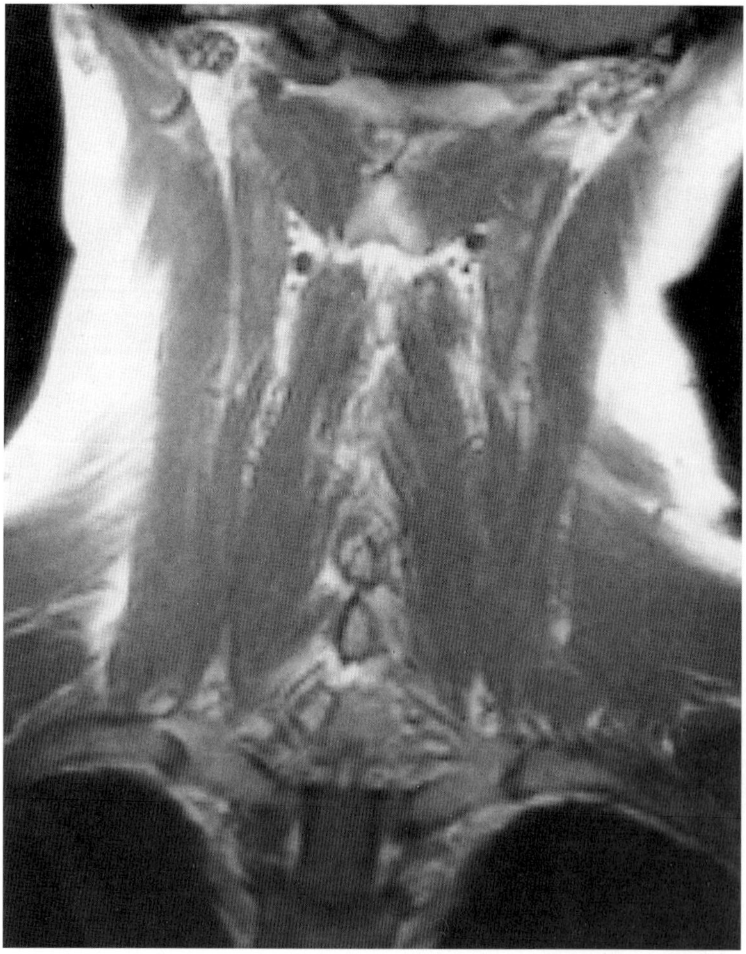

Abb. 3.3 Frontaler MRT-Schnitt durch den Arcus posterior atlantis.

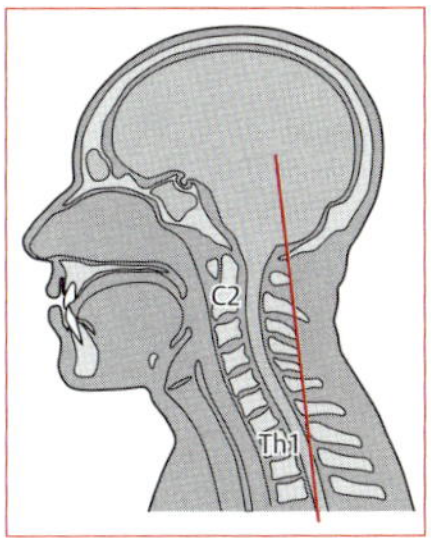
C2
Th1

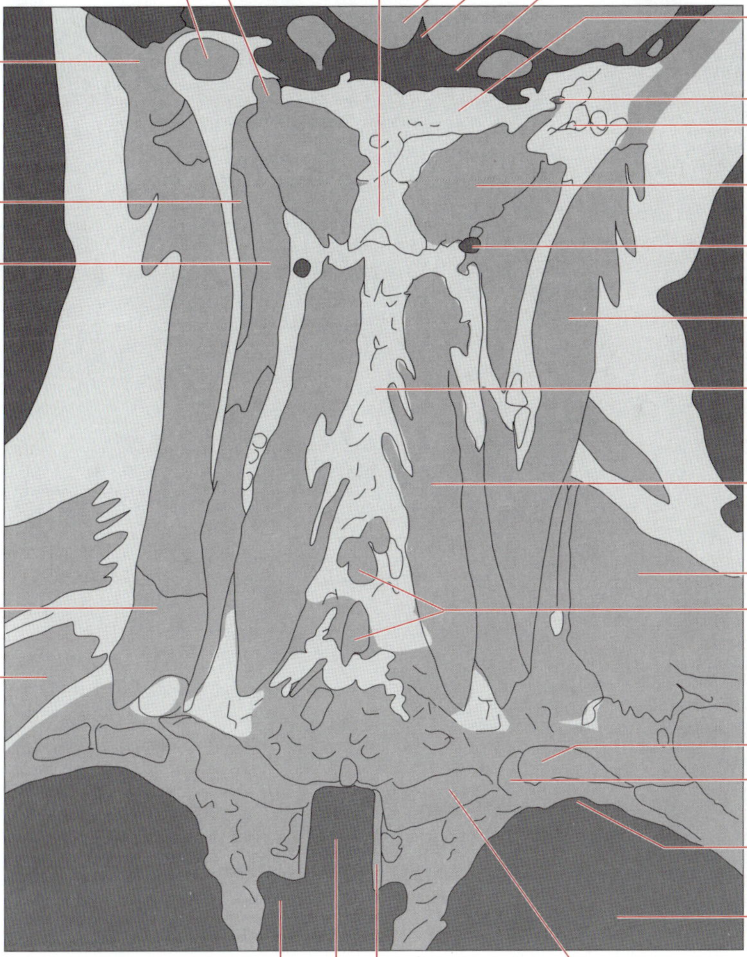
A. vertebralis u.
Sulcus arteriae vertebralis
Processus mastoideus
M. sternocleido-
mastoideus
M. splenius
capitis
M. semispinalis
capitis
M. levator
scapulae
M. supra-
spinatus
Processus spinosus axis
Tonsilla cerebelli
Cisterna cerebellomedullaris
Foramen occipitale magnum
Arcus posterior
atlantis
A. occipitalis
Processus
mastoideus
M. obliquus
capitis inf.
A./V. cerivicalis
profunda
M. trapezius
Lig. supra-
spinale u. Lig.
interspinale
M. semispinalis
cervicis
M. trapezius
Processus
spinosi (C6, C7)
Caput costae II
Articulatio
costotransversaria
Pleura
parietalis
Pulmo
Corpus vertebrae
Medulla spinalis
Cavitas epiduralis
Processus transversus

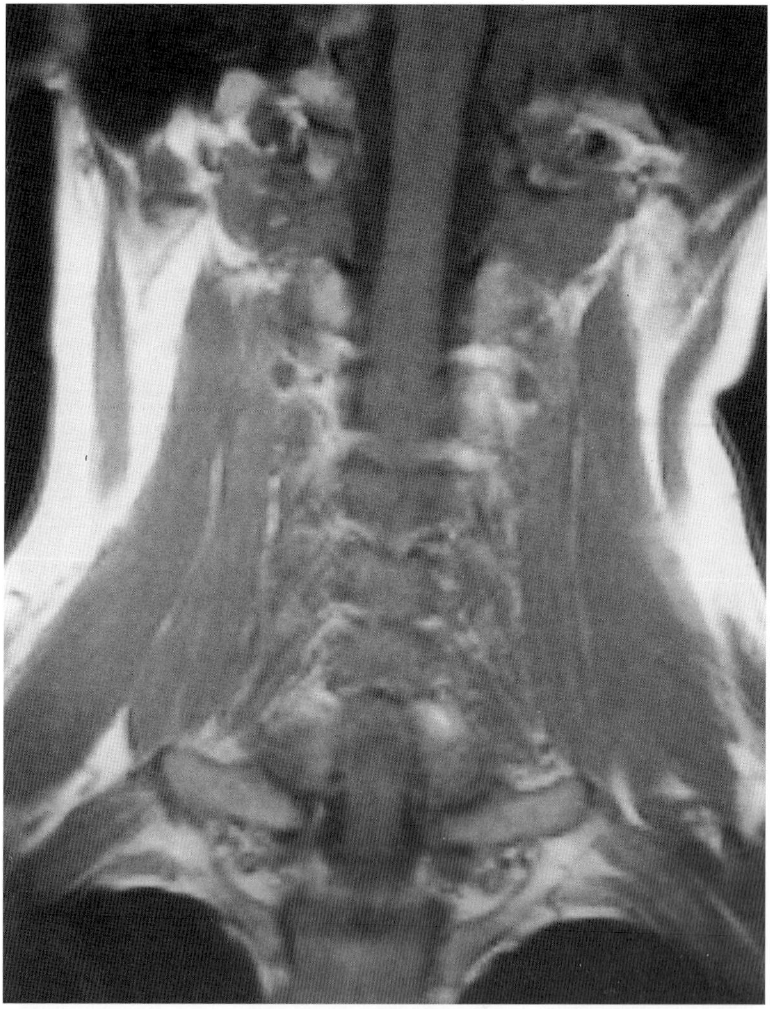

Abb. 3.**4** Frontaler MRT-Schnitt durch die Medulla spinalis.

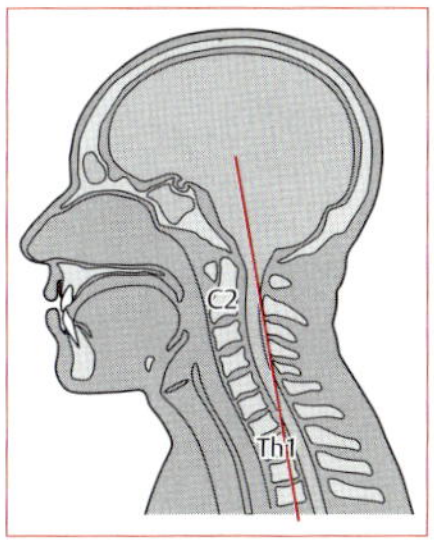
C2
Th1

Cerebellum
Sulcus medianus dorsalis
A. vertebralis
M. obliquus capitis inf.
Ligg. flava
Proccessus transversus (Th 1)
Pleura parietalis (mit Fettpolster)
Pulmo
Medulla spinalis
M. sternocleido-mastoideus
A. vertebralis
M. semispinalis cervicis
Mm. rotatores
Lamina arcus vertebrae
M. levator scapulae
Medulla spinalis
Cavitas epiduralis
Discus intervertebralis (Th 1/Th 2)
Corpus vertebrae (Th 2)
Articulatio capitis costae
Lig. capitis costae radiatum
Collum costae II
Caput costae II

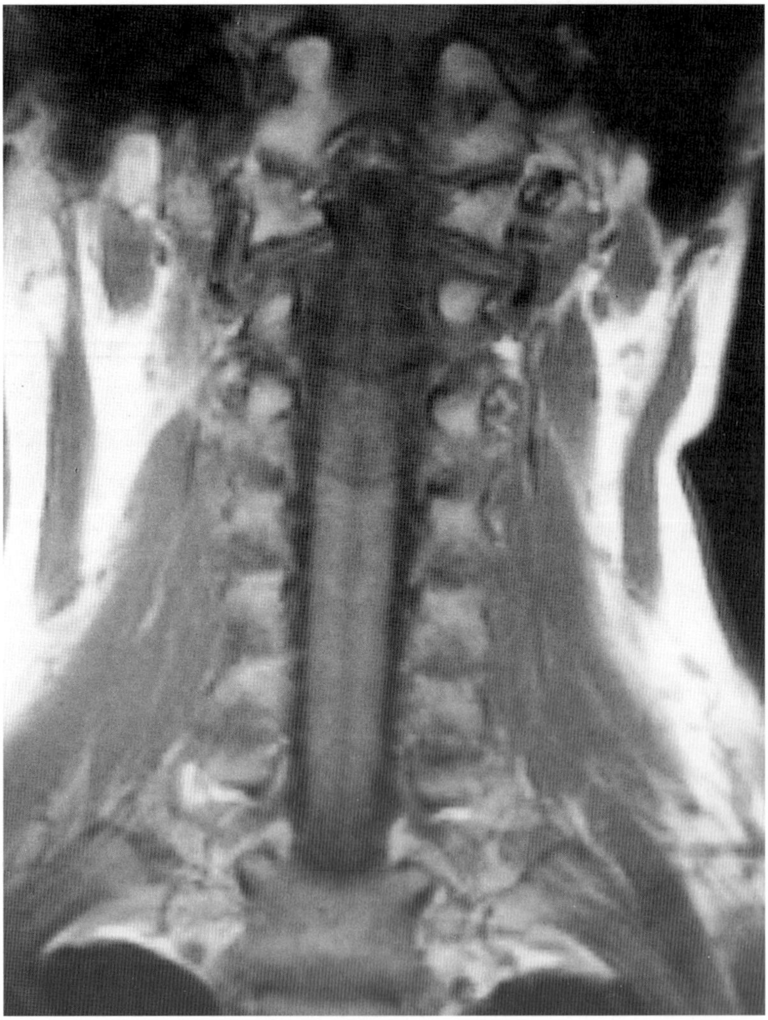

Abb. 3.**5** Frontaler MRT-Schnitt durch die Medulla spinalis und die Articulatio atlantoaxialis lateralis.

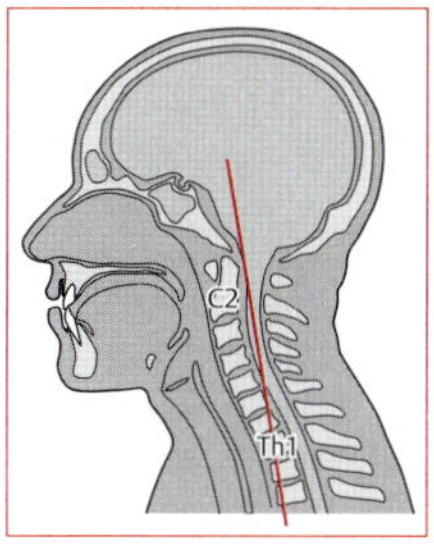
C2
Th1

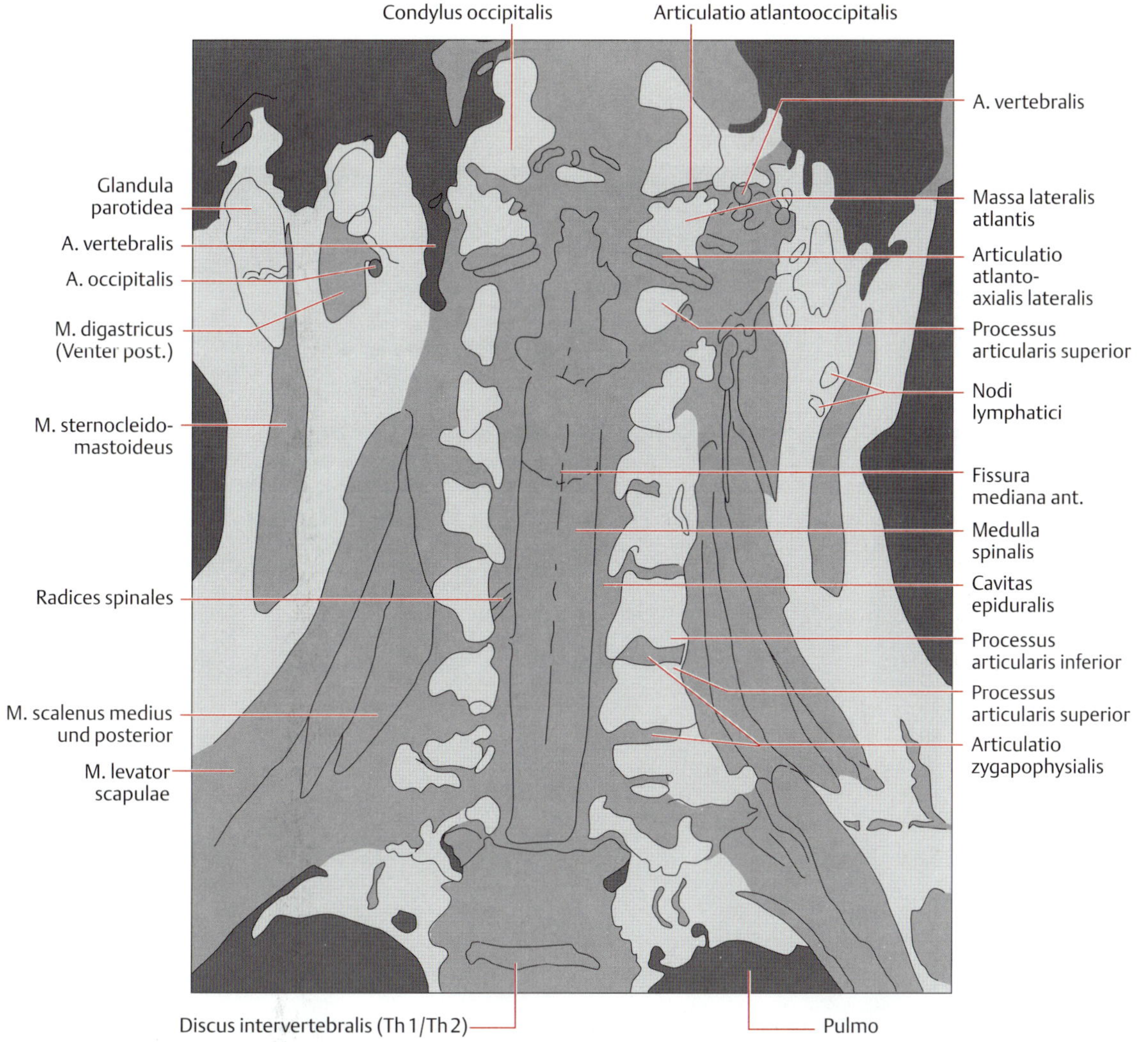
Condylus occipitalis
Articulatio atlantooccipitalis
A. vertebralis
Glandula parotidea
A. vertebralis
A. occipitalis
M. digastricus (Venter post.)
M. sternocleido-mastoideus
Massa lateralis atlantis
Articulatio atlanto-axialis lateralis
Processus articularis superior
Nodi lymphatici
Fissura mediana ant.
Medulla spinalis
Radices spinales
Cavitas epiduralis
Processus articularis inferior
Processus articularis superior
M. scalenus medius und posterior
Articulatio zygapophysialis
M. levator scapulae
Discus intervertebralis (Th 1/Th 2)
Pulmo

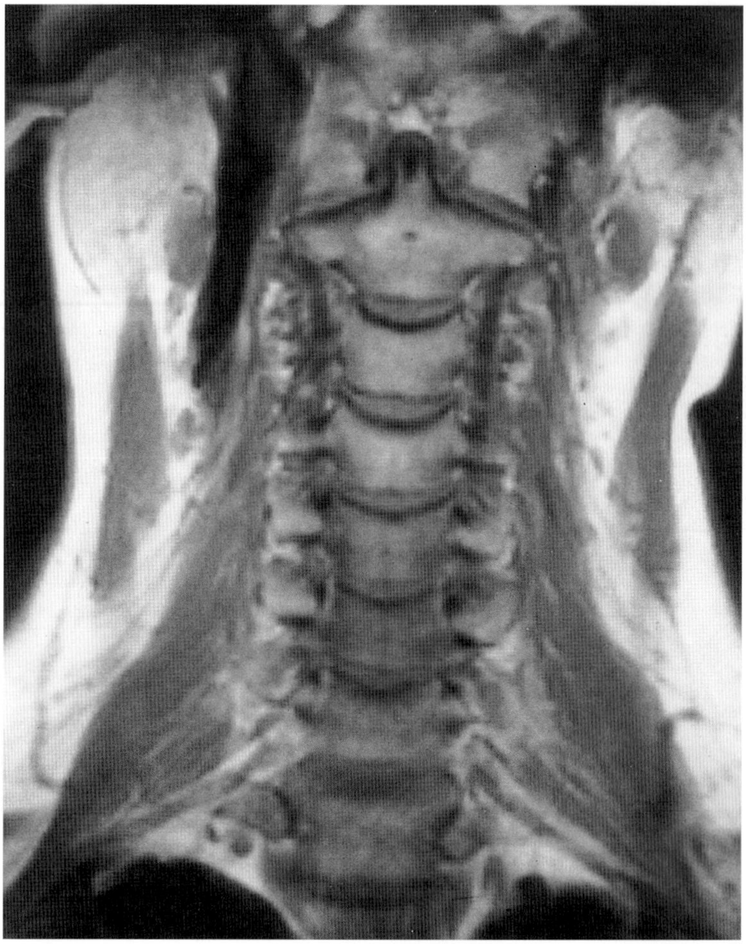

Abb. 3.**6** Frontaler MRT-Schnitt durch den Dens axis.

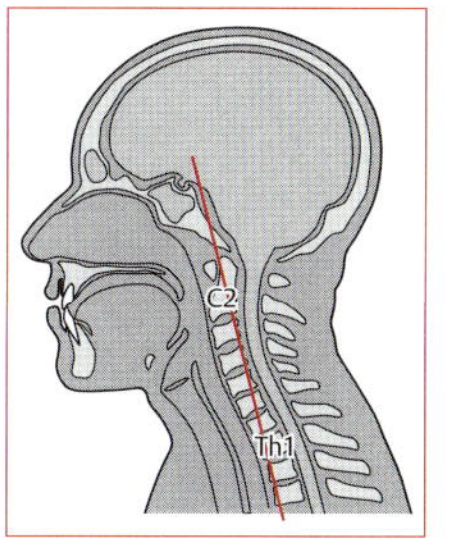
C2
Th1

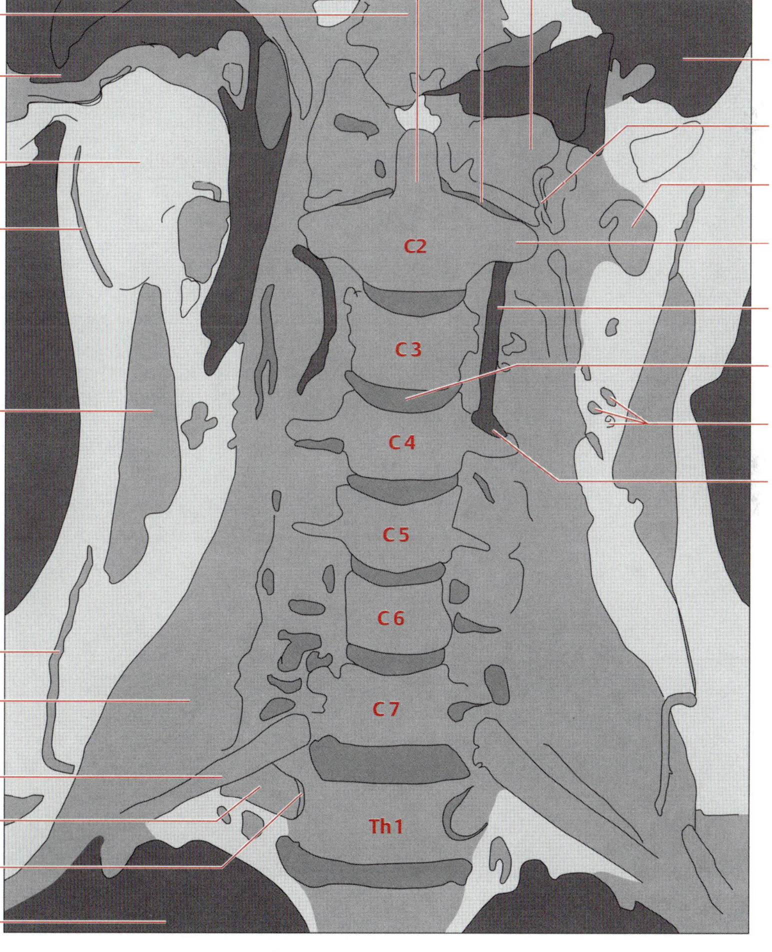
Articulatio atlantoaxialis lat.
Dens axis
Massa lateralis atlantis
Pars basilaris ossis occipitalis
Meatus acusticus externus
Glandula parotidea
Platysma
M. sternocleidomastoideus
V. jugularis ext.
M. scalenus post.
Plexus brachialis
Caput costae I
Articulatio capitis costae
Pulmo
Cellulae mastoideae
M. intertransversarius
M. digastricus (Venter post.)
Processus transversus axis
A. vertebralis
Discus intervertebralis (C3/C4)
Lnn. cervicales superficiales
Foramen processus transversi
C2
C3
C4
C5
C6
C7
Th1

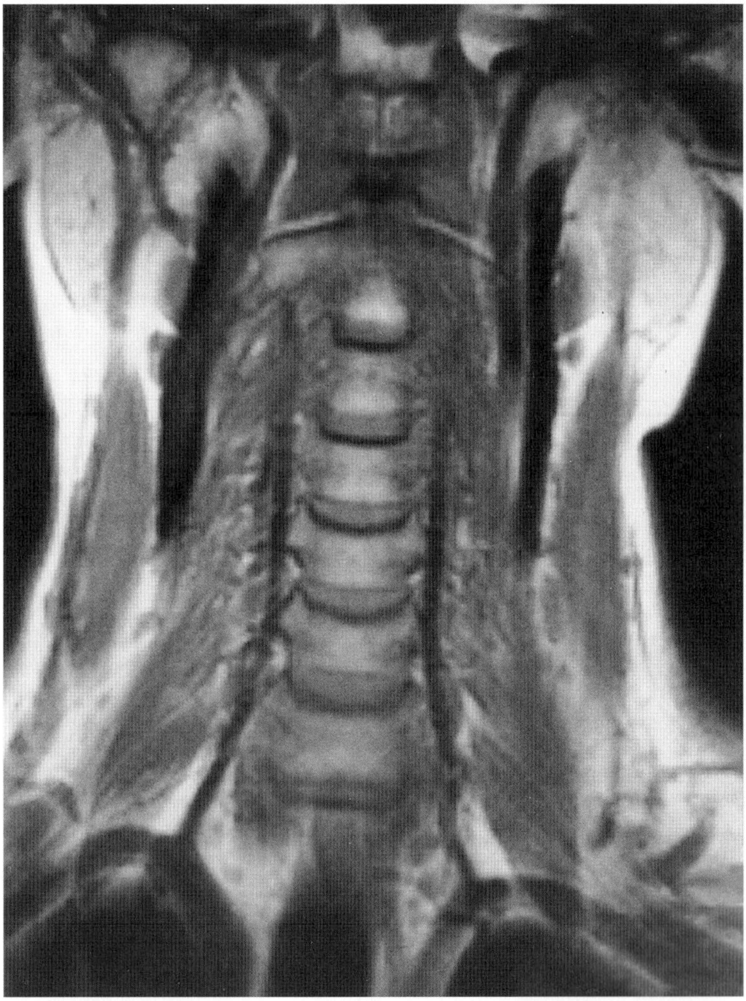

Abb. 3.7 Frontaler MRT-Schnitt durch die Corpora vertebrarum C2–C7.

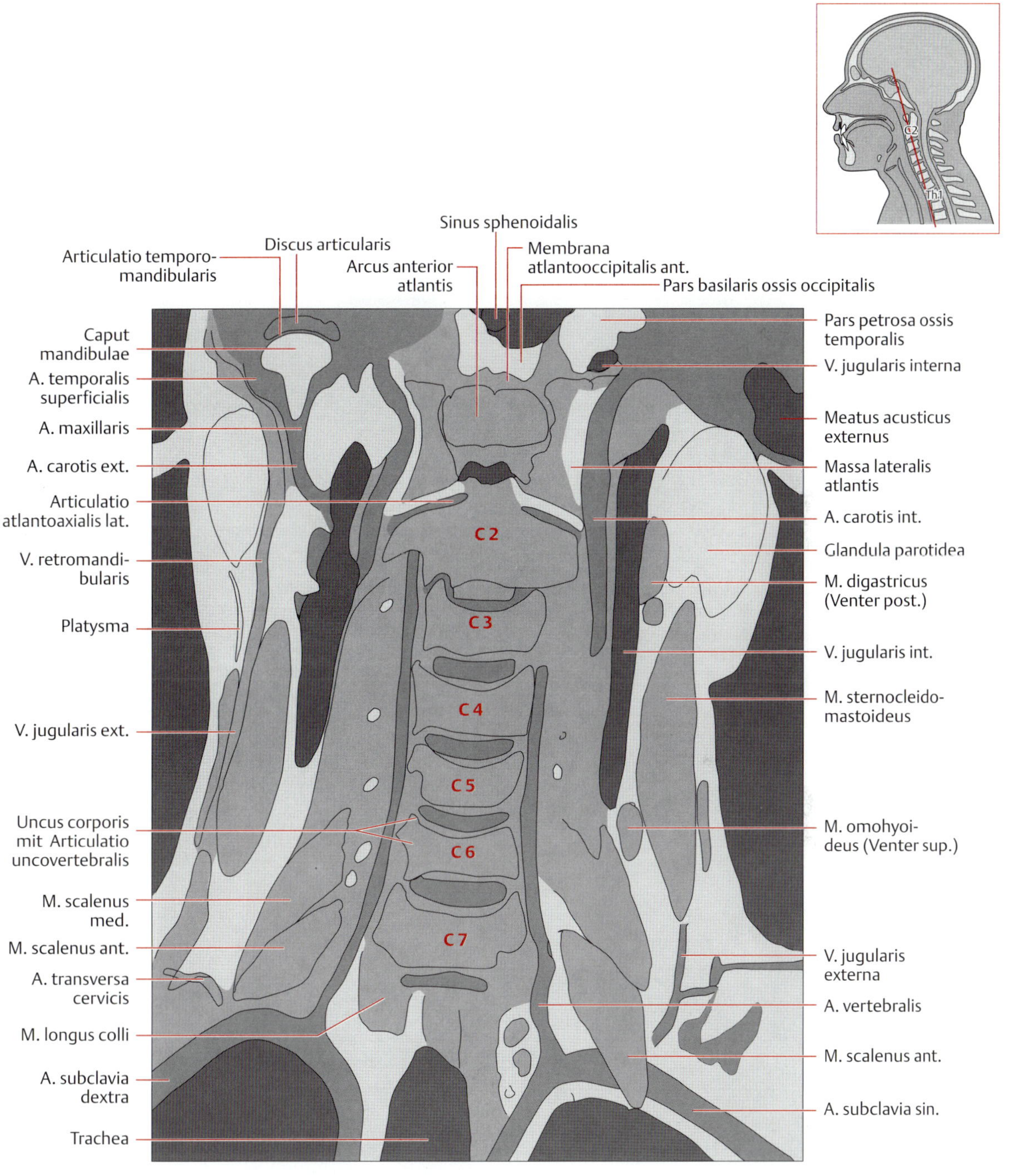

C2
Th1
Sinus sphenoidalis
Discus articularis
Articulatio temporo-mandibularis
Arcus anterior atlantis
Membrana atlantooccipitalis ant.
Pars basilaris ossis occipitalis
Caput mandibulae
A. temporalis superficialis
A. maxillaris
A. carotis ext.
Articulatio atlantoaxialis lat.
V. retromandibularis
Platysma
V. jugularis ext.
Uncus corporis mit Articulatio uncovertebralis
M. scalenus med.
M. scalenus ant.
A. transversa cervicis
M. longus colli
A. subclavia dextra
Trachea
Pars petrosa ossis temporalis
V. jugularis interna
Meatus acusticus externus
Massa lateralis atlantis
A. carotis int.
Glandula parotidea
M. digastricus (Venter post.)
V. jugularis int.
M. sternocleidomastoideus
M. omohyoideus (Venter sup.)
V. jugularis externa
A. vertebralis
M. scalenus ant.
A. subclavia sin.
C 2
C 3
C 4
C 5
C 6
C 7

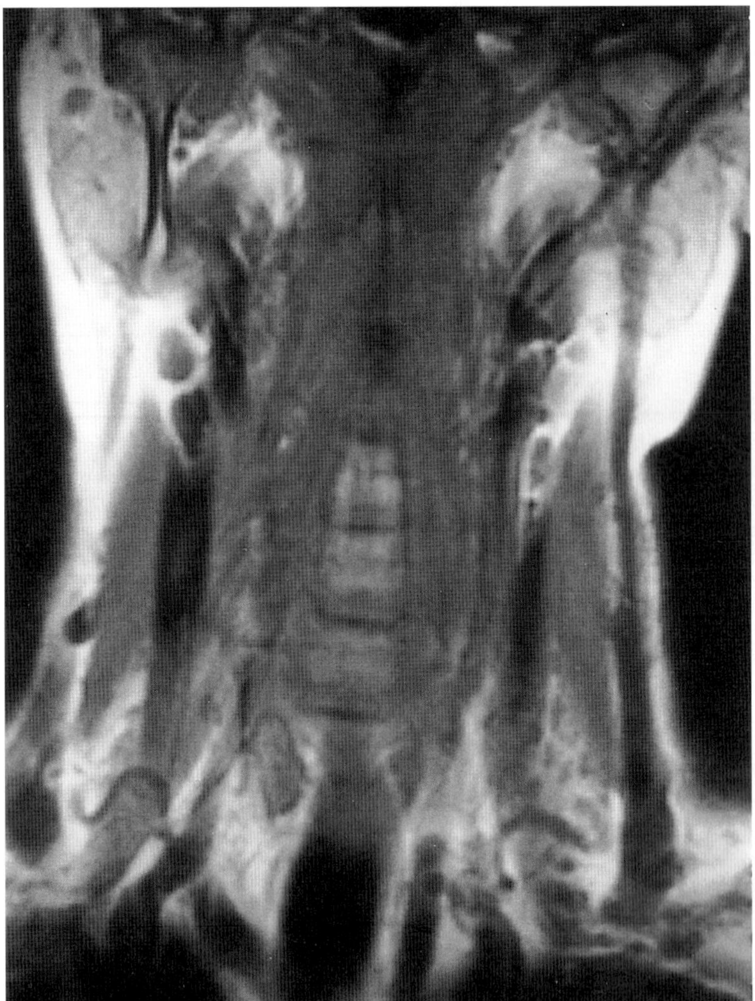

Abb. 3.**8** Frontaler MRT-Schnitt durch die prävertebrale Muskulatur.

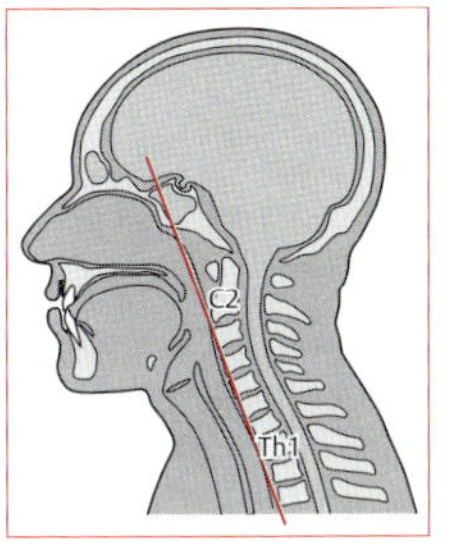
C2
Th1

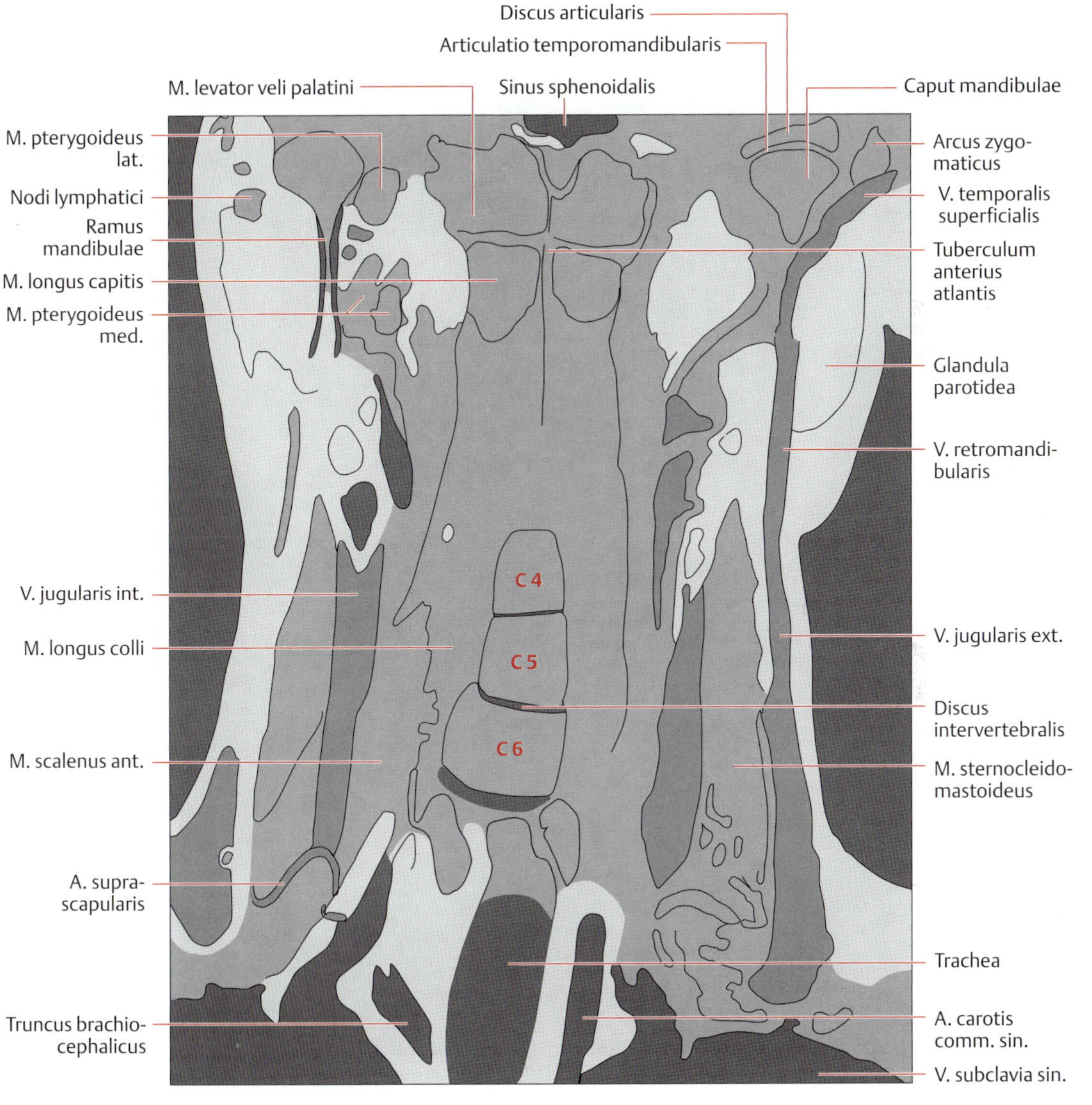
Discus articularis
Articulatio temporomandibularis
M. levator veli palatini
Sinus sphenoidalis
Caput mandibulae
M. pterygoideus lat.
Nodi lymphatici
Ramus mandibulae
M. longus capitis
M. pterygoideus med.
Arcus zygomaticus
V. temporalis superficialis
Tuberculum anterius atlantis
Glandula parotidea
V. retromandibularis
C4
C5
C6
V. jugularis int.
M. longus colli
M. scalenus ant.
A. suprascapularis
Truncus brachiocephalicus
V. jugularis ext.
Discus intervertebralis
M. sternocleidomastoideus
Trachea
A. carotis comm. sin.
V. subclavia sin.

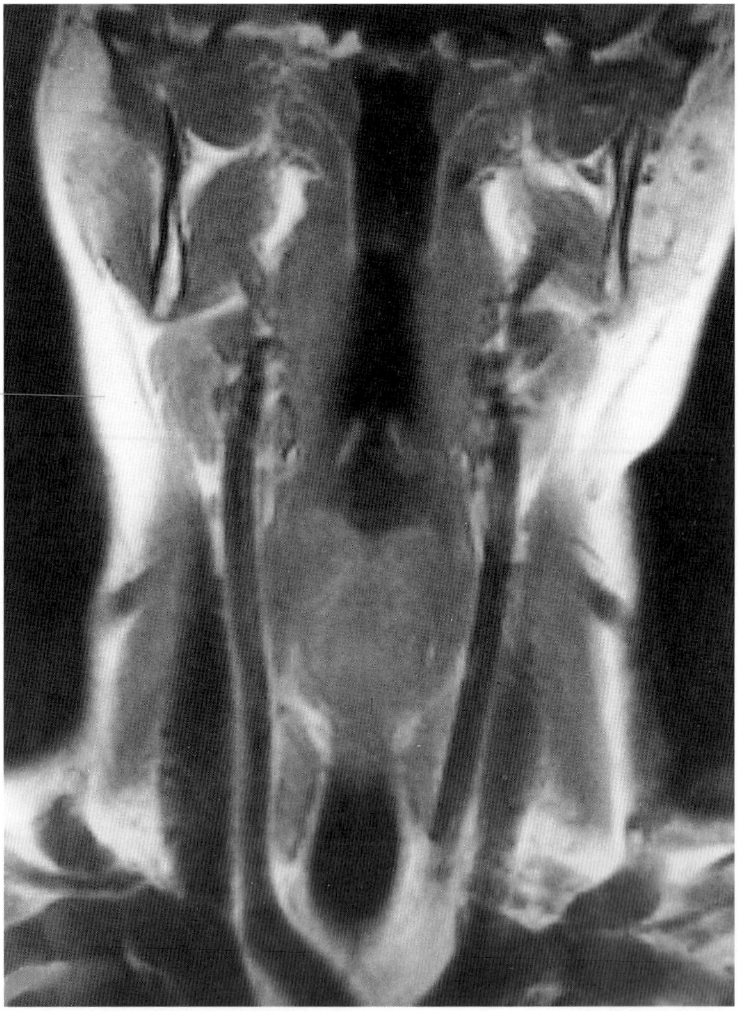

Abb. 3.**9** Frontaler MRT-Schnitt durch die A. carotis interna.

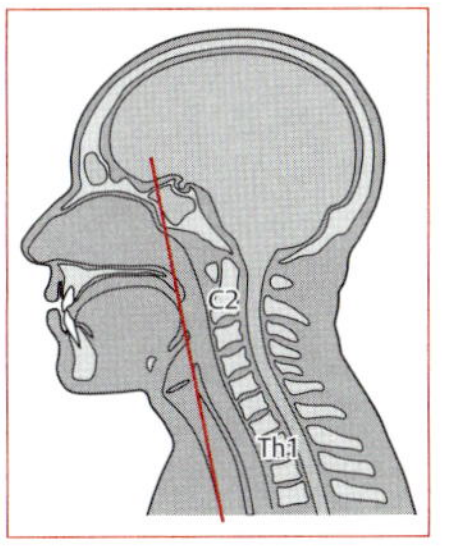
C2
Th1

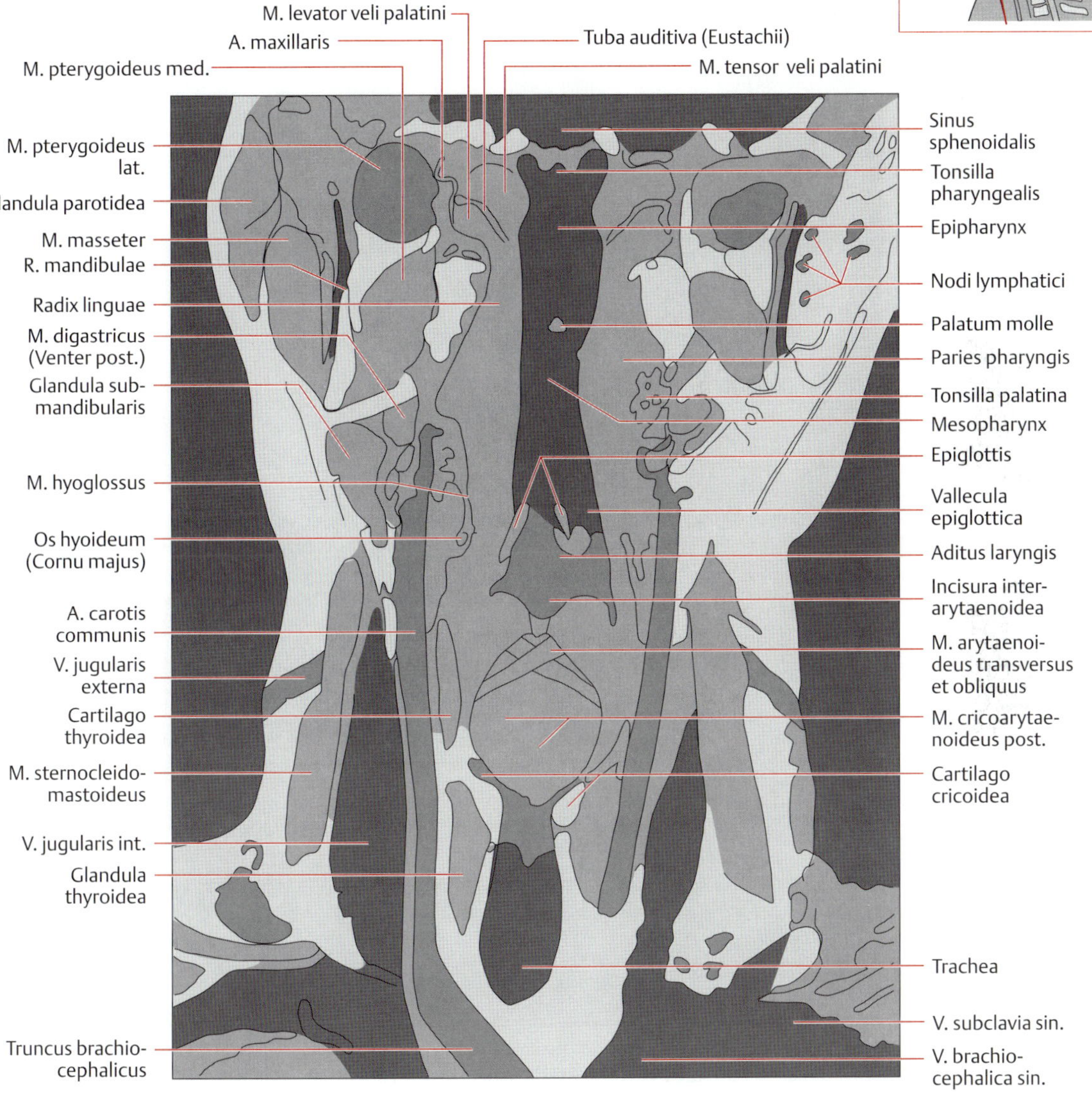
M. levator veli palatini
A. maxillaris
M. pterygoideus med.
Tuba auditiva (Eustachii)
M. tensor veli palatini
M. pterygoideus lat.
Glandula parotidea
M. masseter
R. mandibulae
Radix linguae
M. digastricus (Venter post.)
Glandula submandibularis
M. hyoglossus
Os hyoideum (Cornu majus)
A. carotis communis
V. jugularis externa
Cartilago thyroidea
M. sternocleidomastoideus
V. jugularis int.
Glandula thyroidea
Truncus brachiocephalicus
Sinus sphenoidalis
Tonsilla pharyngealis
Epipharynx
Nodi lymphatici
Palatum molle
Paries pharyngis
Tonsilla palatina
Mesopharynx
Epiglottis
Vallecula epiglottica
Aditus laryngis
Incisura interarytaenoidea
M. arytaenoideus transversus et obliquus
M. cricoarytaenoideus post.
Cartilago cricoidea
Trachea
V. subclavia sin.
V. brachiocephalica sin.

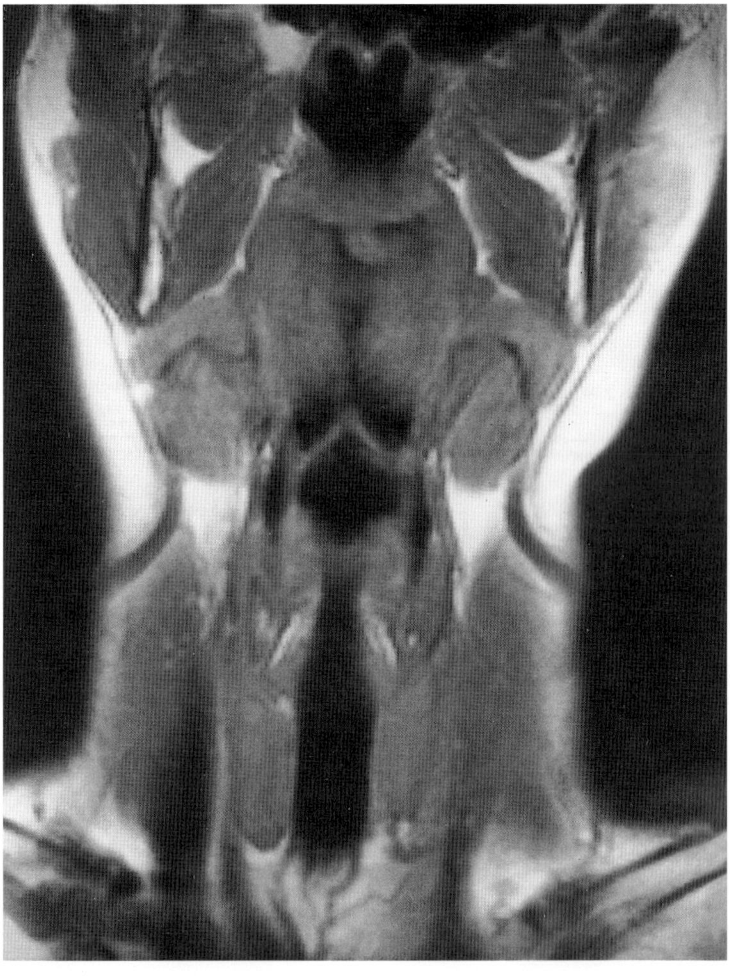

Abb. 3.**10** Frontaler MRT-Schnitt durch den hinteren Teil des Larynx und der Glandula submandibularis.

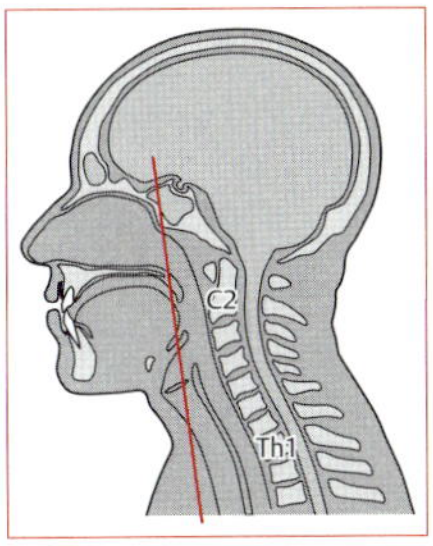
C2
Th1

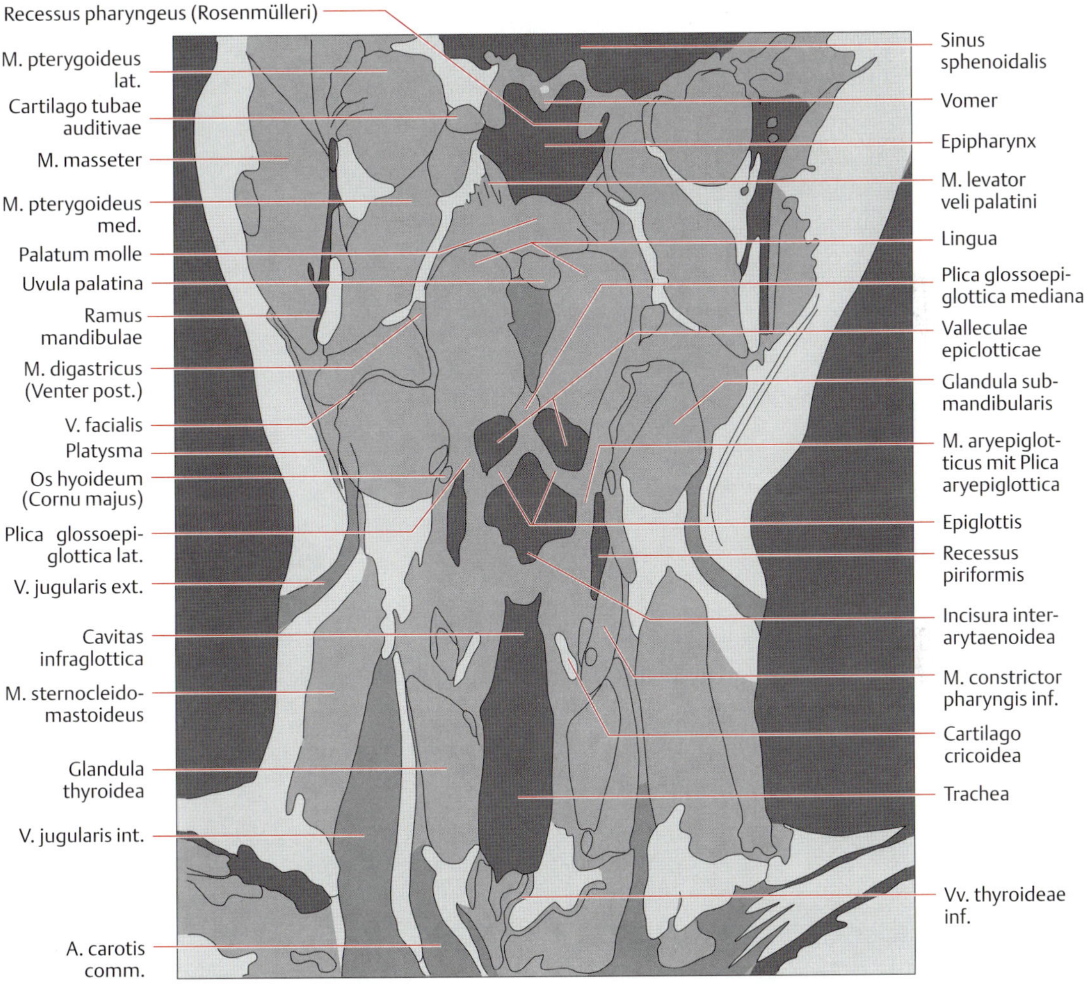
Recessus pharyngeus (Rosenmülleri)
M. pterygoideus lat.
Cartilago tubae auditivae
M. masseter
M. pterygoideus med.
Palatum molle
Uvula palatina
Ramus mandibulae
M. digastricus (Venter post.)
V. facialis
Platysma
Os hyoideum (Cornu majus)
Plica glossoepiglottica lat.
V. jugularis ext.
Cavitas infraglottica
M. sternocleidomastoideus
Glandula thyroidea
V. jugularis int.
A. carotis comm.
Sinus sphenoidalis
Vomer
Epipharynx
M. levator veli palatini
Lingua
Plica glossoepiglottica mediana
Valleculae epiclotticae
Glandula submandibularis
M. aryepiglotticus mit Plica aryepiglottica
Epiglottis
Recessus piriformis
Incisura interarytaenoidea
M. constrictor pharyngis inf.
Cartilago cricoidea
Trachea
Vv. thyroideae inf.

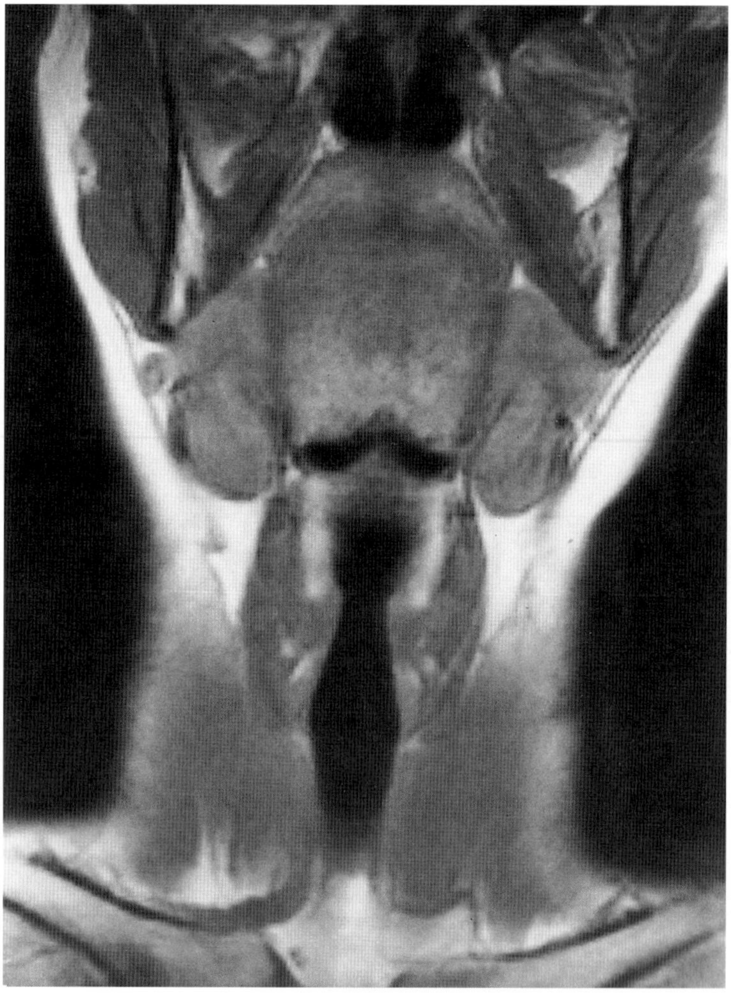

Abb. 3.**11** Frontaler MRT-Schnitt durch die Mitte des Larynx.

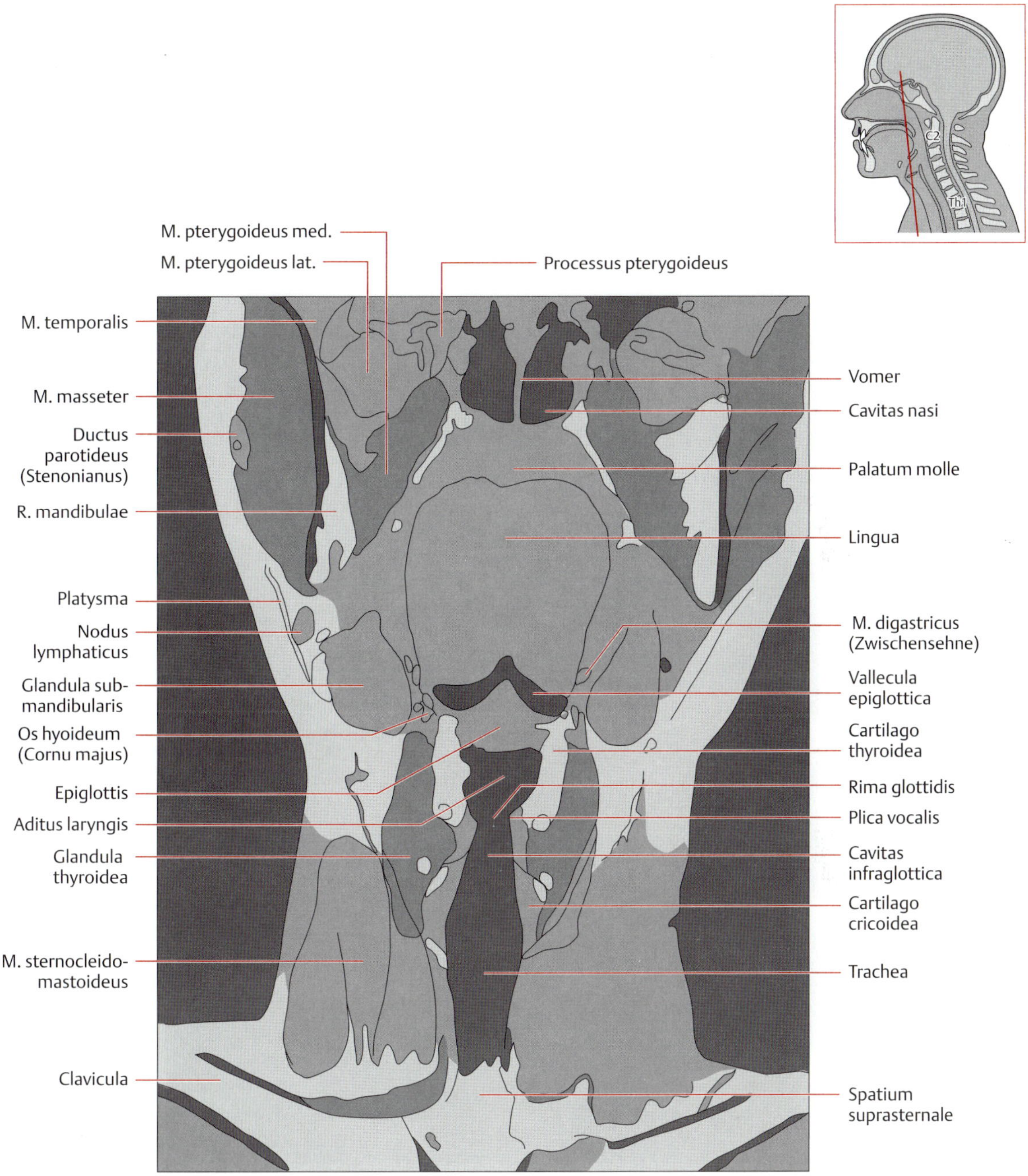
C2
Th1
M. pterygoideus med.
M. pterygoideus lat.
Processus pterygoideus
M. temporalis
M. masseter
Ductus parotideus (Stenonianus)
R. mandibulae
Platysma
Nodus lymphaticus
Glandula submandibularis
Os hyoideum (Cornu majus)
Epiglottis
Aditus laryngis
Glandula thyroidea
M. sternocleidomastoideus
Clavicula
Vomer
Cavitas nasi
Palatum molle
Lingua
M. digastricus (Zwischensehne)
Vallecula epiglottica
Cartilago thyroidea
Rima glottidis
Plica vocalis
Cavitas infraglottica
Cartilago cricoidea
Trachea
Spatium suprasternale

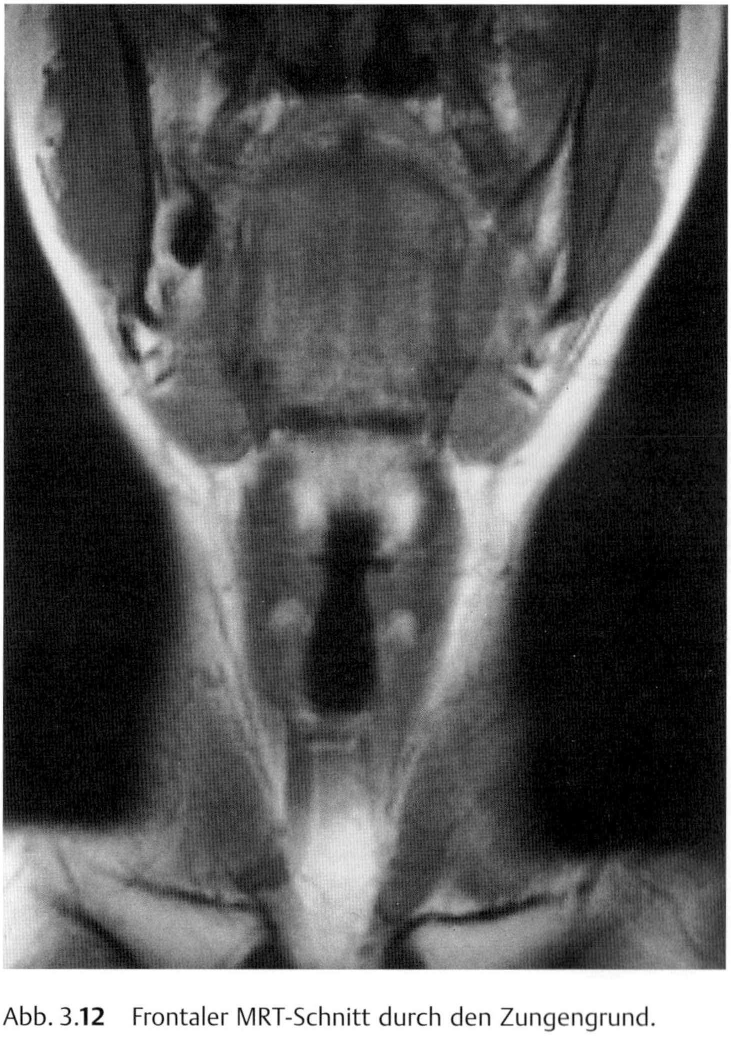

Abb. 3.**12** Frontaler MRT-Schnitt durch den Zungengrund.

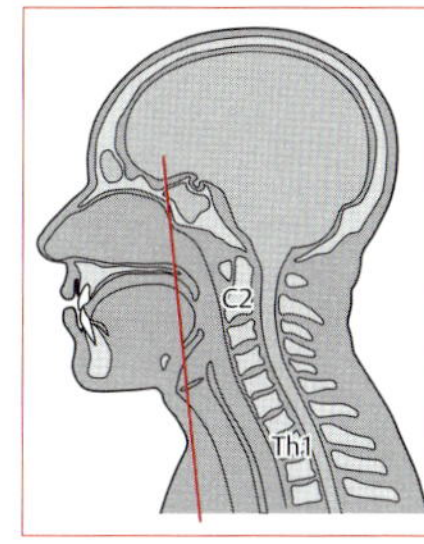
C2
Th1

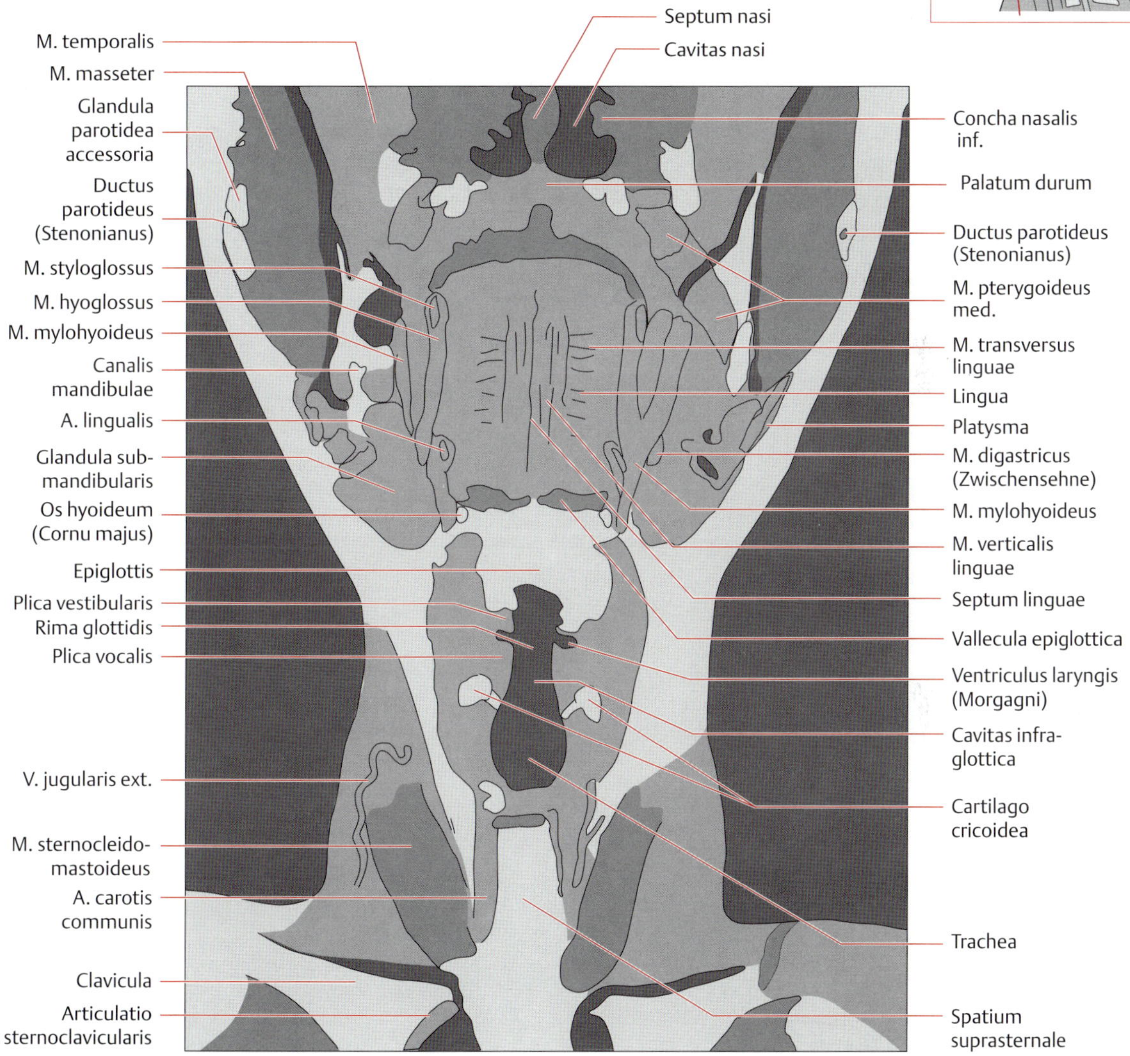
M. temporalis
M. masseter
Glandula parotidea accessoria
Ductus parotideus (Stenonianus)
M. styloglossus
M. hyoglossus
M. mylohyoideus
Canalis mandibulae
A. lingualis
Glandula submandibularis
Os hyoideum (Cornu majus)
Epiglottis
Plica vestibularis
Rima glottidis
Plica vocalis
V. jugularis ext.
M. sternocleidomastoideus
A. carotis communis
Clavicula
Articulatio sternoclavicularis
Septum nasi
Cavitas nasi
Concha nasalis inf.
Palatum durum
Ductus parotideus (Stenonianus)
M. pterygoideus med.
M. transversus linguae
Lingua
Platysma
M. digastricus (Zwischensehne)
M. mylohyoideus
M. verticalis linguae
Septum linguae
Vallecula epiglottica
Ventriculus laryngis (Morgagni)
Cavitas infraglottica
Cartilago cricoidea
Trachea
Spatium suprasternale

Die Analyse der sagittalen Schnittführung wird sehr erleichtert, wenn man die gestaffelte Anordnung der tiefen lateralen Halsmuskeln (Mm. scaleni, M. levator scapulae) beachtet.

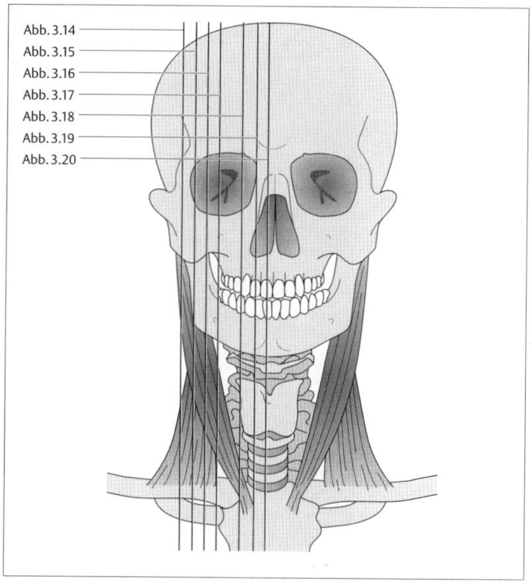

Abb. 3.**13** Lage der sagittalen MRT-Schnitte (Abb. 3.**14** – 3.**20**).

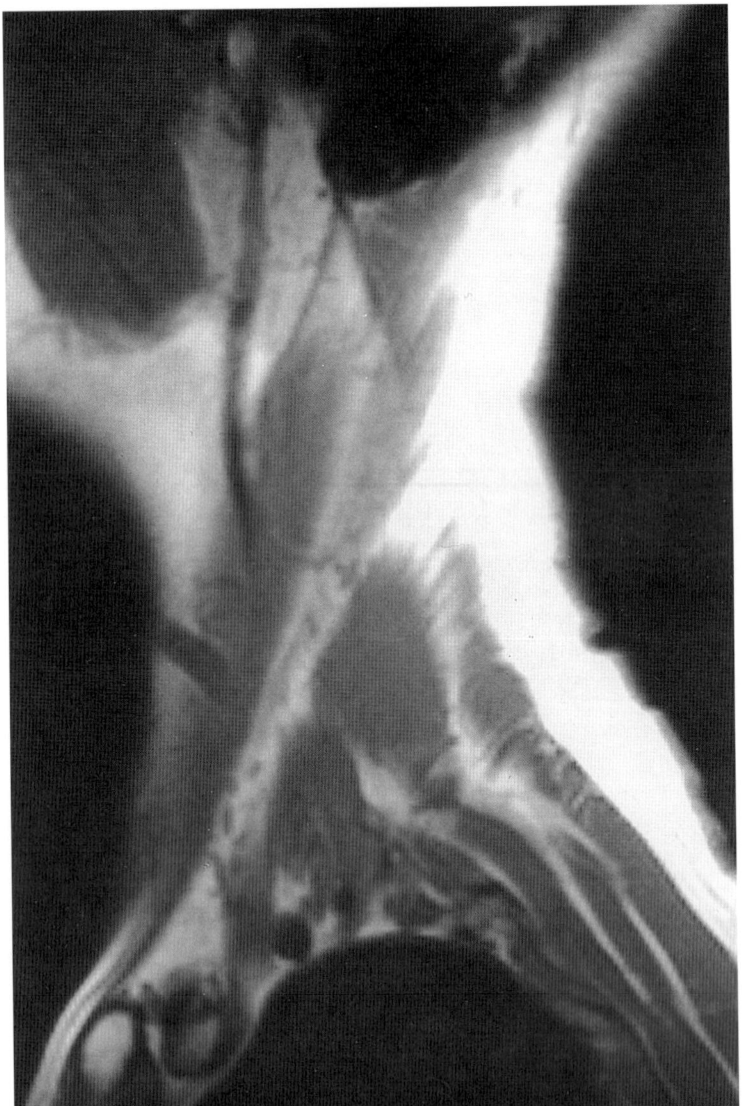

Abb. 3.**14** Sagittaler MRT-Schnitt durch die V. jugularis externa.

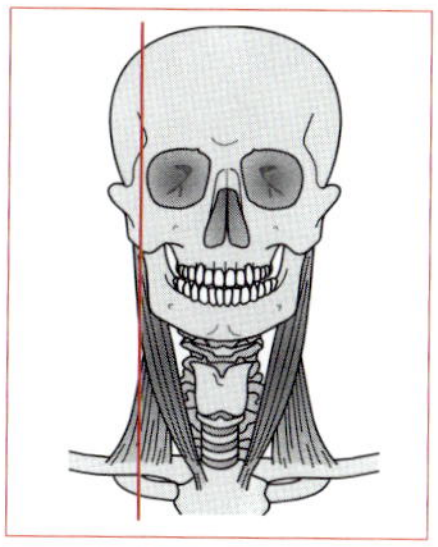

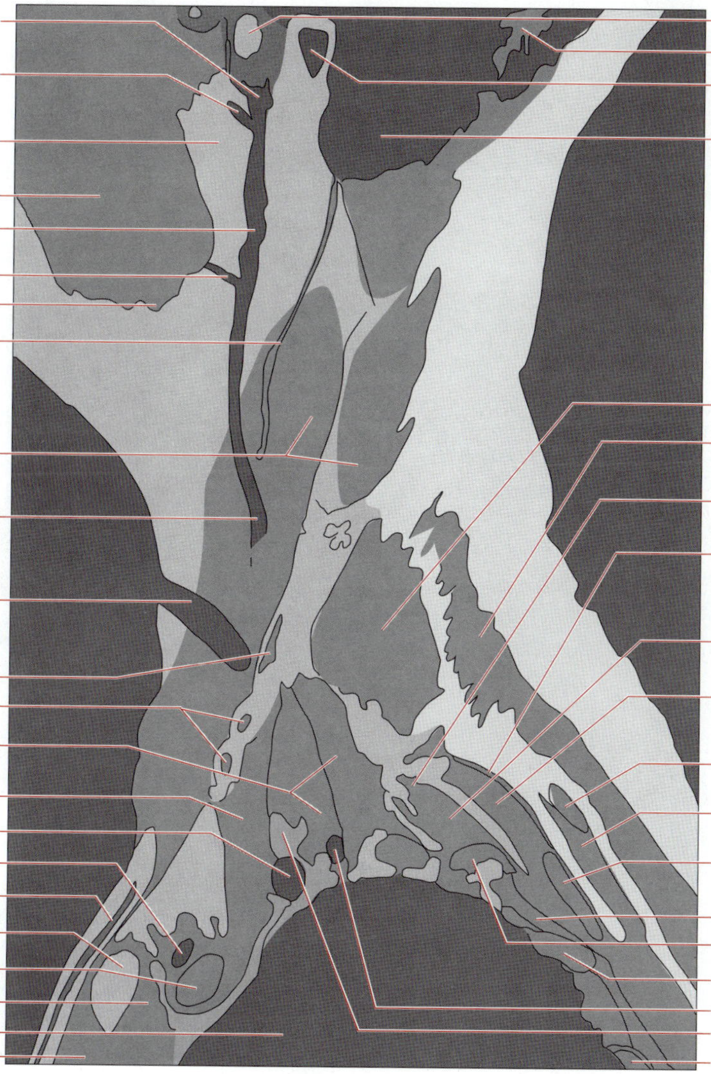
V. temporalis superficialis
V. maxillaris
Glandula parotidea
M. masseter
V. retromandibularis
V. facialis
Angulus mandibulae
V. auricularis post.
M. sternocleido-mastoideus
V. jugularis externa
Anastomose zwischen V. jugularis ant. und externa
M. omohyoideus
Nodi lymphatici
M. scalenus med. et. post.
M. scalenus anterior
A. subclavia
V. subclavia
Platysma
Clavicula
Costa I
M. subclavius
Pulmo
M. pectoralis major
Caput mandibulae
Cellulae mastoideae
Meatus acusticus externus
Processus mastoideus
M. levator scapulae
M. trapezius
Proc. transversus (C 7)
M. serratus post. sup.
M. intercostalis cervicis
M. longissimus capitis
M. rhomboideus minor
M. rhomboideus major
M. splenius cervicis
Mm. intercostales
Costa I
Costa II
A. transversa cervicis
Plexus brachialis
Costa III

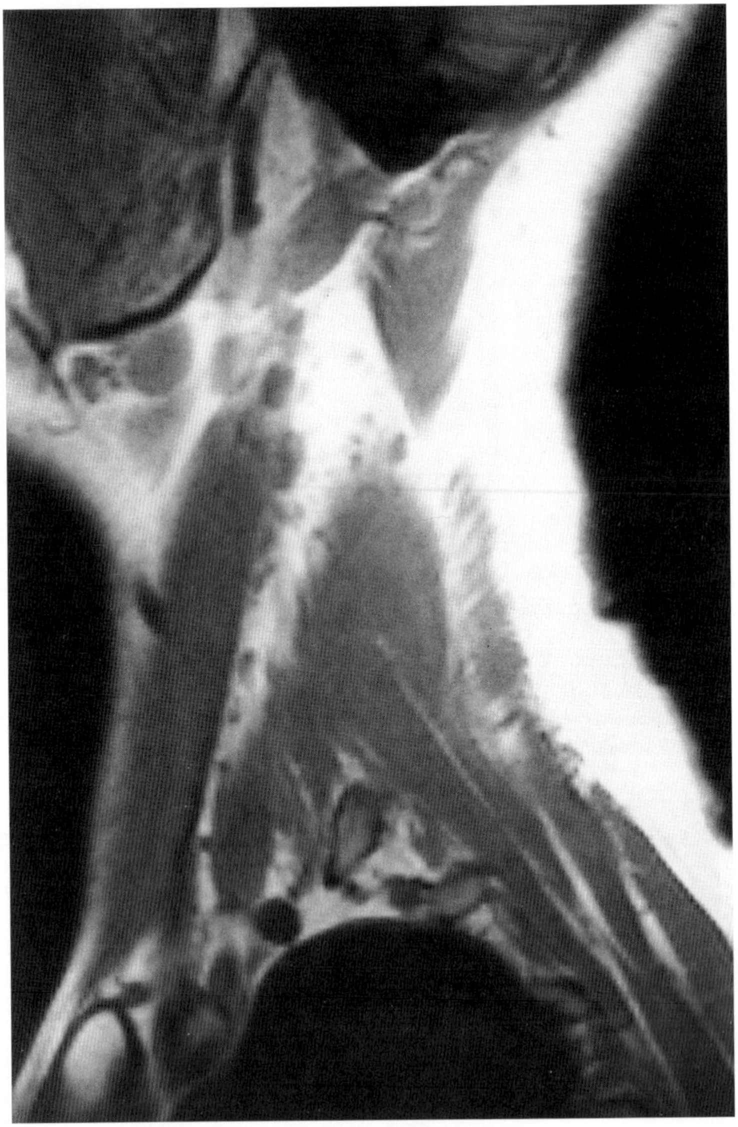

Abb. 3.**15** Sagittaler MRT-Schnitt auf Höhe des M. sternocleidomastoideus.

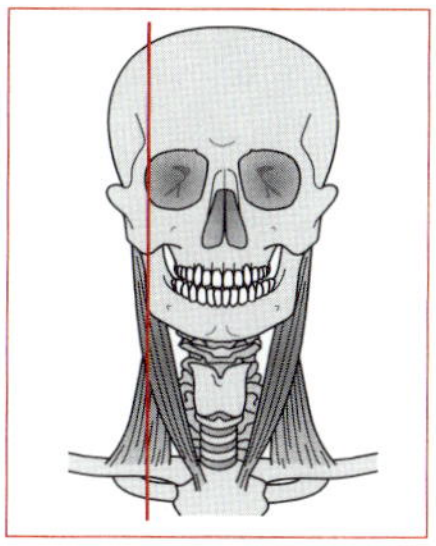

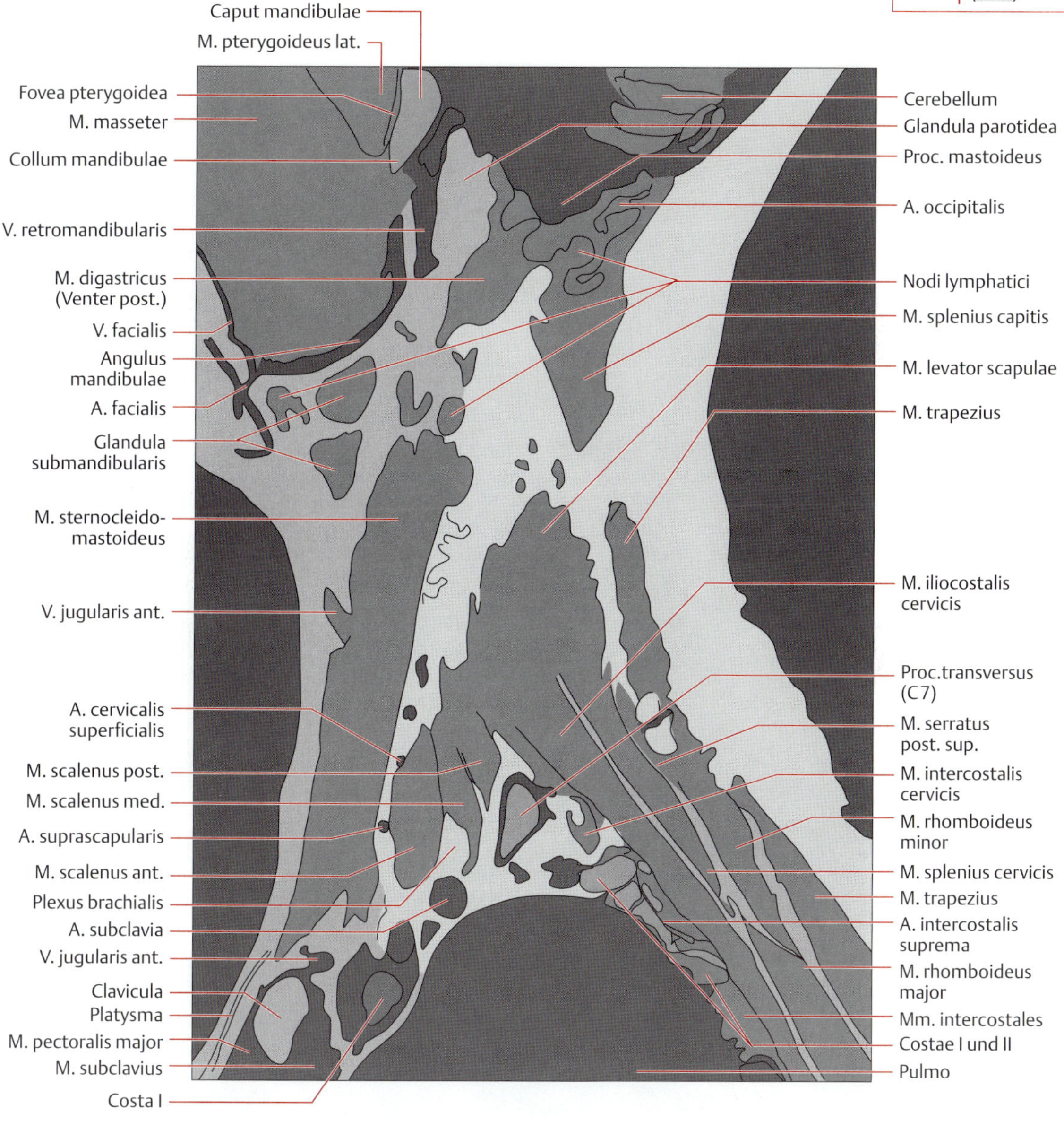
Caput mandibulae
M. pterygoideus lat.
Fovea pterygoidea
M. masseter
Collum mandibulae
V. retromandibularis
M. digastricus (Venter post.)
V. facialis
Angulus mandibulae
A. facialis
Glandula submandibularis
M. sternocleido-mastoideus
V. jugularis ant.
A. cervicalis superficialis
M. scalenus post.
M. scalenus med.
A. suprascapularis
M. scalenus ant.
Plexus brachialis
A. subclavia
V. jugularis ant.
Clavicula
Platysma
M. pectoralis major
M. subclavius
Costa I
Cerebellum
Glandula parotidea
Proc. mastoideus
A. occipitalis
Nodi lymphatici
M. splenius capitis
M. levator scapulae
M. trapezius
M. iliocostalis cervicis
Proc.transversus (C7)
M. serratus post. sup.
M. intercostalis cervicis
M. rhomboideus minor
M. splenius cervicis
M. trapezius
A. intercostalis suprema
M. rhomboideus major
Mm. intercostales
Costae I und II
Pulmo

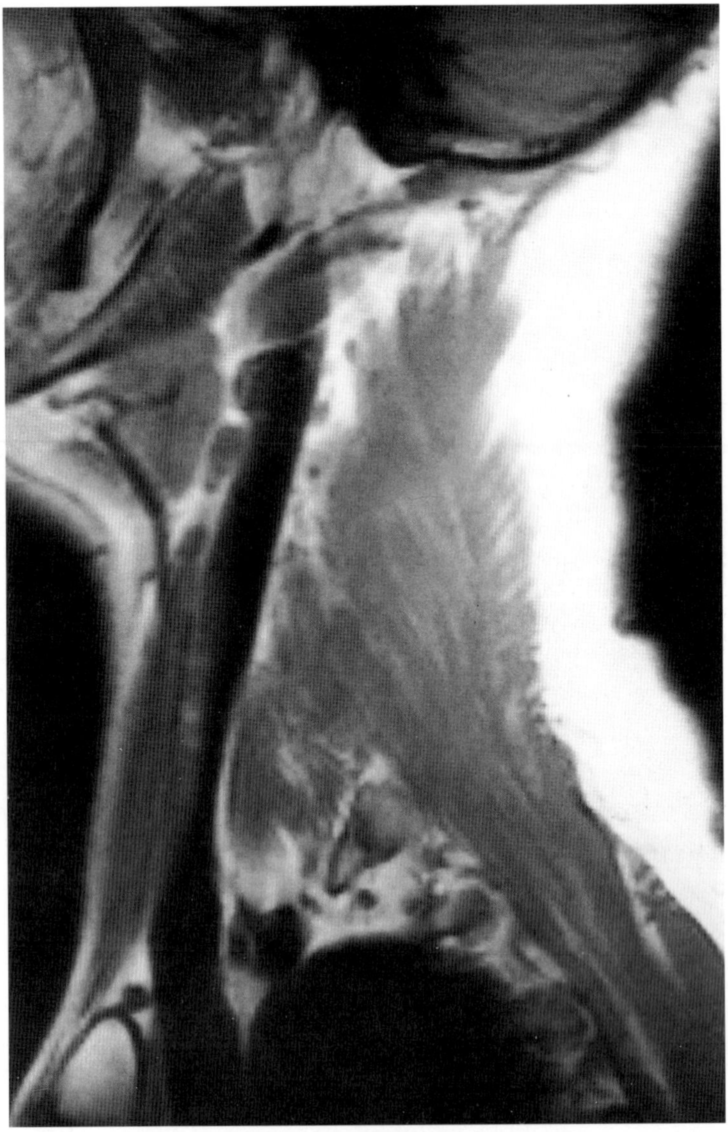

Abb. 3.**16** Sagittaler MRT-Schnitt auf Höhe der V. jugularis interna.

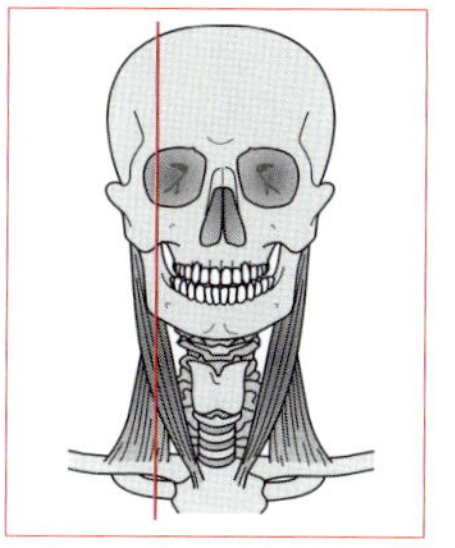

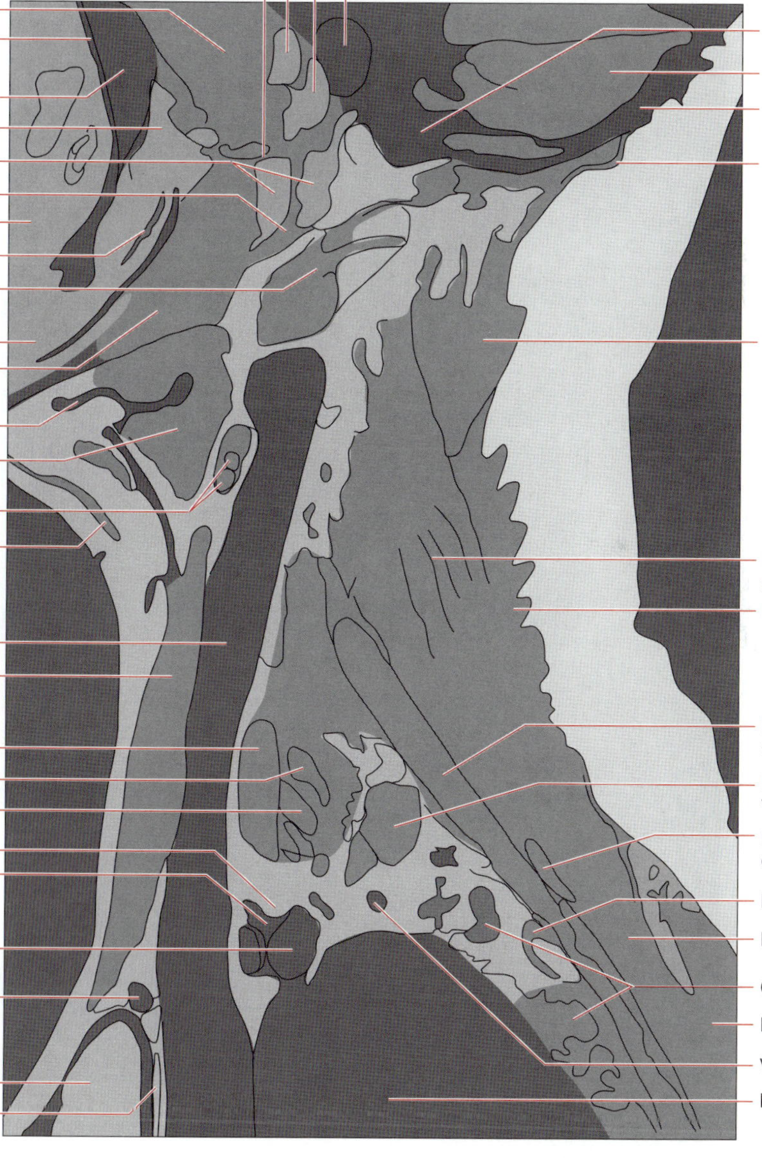
Meatus acusticus externus
Glandula parotidea
Caput mandibulae
A. maxillaris
M. pterygoideus lat.
Sehne des M. temporalis
M. temporalis
Proc. coronoideus
Glandula parotidea
A. carotis externa
M. buccinator
Canalis mandibulae
M. digastricus (Venter post.)
Mandibula
M. pterygoideus med.
A. facialis
Glandula submandibularis
Nodi lymphatici
Platysma
V. jugularis int.
M. sternocleido-mastoideus
M. scalenus ant.
M. scalenus post.
M. scalenus med.
Plexus brachialis
Truncus thyro-cervicalis
A. subclavia
V. jugularis ant.
Clavicula
M. sternothyroideus et M. sternohyoideus
Proc. mastoideus
Cerebellum
Squama ossis occipitalis
A. occipitalis
M. splenius capitis
M. levator scapulae
M. trapezius
M. iliocostalis cervicis
Proc. trans-versus (C7)
M. longissimus cervicis
Mm. intercostales
Mm. rhomboidei
Costae
M. trapezius
V. cervicalis prof.
Pulmo

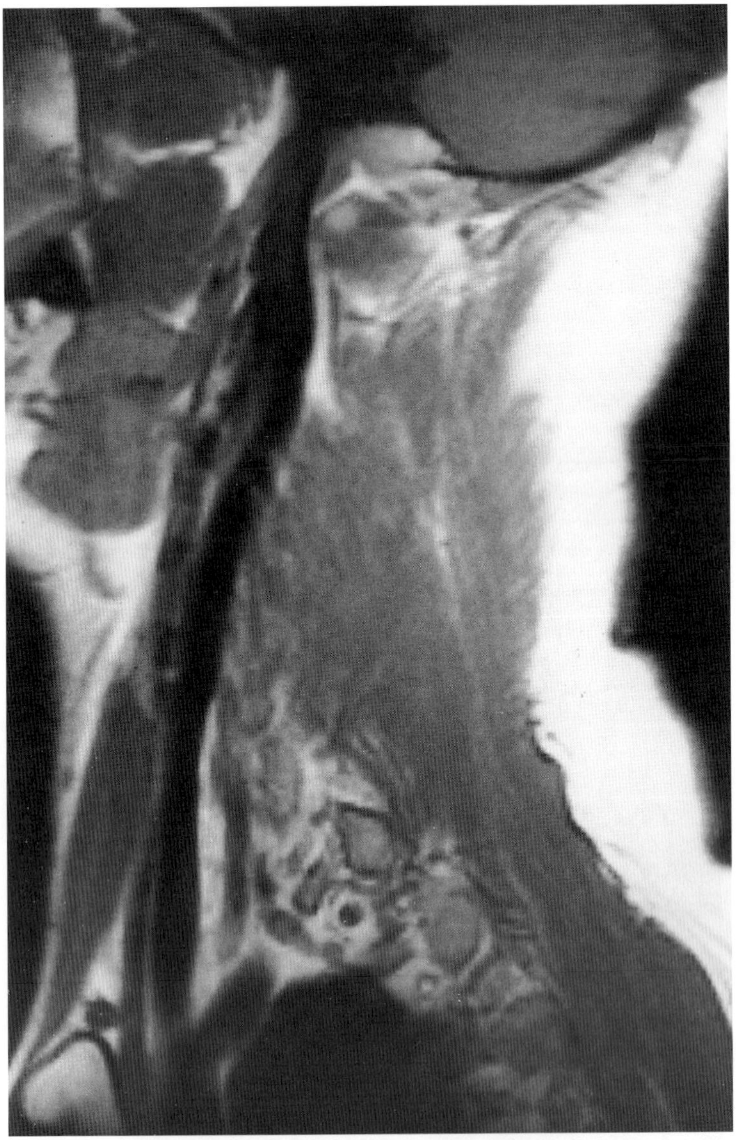

Abb. 3.**17** Sagittaler MRT-Schnitt auf Höhe der Glandula submandibularis.

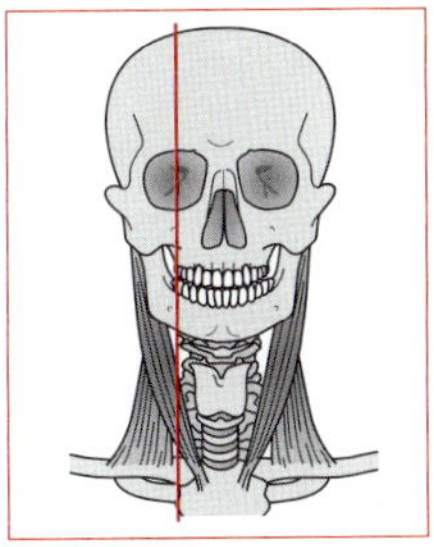

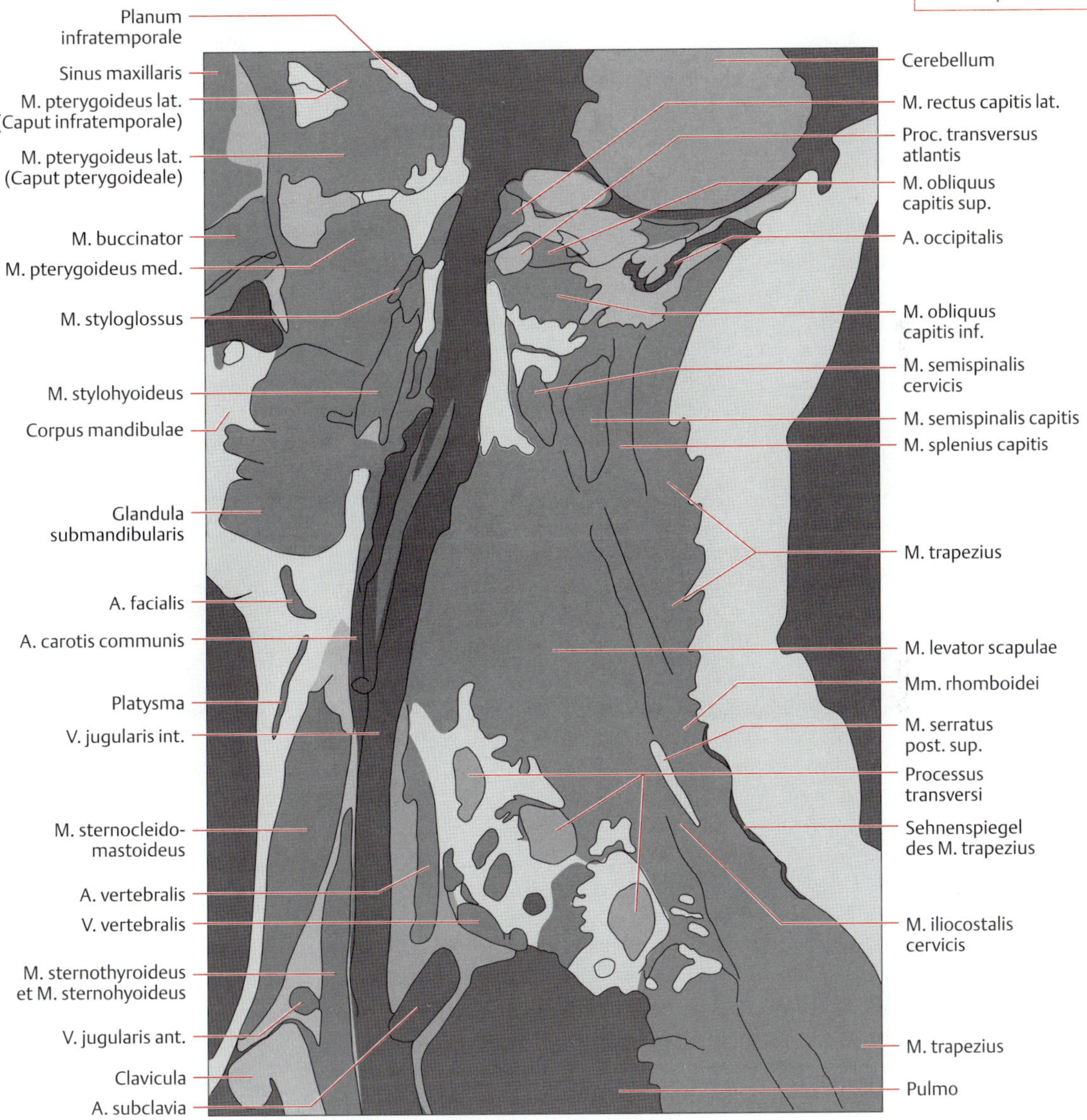
Planum infratemporale
Sinus maxillaris
M. pterygoideus lat. (Caput infratemporale)
M. pterygoideus lat. (Caput pterygoideale)
M. buccinator
M. pterygoideus med.
M. styloglossus
M. stylohyoideus
Corpus mandibulae
Glandula submandibularis
A. facialis
A. carotis communis
Platysma
V. jugularis int.
M. sternocleido-mastoideus
A. vertebralis
V. vertebralis
M. sternothyroideus et M. sternohyoideus
V. jugularis ant.
Clavicula
A. subclavia
Cerebellum
M. rectus capitis lat.
Proc. transversus atlantis
M. obliquus capitis sup.
A. occipitalis
M. obliquus capitis inf.
M. semispinalis cervicis
M. semispinalis capitis
M. splenius capitis
M. trapezius
M. levator scapulae
Mm. rhomboidei
M. serratus post. sup.
Processus transversi
Sehnenspiegel des M. trapezius
M. iliocostalis cervicis
M. trapezius
Pulmo

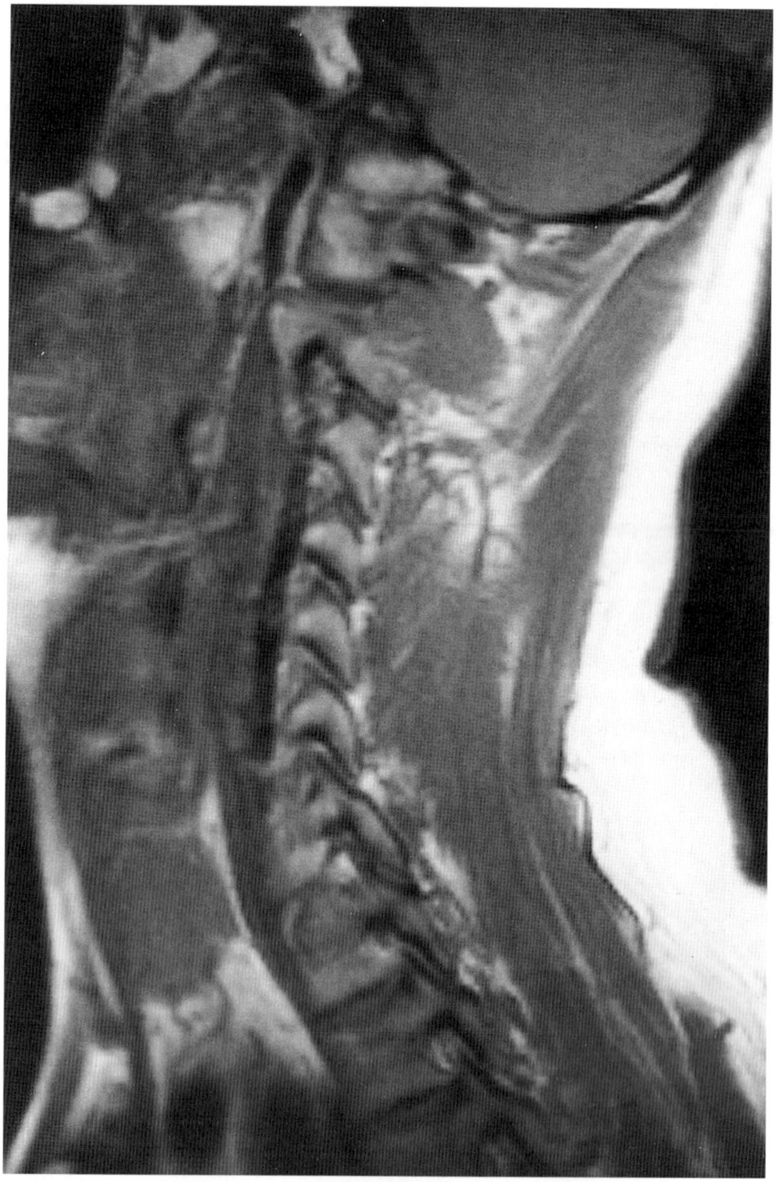

Abb. 3.**18** Sagittaler MRT-Schnitt auf Höhe der kleinen Wirbelgelenke (Articulationes zygapophysiales).

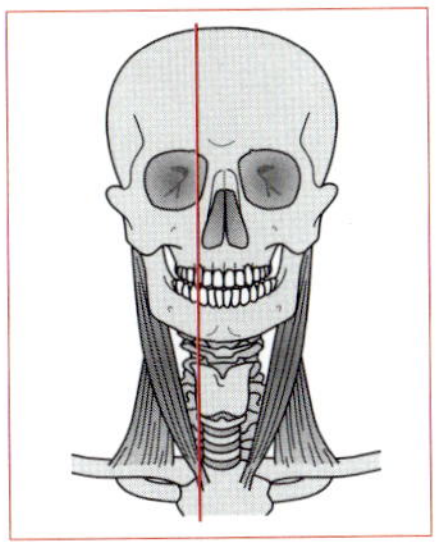

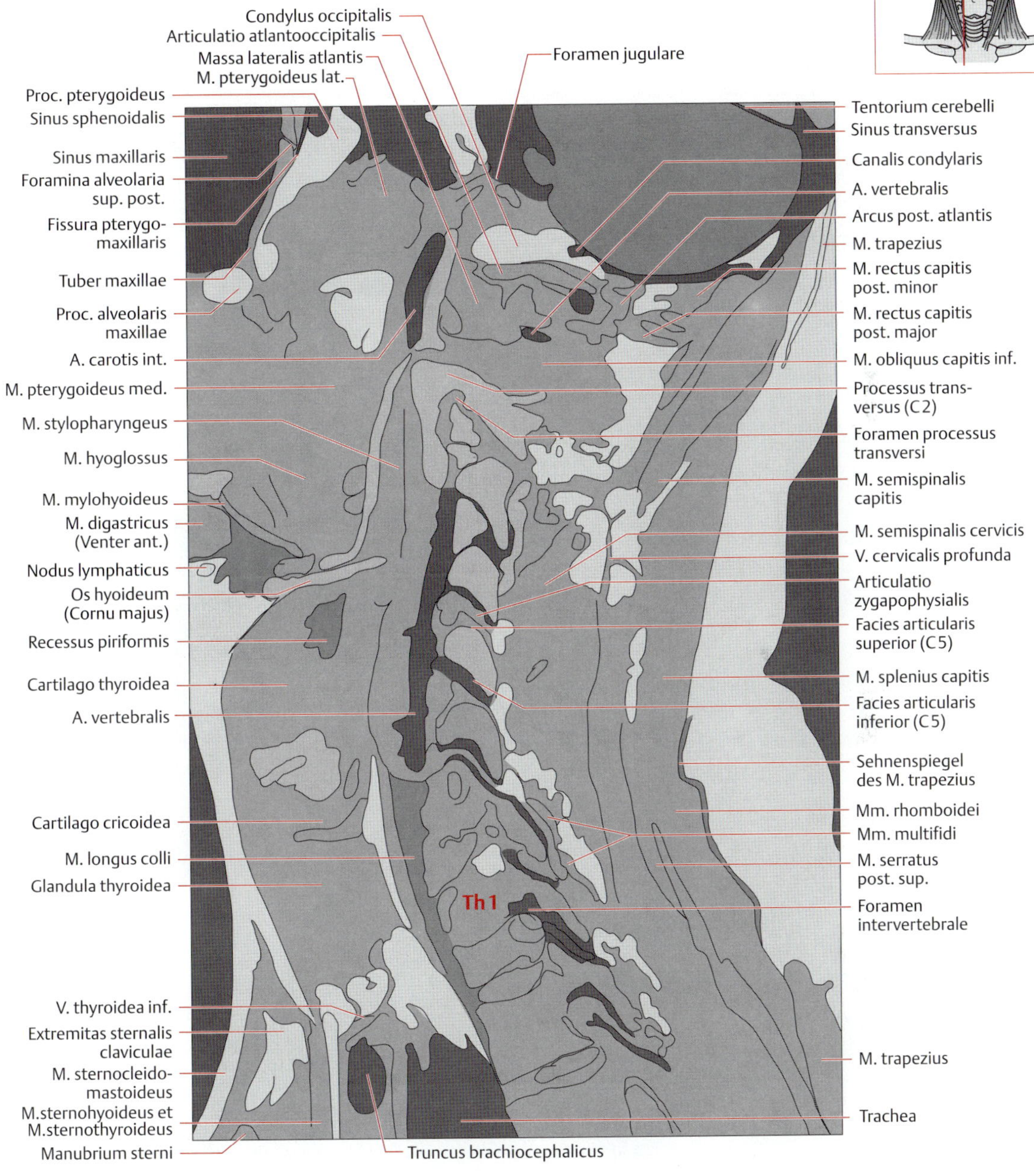
Condylus occipitalis
Articulatio atlantooccipitalis
Massa lateralis atlantis
M. pterygoideus lat.
Foramen jugulare
Proc. pterygoideus
Sinus sphenoidalis
Sinus maxillaris
Foramina alveolaria sup. post.
Fissura pterygo-maxillaris
Tuber maxillae
Proc. alveolaris maxillae
A. carotis int.
M. pterygoideus med.
M. stylopharyngeus
M. hyoglossus
M. mylohyoideus
M. digastricus (Venter ant.)
Nodus lymphaticus
Os hyoideum (Cornu majus)
Recessus piriformis
Cartilago thyroidea
A. vertebralis
Cartilago cricoidea
M. longus colli
Glandula thyroidea
V. thyroidea inf.
Extremitas sternalis claviculae
M. sternocleido-mastoideus
M.sternohyoideus et M.sternothyroideus
Manubrium sterni
Truncus brachiocephalicus
Th1
Tentorium cerebelli
Sinus transversus
Canalis condylaris
A. vertebralis
Arcus post. atlantis
M. trapezius
M. rectus capitis post. minor
M. rectus capitis post. major
M. obliquus capitis inf.
Processus trans-versus (C2)
Foramen processus transversi
M. semispinalis capitis
M. semispinalis cervicis
V. cervicalis profunda
Articulatio zygapophysialis
Facies articularis superior (C5)
M. splenius capitis
Facies articularis inferior (C5)
Sehnenspiegel des M. trapezius
Mm. rhomboidei
Mm. multifidi
M. serratus post. sup.
Foramen intervertebrale
M. trapezius
Trachea

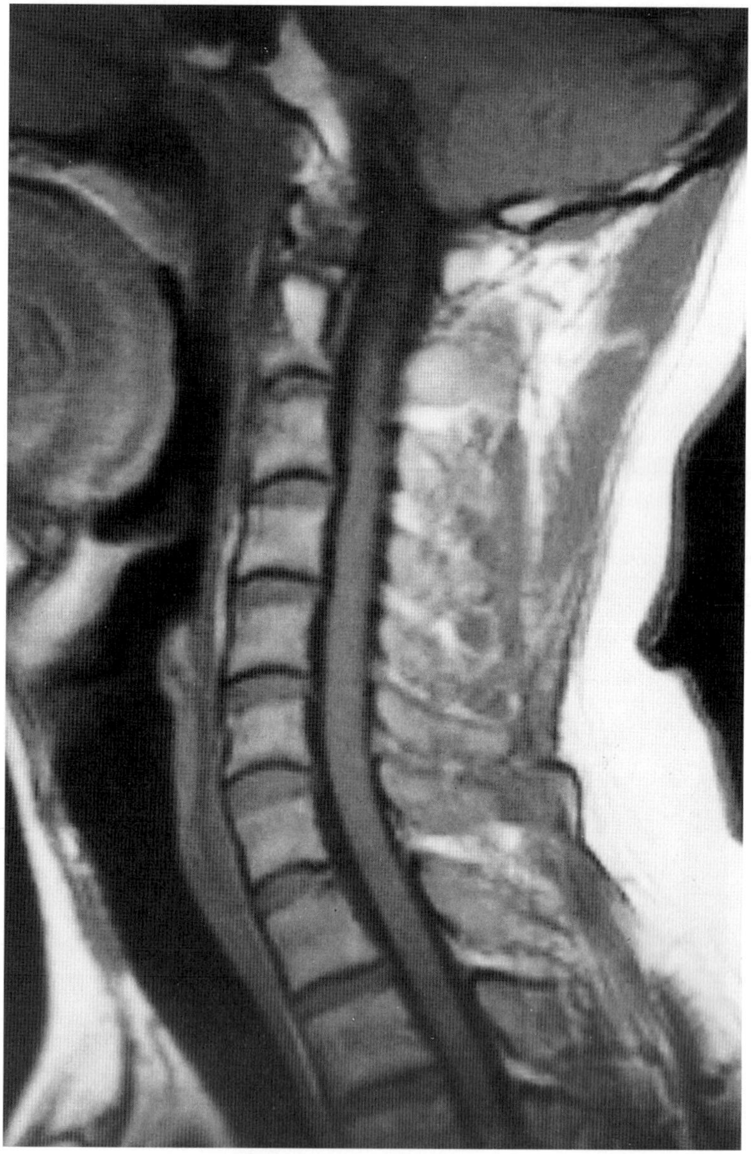

Abb. 3.19 Sagittaler MRT-Schnitt auf Höhe des Canalis spinalis.

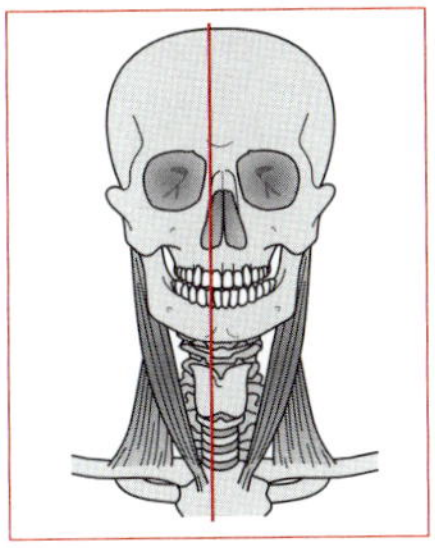

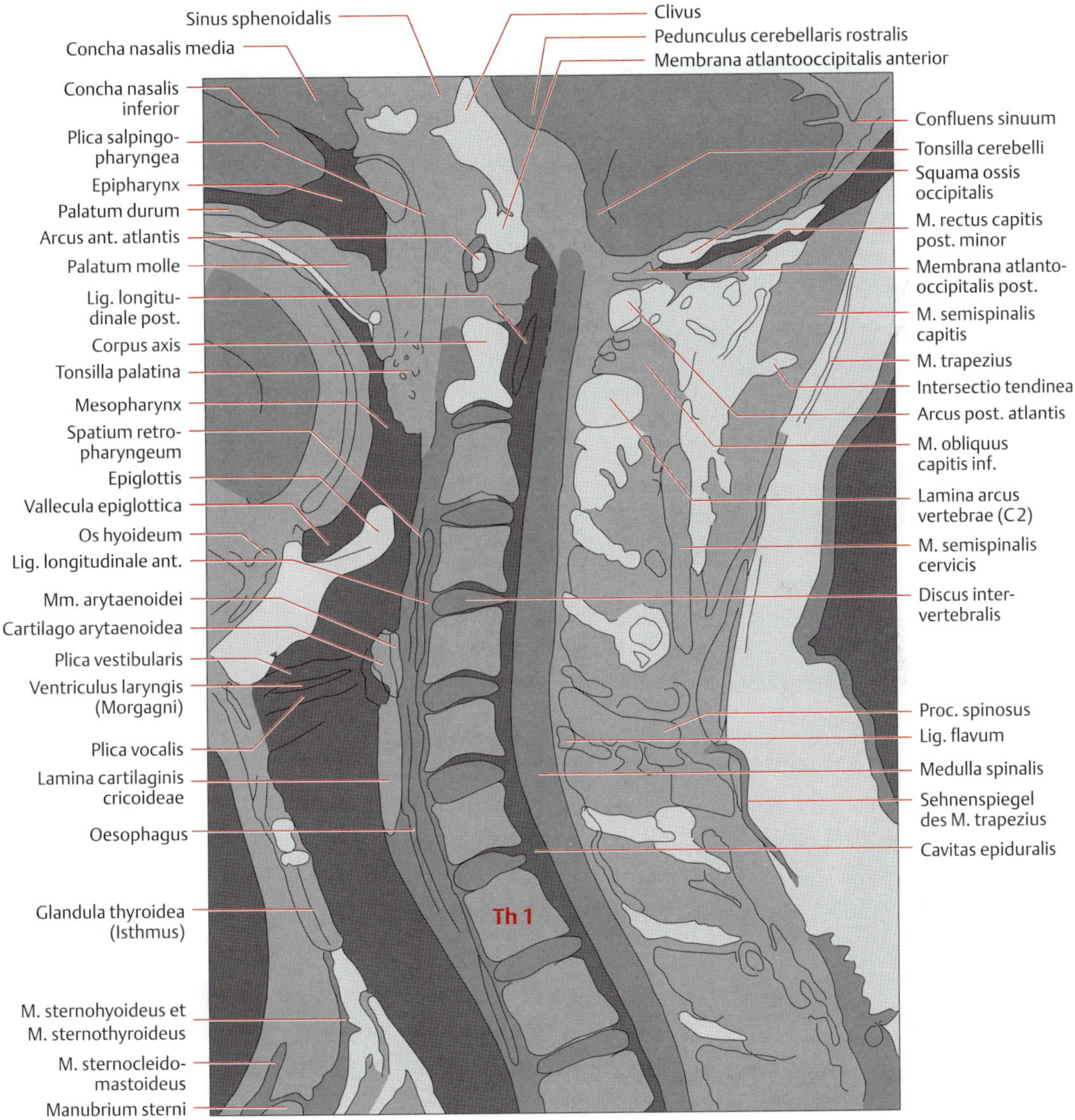
Sinus sphenoidalis
Concha nasalis media
Concha nasalis inferior
Plica salpingopharyngea
Epipharynx
Palatum durum
Arcus ant. atlantis
Palatum molle
Lig. longitudinale post.
Corpus axis
Tonsilla palatina
Mesopharynx
Spatium retropharyngeum
Epiglottis
Vallecula epiglottica
Os hyoideum
Lig. longitudinale ant.
Mm. arytaenoidei
Cartilago arytaenoidea
Plica vestibularis
Ventriculus laryngis (Morgagni)
Plica vocalis
Lamina cartilaginis cricoideae
Oesophagus
Glandula thyroidea (Isthmus)
M. sternohyoideus et M. sternothyroideus
M. sternocleidomastoideus
Manubrium sterni
Clivus
Pedunculus cerebellaris rostralis
Membrana atlantooccipitalis anterior
Confluens sinuum
Tonsilla cerebelli
Squama ossis occipitalis
M. rectus capitis post. minor
Membrana atlantooccipitalis post.
M. semispinalis capitis
M. trapezius
Intersectio tendinea
Arcus post. atlantis
M. obliquus capitis inf.
Lamina arcus vertebrae (C2)
M. semispinalis cervicis
Discus intervertebralis
Proc. spinosus
Lig. flavum
Medulla spinalis
Sehnenspiegel des M. trapezius
Cavitas epiduralis
Th 1

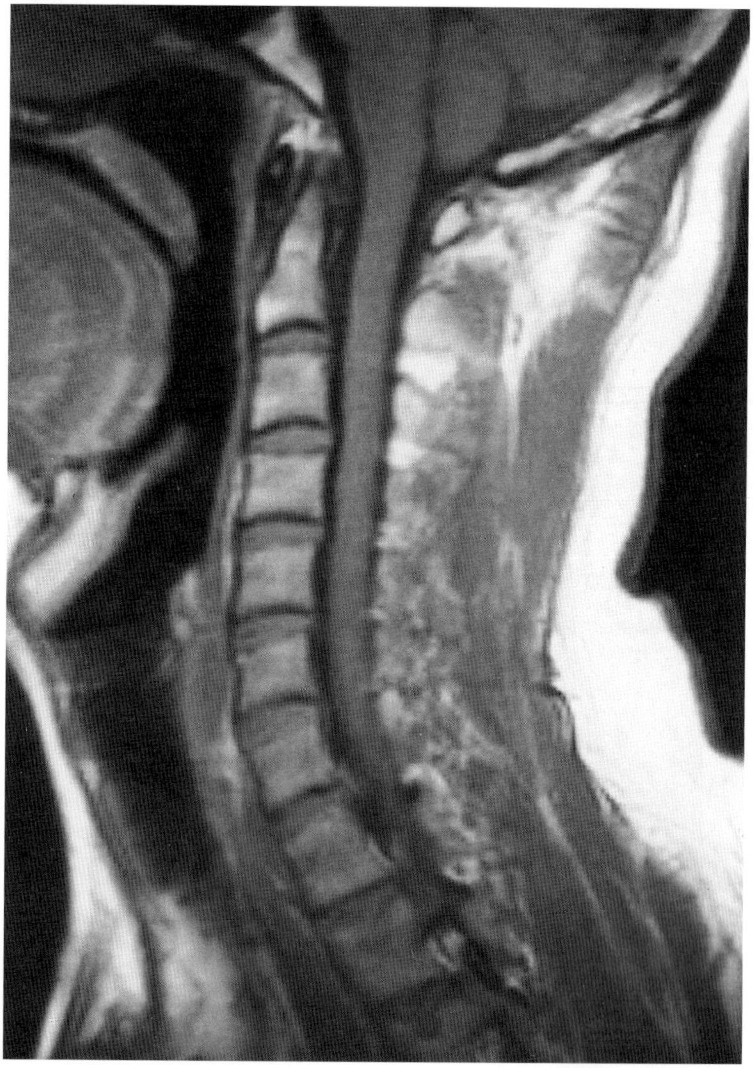

Abb. 3.**20** Sagittaler MRT-Schnitt auf Höhe des Dens axis.

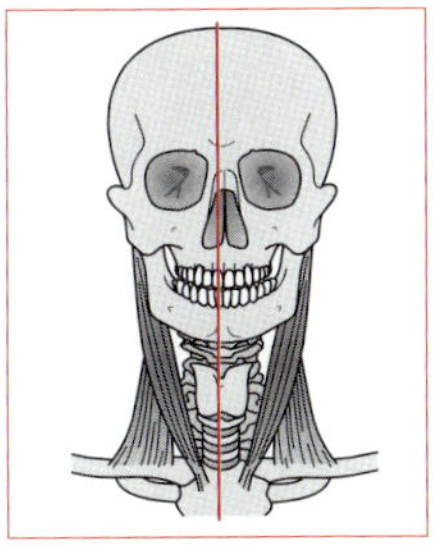

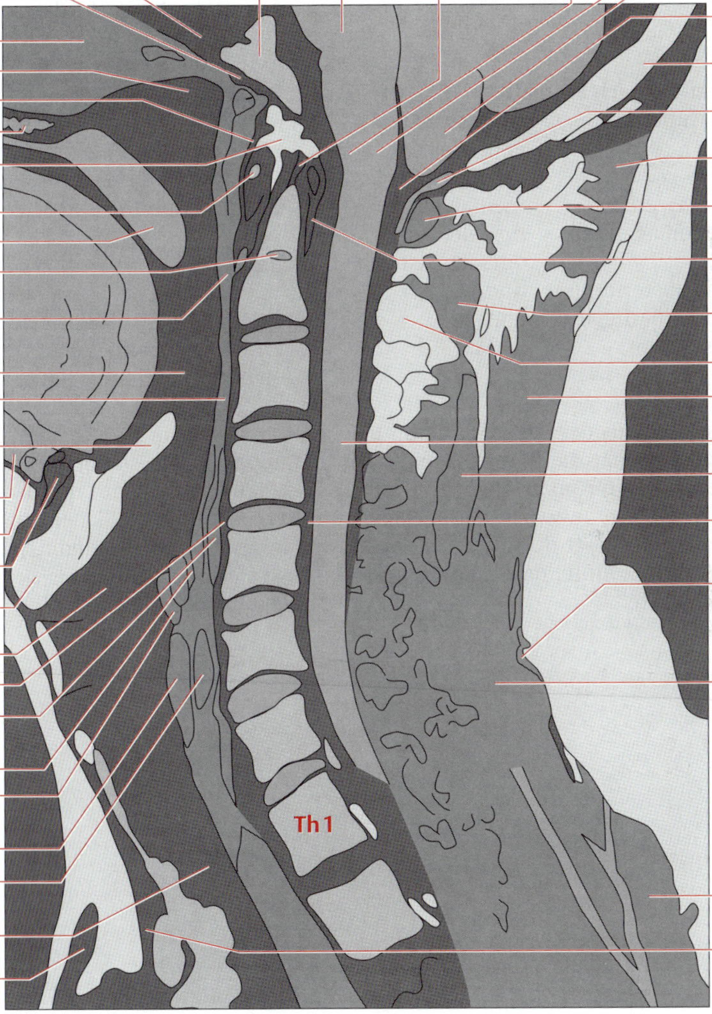

Sinus sphenoidalis
Tuberculum pharyngeum
Concha nasalis inf.
Epipharynx
Lig. longitudinale ant.
Palatum durum
Membrana atlanto-occipitalis ant.
Arcus anterior atlantis
Palatum molle
subdentale Synchondrose
M. constrictor pharyngis sup.
Mesopharynx
M. constrictor pharyngis inf.
Epiglottis
M. geniohyoideus
M. mylohyoideus
Corpus ossis hyoidei
Corpus adiposum laryngis
Cavitas laryngis
Lig. longitudinale ant.
Spatium retropharyngeum
Mm. arytaenoidei
Cartilago arytaenoidea
Cartilago cricoidea
M. cricoarytaenoideus post. („Posticus“)
Trachea
M. sternocleidomastoideus
Clivus
Pons
Lig. apicis dentis
Pyramis
Medulla oblongata
Tonsilla cerebelli
Cisterna cerebellomedullaris
Squama ossis occipitalis
Membrana atlantooccipitalis post.
M. semispinalis capitis
Arcus posterior atlantis
Lig. transversum atlantis
M. obliquus capitis inf.
Proc. spinosus (C2)
M. semispinalis capitis
Medulla spinalis
M. semispinalis cervicis
Cavitas epiduralis
Sehnenspiegel des M. trapezius
Mm. rhomboidei
M. trapezius
M. sternohyoideus et M. sternothyroideus
Th1

4 Gefäße des Halses

Topographische und systematische Vorbemerkungen

A. carotis externa:
Astfolge (von kaudal nach kranial)

■ A. thyroidea superior	ventraler Ast
■ A. lingualis	ventraler Ast
■ A. facialis	ventraler Ast
■ A. pharyngea ascendens	medialer Ast
■ R. sternocleidomastoideus	dorsaler Ast
■ A. occipitalis	dorsaler Ast
■ A. auricularis posterior	dorsaler Ast
■ A. temporalis superficialis	Endast
■ A. maxillaris	Endast

Verlauf:
Nach ihrem Ursprung aus der A. carotis communis auf Höhe von C4 zieht die A. carotis externa medial vom Venter posterior m. digastrici und dem M. stylohydoideus aufwärts. Sie gelangt dann in die Parotisloge, liegt dorsal vom Ramus mandibulae und zerfällt hinter dem Collum mandibulae in ihre Endäste.

A. subclavia:
Astfolge (von medial nach lateral)

- A. vertebralis (zieht durch die Foramina processus transversi C6–C1)
- A. thoracica interna
- Truncus thyrocervicalis (zerfällt in A. thyroidea inferior, A. cervicalis ascendens, A. transversa colli und A. suprascapularis)
- Truncus costocervicalis (zerfällt in A. intercostalis suprema und A. cervicalis profunda)

Verlauf:
Die A. subclavia dextra entspringt hinter der Articulatio sternoclavicularis dextra aus dem Truncus brachiocephalicus. Auf der linken Seite hingegen bildet sie sich als letzter Ast direkt aus dem Arcus aortae.
Die A. subclavia zieht beiderseits über die Pleurakuppel, in die sie sich leicht imprimiert, und tritt dann gemeinsam mit dem Plexus brachialis durch die hintere Skalenuslücke (zwischen M. scalenus anterior et medius). Innerhalb des Hiatus scalenorum posterius liegt die A. subclavia kaudal des Plexus brachialis.

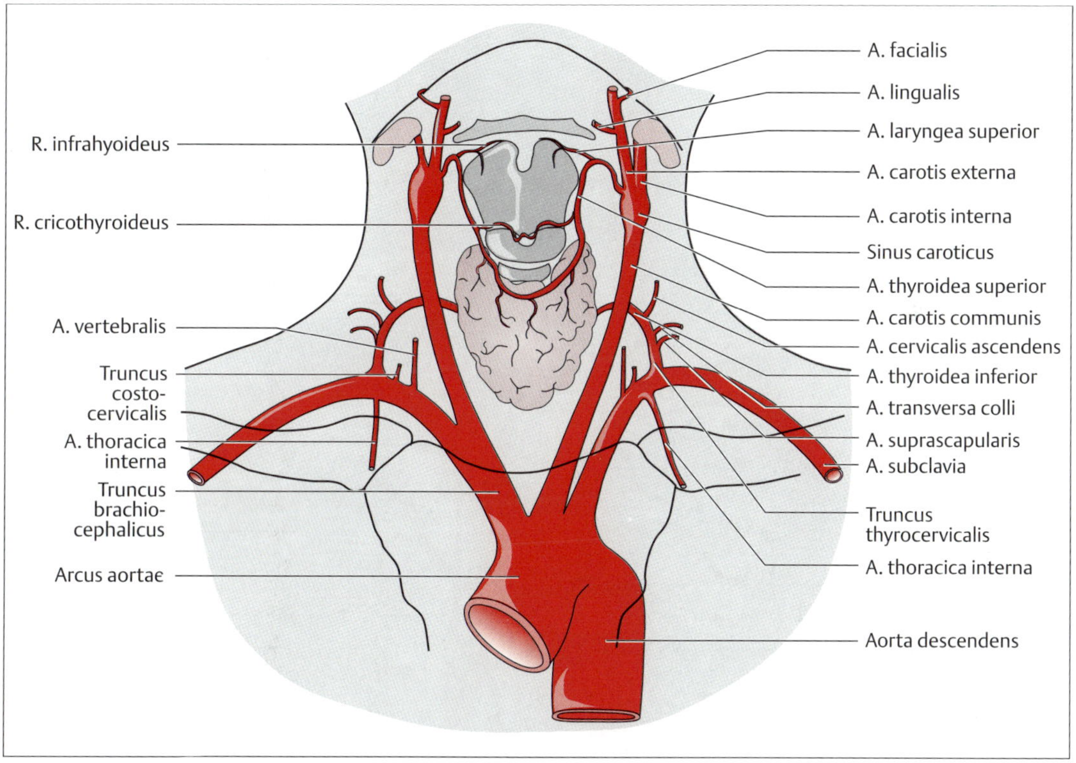

Abb. 4.**1** Arterien des Halses (a.-p.).

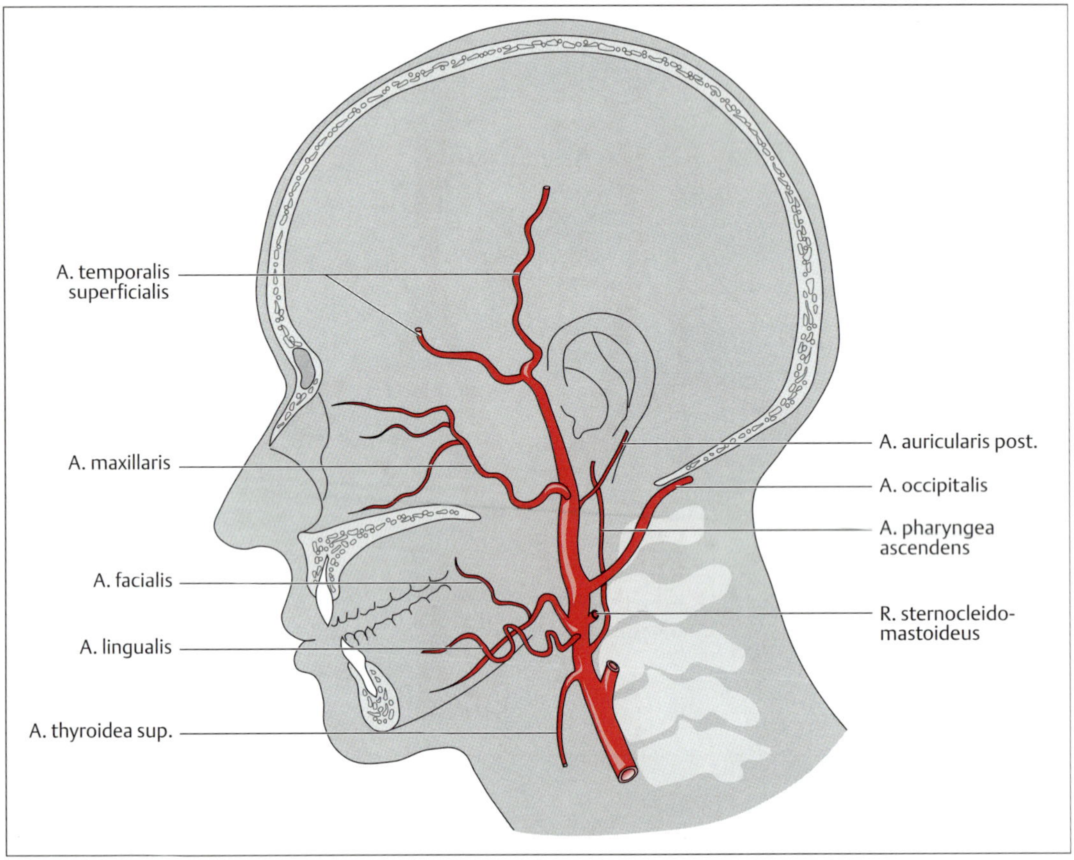

Abb. 4.**2** A. carotis externa mit Ästen (seitlich).

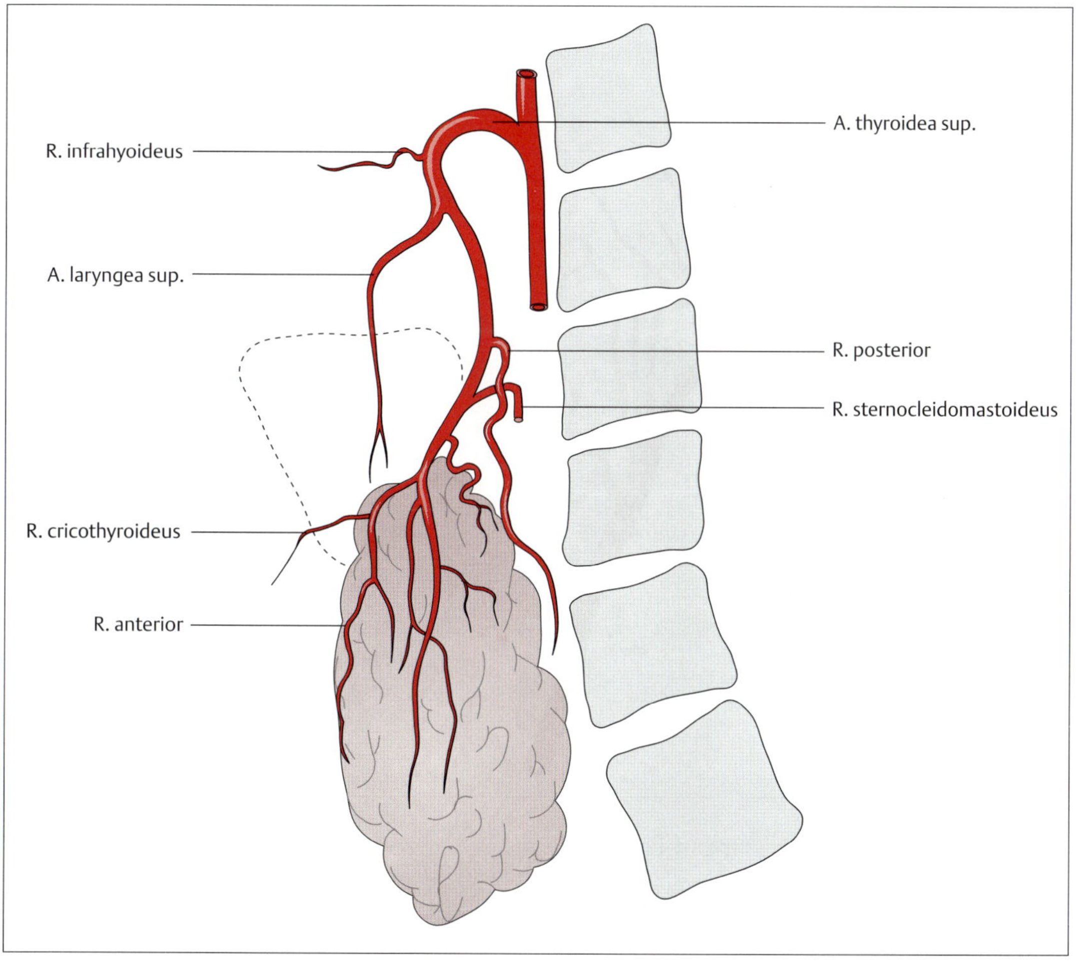

Abb. 4.**3** A. thyroidea superior (seitlich).

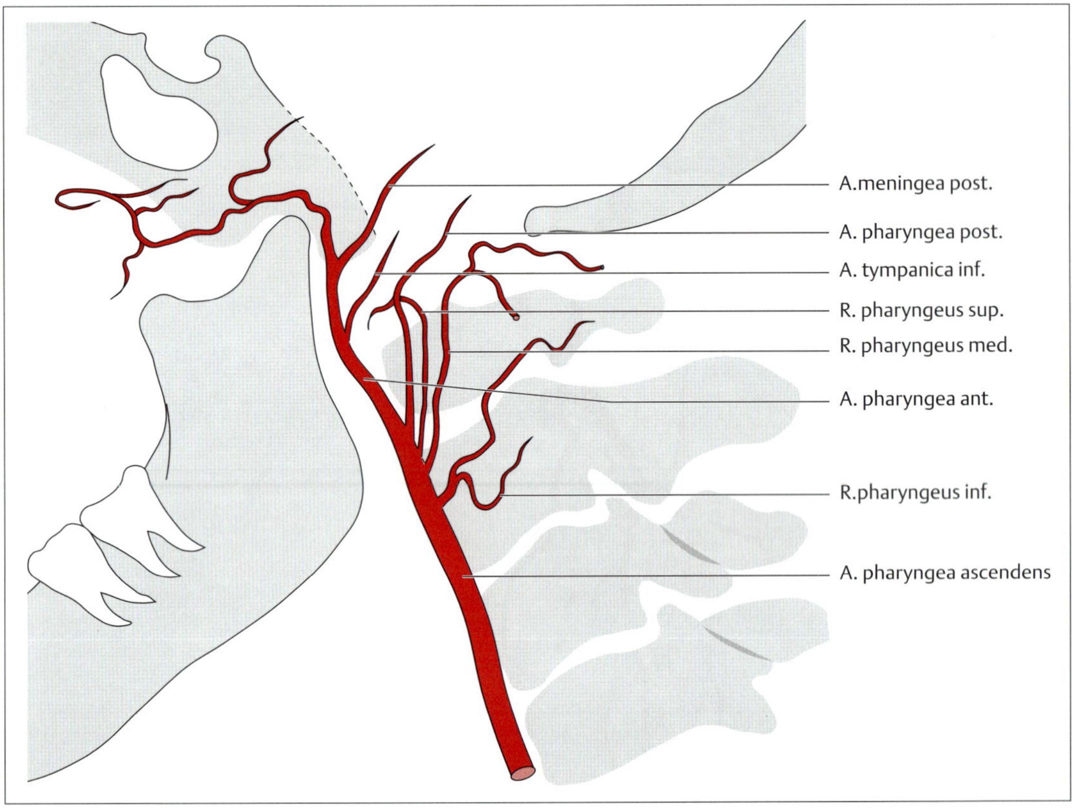

Abb. 4.**4** A. pharyngea ascendens (seitlich).

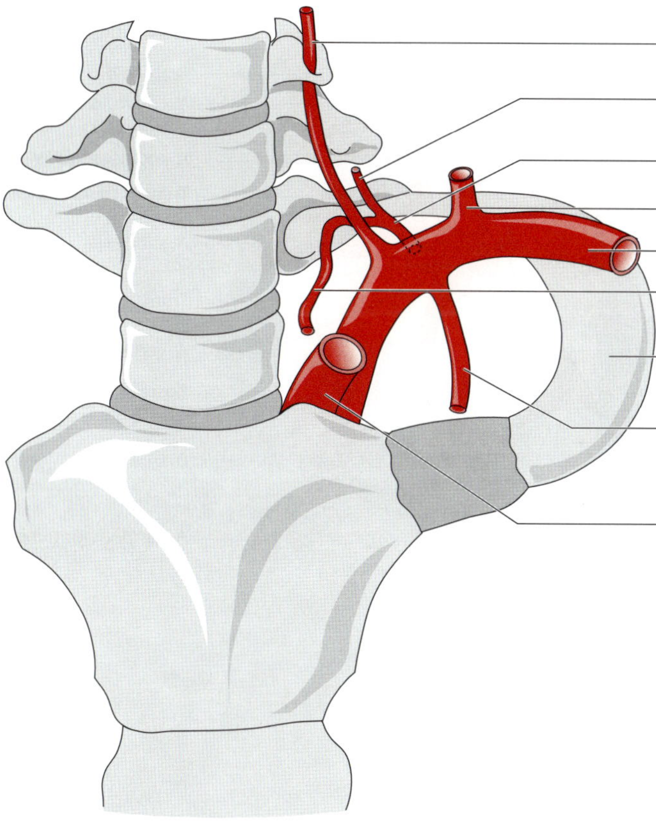

Abb. 4.**5** Truncus costocervicalis (a.-p.).

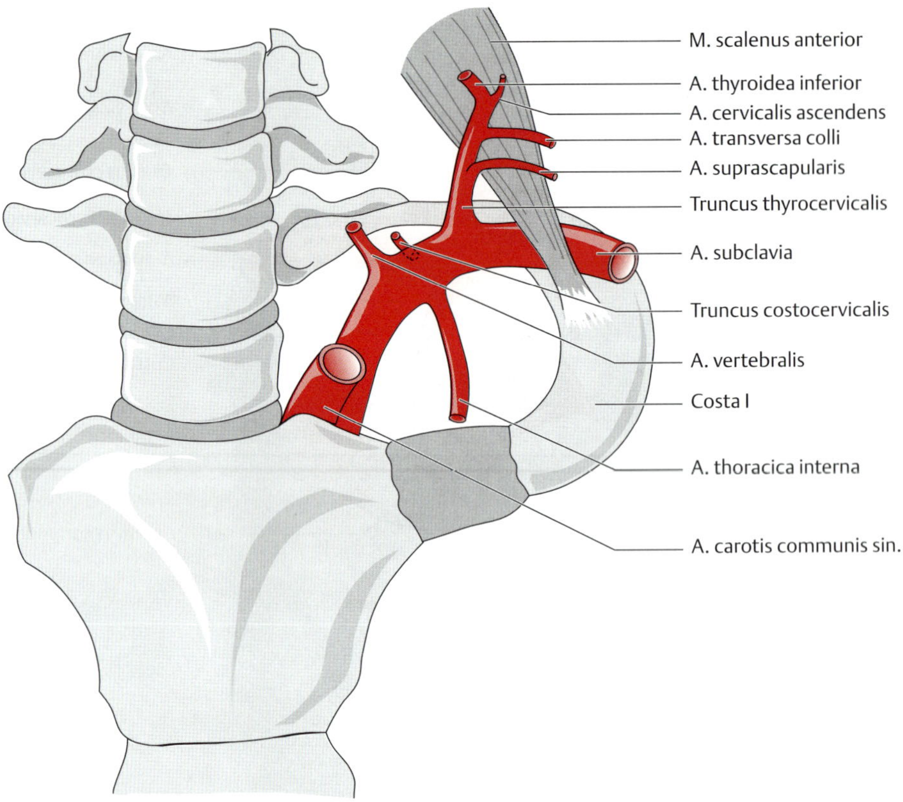

Abb. 4.**6** Truncus thyrocervicalis (a.-p.).

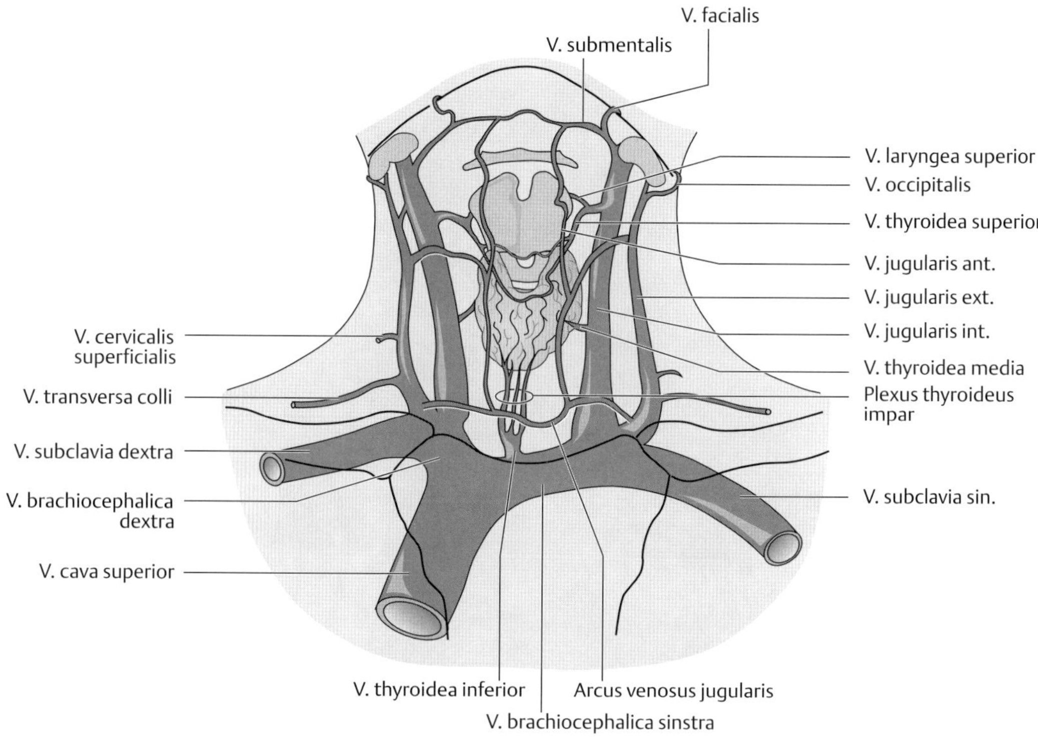

Abb. 4.**7** Venen des Halses (a.-p.).

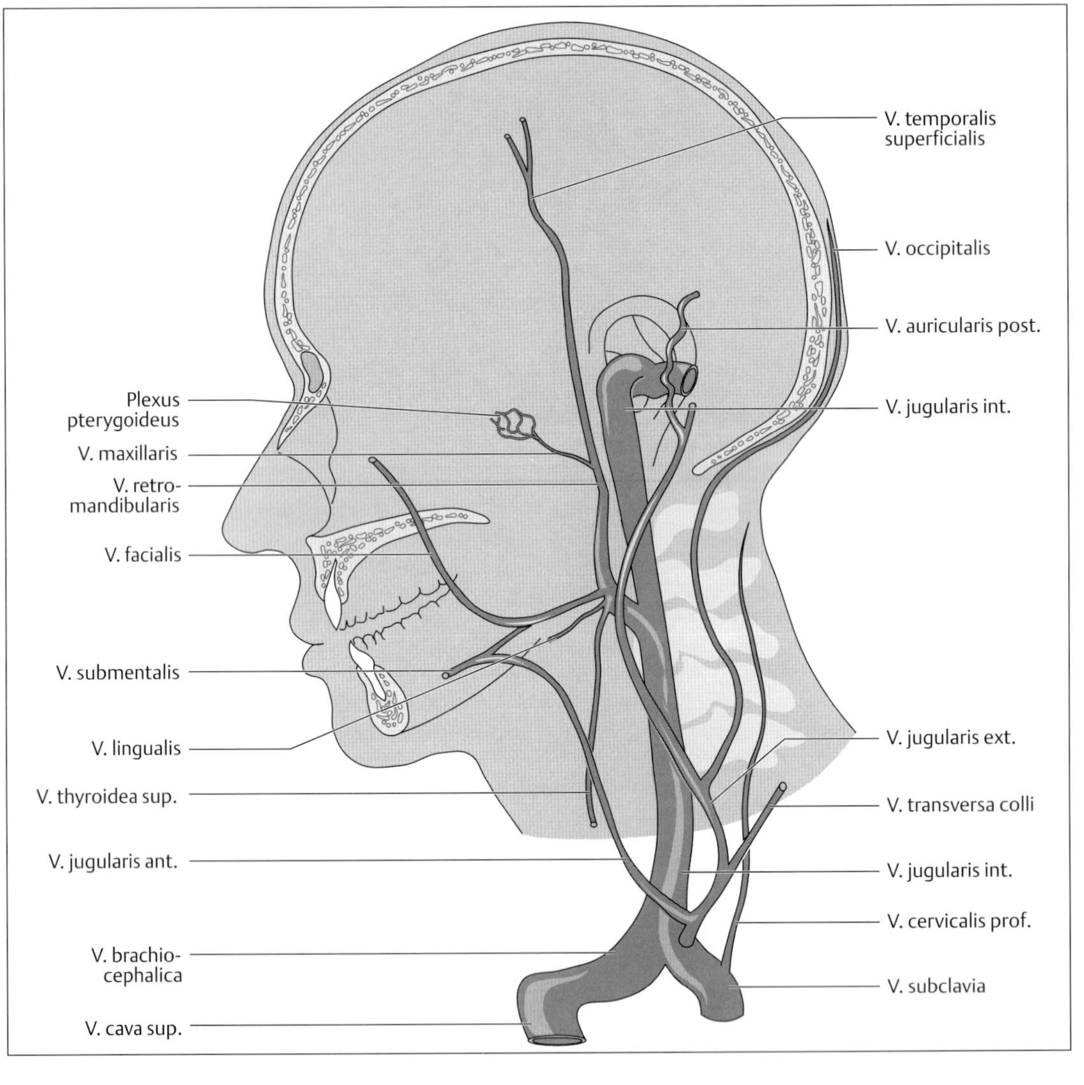

Abb. 4.**8** Venen des Halses (seitlich).

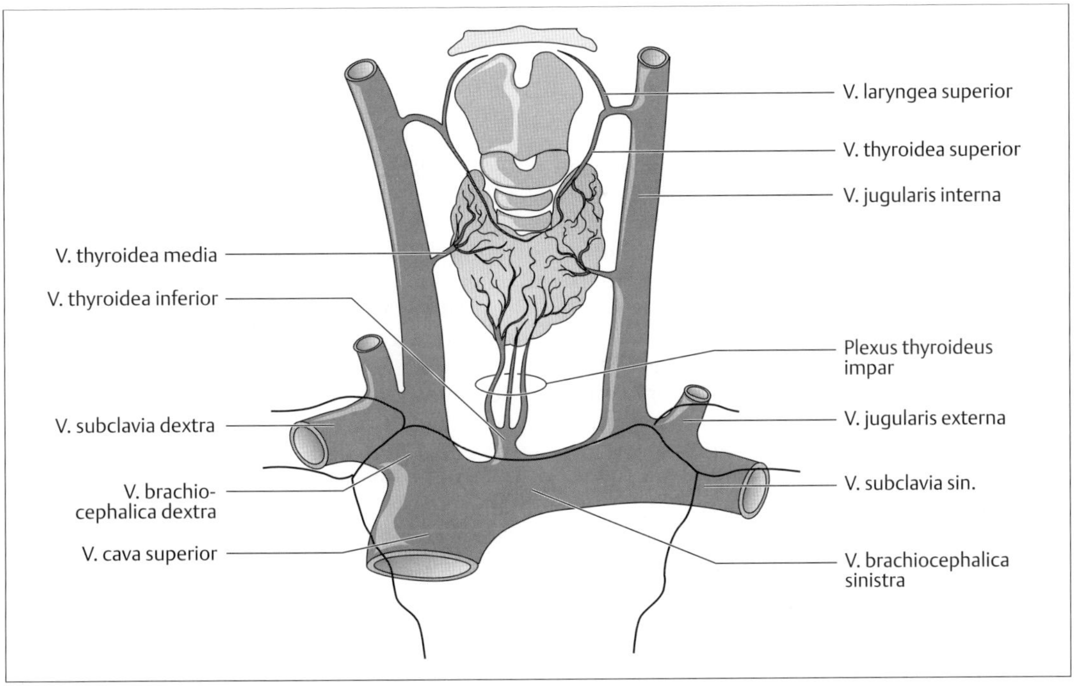

Abb. 4.**9** Vv. thyroideae (a.-p.).

5 Nerven des Halses

Topographische und systematische Vorbemerkungen

Spinalnerven

Die Spinalnerven verlassen das Rückenmark mit einer vorderen (motorischen) und einer hinteren (sensiblen) Wurzel, in die noch das Spinalganglion eingeschaltet ist. Die Vereinigung zum N. spinalis (ca. 0,5 – 1,0 cm lang) erfolgt unmittelbar am distalen Ende des Ganglion spinale, wo auch die begleitende Dura-mater-Hülse in das Perineurium übergeht. Der N. spinalis verläßt die Wirbelsäule anschließend durch das Foramen intervertebrale (Cave: kein Foramen intervertebrale zwischen Os occipitale und Atlas sowie zwischen Atlas und Axis). Der N. spinalis liegt immer dorsal des Foramen processus transversi. Durch den Austritt der Rückenmarksnerven in bestimmten Abständen erhält das Rückenmark eine (künstliche!) Gliederung, die als „Segmentation" angesprochen wird. Ein Schema der Rückenmarksegmente und ihrer Lagebeziehung zu den entsprechenden Wirbeln zeigt Abb. 5.**1** (modifiziert nach Clara 1942).

Die typische Aufzweigung eines Spinalnerven wird in Abb. 5.**2** wiedergegeben.

Die Verflechtung der Rami ventrales der Spinalnerven führt am Hals zur Bildung des Plexus cervicalis und des Plexus brachialis.

C 1 – C 4: Plexus cervicalis (Abb. 5.**3**)

Dieser ventral auf dem M. scalenus medius liegende Plexus versorgt sensibel die Haut des Hinterkopfes, des Ohres und des Halses. Sein wichtigster motorischer Nerv ist der N. phrenicus (C 3 – C 4), der dem M. scalenus anterior ventral anliegend abwärts zieht, um zwischen A. und V. subclavia hindurch in den Thorax zu gelangen und das Zwerchfell zu versorgen.

Weiterhin versorgt der Plexus cervicalis motorisch die infrahyale Muskulatur. Die dorthin ziehenden Fasern aus C 1 lagern sich dem zwölften Gehirnnerven (N. hypoglossus) an und verlassen ihn wieder als Radix superior ansae cervicalis (s. Ramus descendens hypoglossi). Die Fasern aus den Segmenten C 2 und C 3 bilden die Radix inferior ansae cervicalis (s. Ramus descendens cervicalis). Radix inferior und Radix superior vereinigen sich ungefähr in Höhe der Zwischensehne des M. omohydoideus zur sog. Ansa cervicalis profunda, aus der dann feine Nervenästchen zur Innervation der infrahyalen Muskulatur (= Rektussystem des Halses) hervorgehen.

Weitere kurze motorische Äste ziehen direkt zu den tiefen Halsmuskeln und beteiligen sich an der Versorgung des M. trapezius und des M. sternocleidomastoideus.

C 5 – Th 1: Plexus brachialis (Abb. 5.**4** und 5.**5**)

Die ventralen Äste der beteiligten Spinalnerven lagern sich zu drei Hauptstämmen (Trunci) zusammen, aus denen anschließend Divisiones, dann Fasciculi und schließlich die einzelnen Nerven gebildet werden. Der Plexus brachialis zieht durch die hintere Skalenuslücke (zwischen M. scalenus anterior und medius), liegt kranial der A. subclavia und projiziert sich mit seiner Pars supraclavicularis oberhalb der Klavikula auf das laterale Halsdreieck. Die Bildung der Trunci aus den Nn. spinales geschieht gesetzmäßig in folgender Weise:

- C 5 + C 6 Truncus superior
- C 7 Truncus medius
- C 8 + Th 1 Truncus inferior

Jeder Truncus teilt sich in eine Divisio ventralis und eine Divisio dorsalis. Alle Divisiones dorsales vereinigen sich zum Fasciculus posterius. Die Divisiones ventrales vom Truncus superior und medius bilden den Fasciculus lateralis, wohingegen die Divisio ventralis vom Truncus inferior alleine als Fasciculus medialis weiterläuft.

Die großen Nervenstämme des Armes entwickeln sich folgendermaßen aus den Fasciculi:

- Fasciculus lateralis: N. musculocutaneus; N. medianus (Radix lateralis)
- Fasciculus medialis: N. medianus (Radix medialis); N. cutaneus brachii medialis; N. cutaneus antebrachii medialis; N. ulnaris
- Fasciculus posterior: N. axillaris; N. radialis

Hirnnerven

Die letzten vier Hirnnerven nehmen an der Versorgung von Halsstrukturen teil:

- N. glossopharyngeus (IX), N. vagus (X), N. accessorius (XI): ziehen durch das Foramen jugulare
- N. hypoglossus (XII): zieht durch den Canalis hypoglossi

Besondere Beachtung verdient der N. vagus. Er zieht erst hinter, dann lateral der A. carotis interna nach kaudal. Der rechte Nerv verläuft ventral des ersten Teilstückes der A. subclavia und zieht dann weiter posterolateral des Truncus brachiocephalicus und lateral der Trachea nach abwärts. Unmittelbar am Unterrand der A. subclavia dextra entläßt er den N. laryngeus recurrens dex., der um die A. subclavia herumzieht und in der Rinne zwischen Trachea und Ösophagus zum Kehlkopf aufsteigt.

Der linke N. vagus gelangt *zwischen* A. carotis communis und A. subclavia sinistra zur ventralen Fläche des Aortenbogens, an dessen Unterrand er den N. laryngeus recurrens sin. abgibt. Dieser schlingt sich um den Arcus aortae (genauer: um das Lig. arteriosum Botalli) und zieht ebenfalls im Sulcus zwischen Trachea wieder aufwärts zum Kehlkopf.

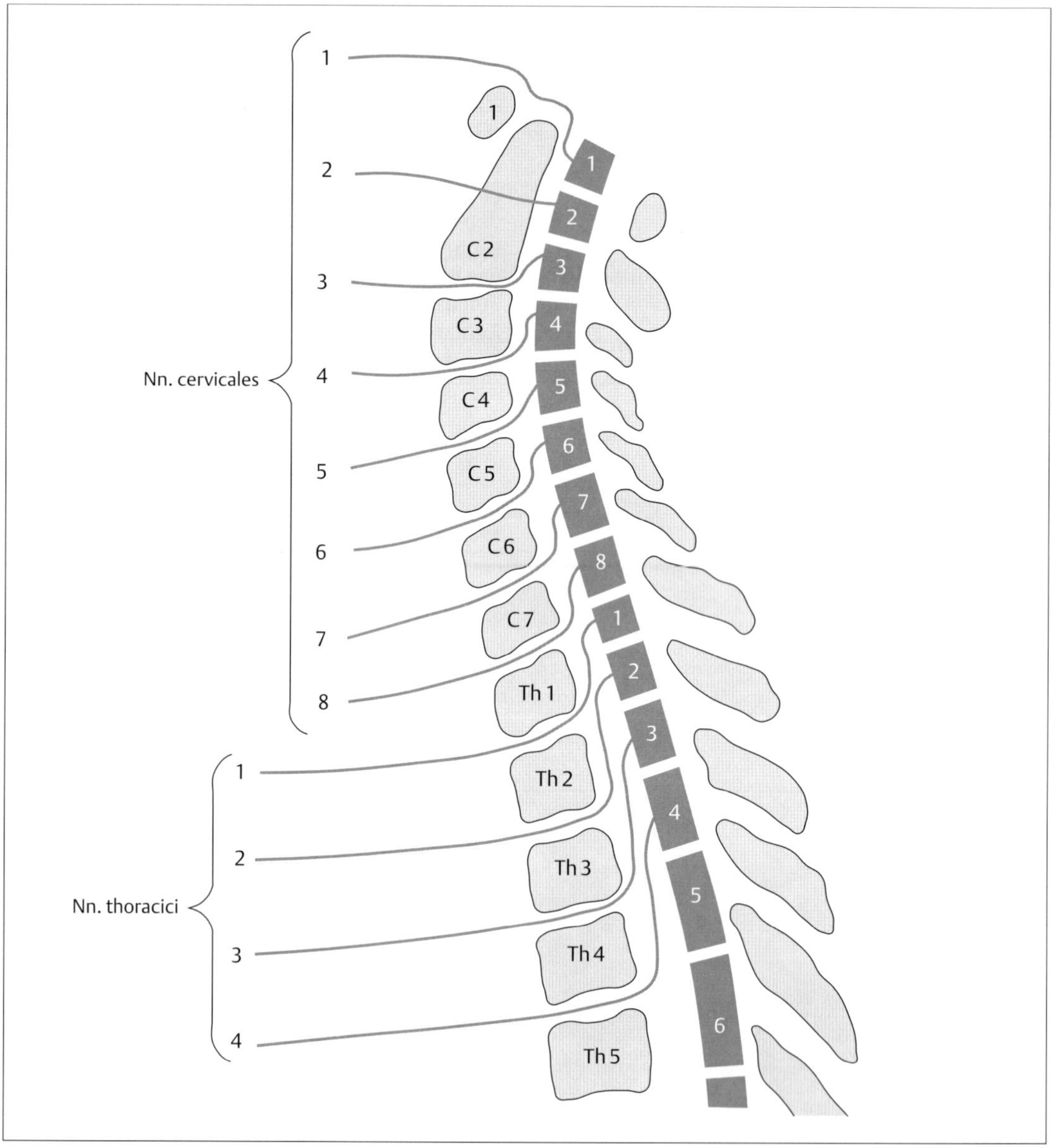

Abb. 5.**1** Spinalnerven und Rückenmarkssegmente (modifiziert nach Clara 1942).

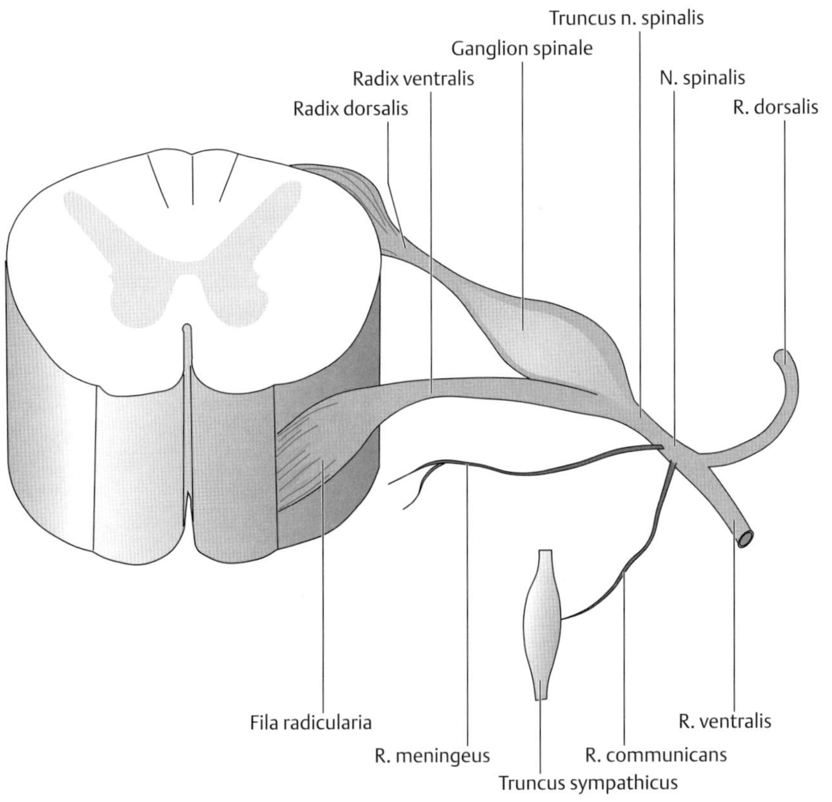

Abb. 5.**2** Astfolge eines Spinalnerven.

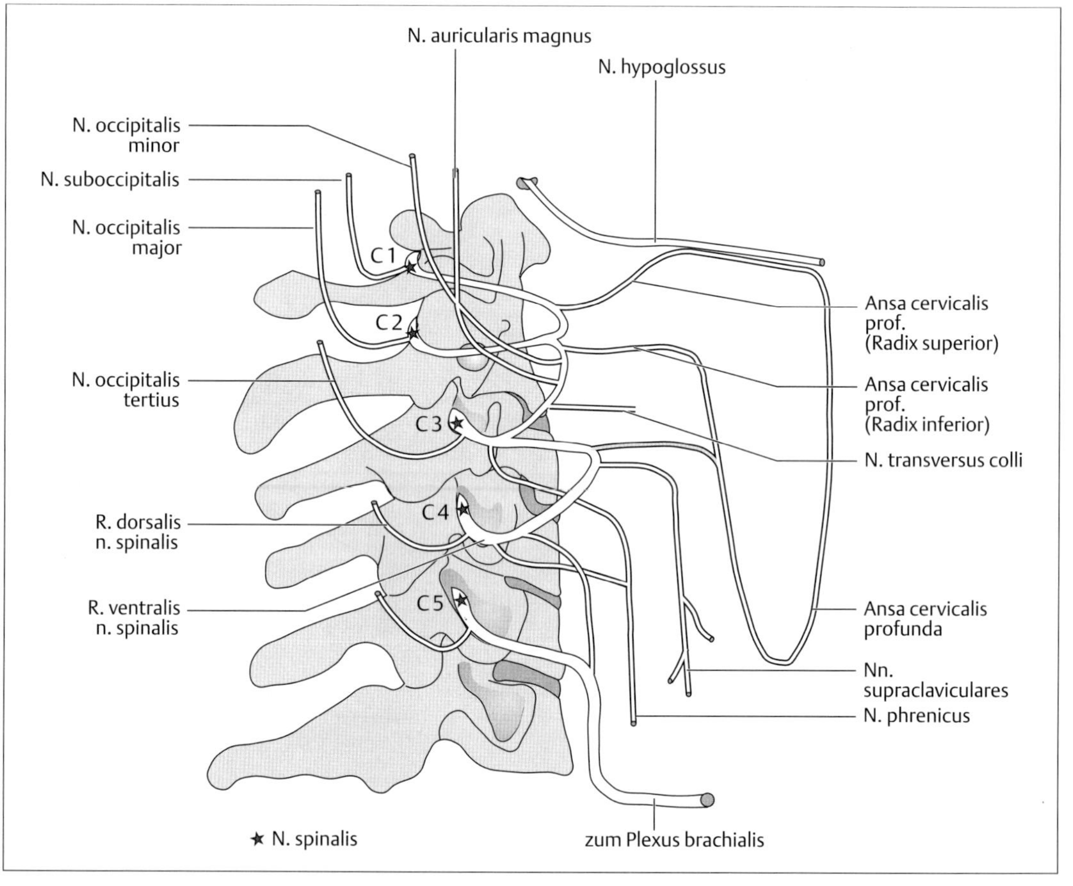

Abb. 5.**3** Schematischer Aufbau des Plexus cervicalis.

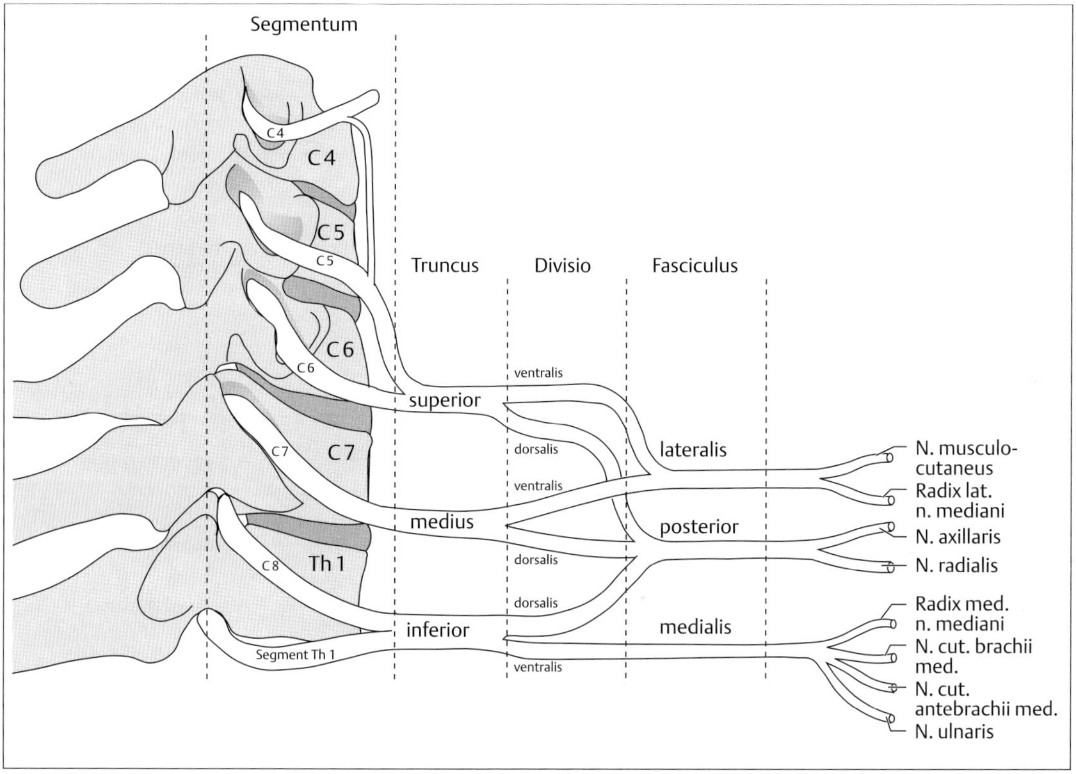

Abb. 5.**4** Schematischer Aufbau des Plexus brachialis.

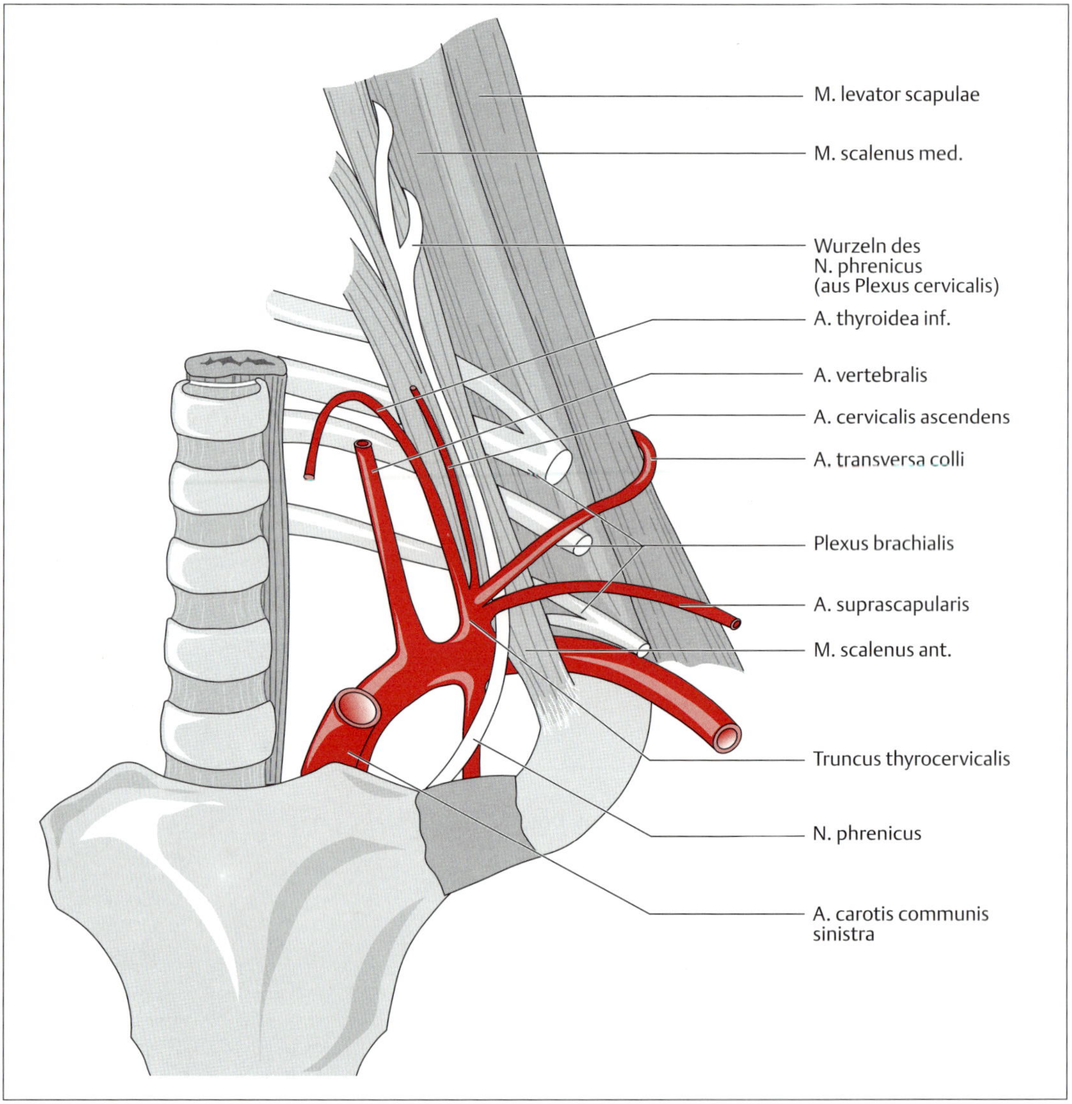

Abb. 5.**5** Lagebeziehungen des Plexus brachialis.

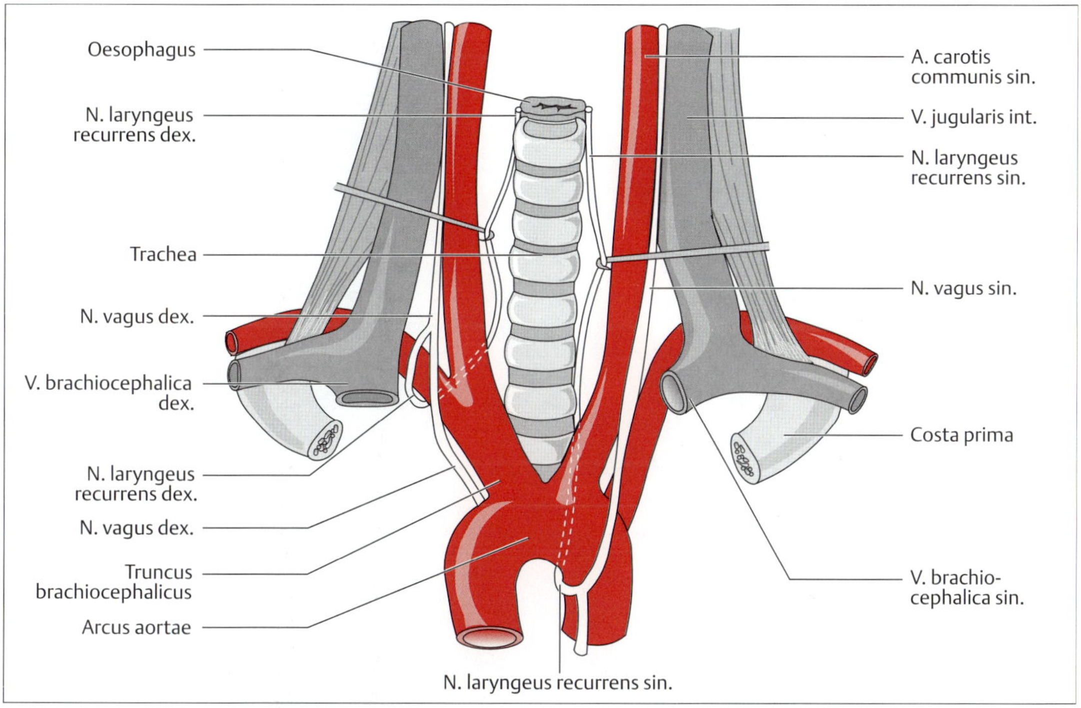

Abb. 5.**6** Lagebeziehungen des N. vagus und der Nn. recurrentes.

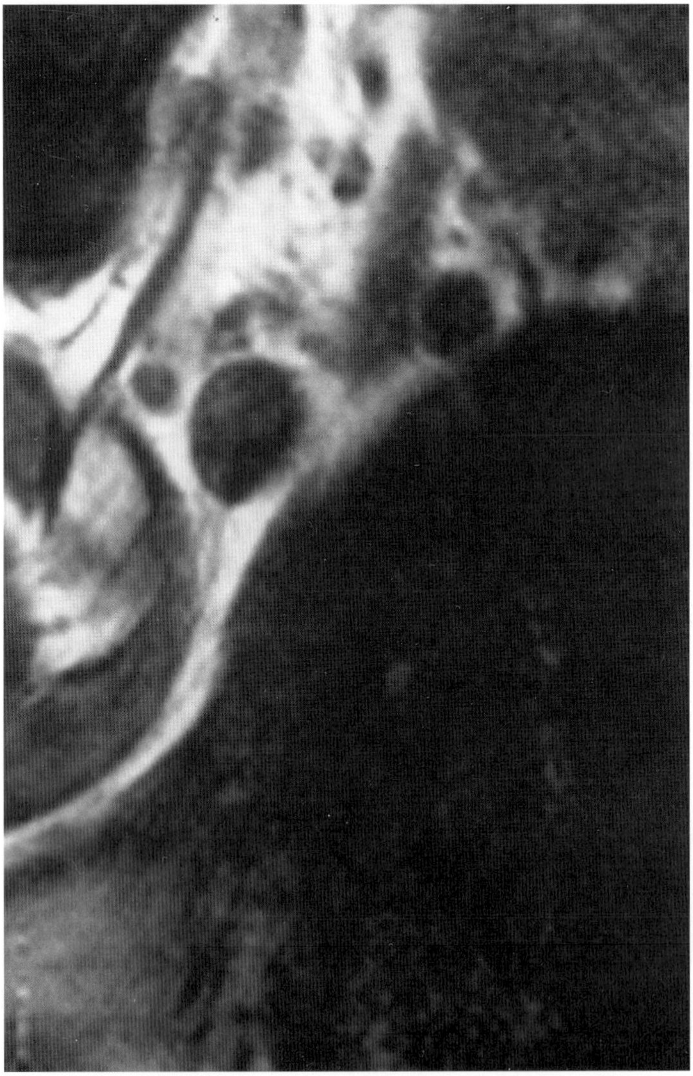

Abb. 5.**7** Sagittaler MRT-Schnitt durch den M. scalenus anterior und die Trunci des Plexus brachialis.

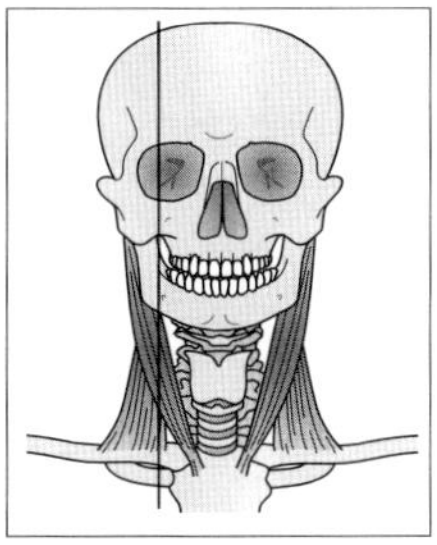

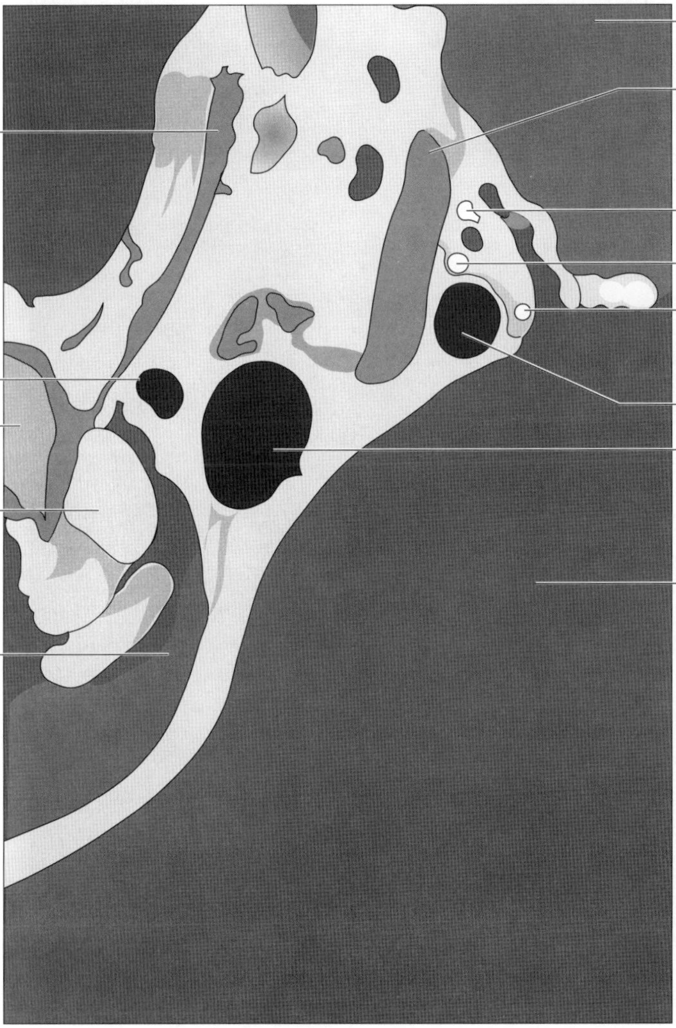
M. scalenus medius et posterior
M. scalenus anterior
M. sternocleido-mastoideus
Truncus sup. C5-C6
Truncus med. C7
Truncus inf. C8-Th1
des Plexus brachialis
V. jugularis anterior
A. subclavia
M. pectoralis major
V. subclavia
Clavicula
Pulmo
M. subclavius

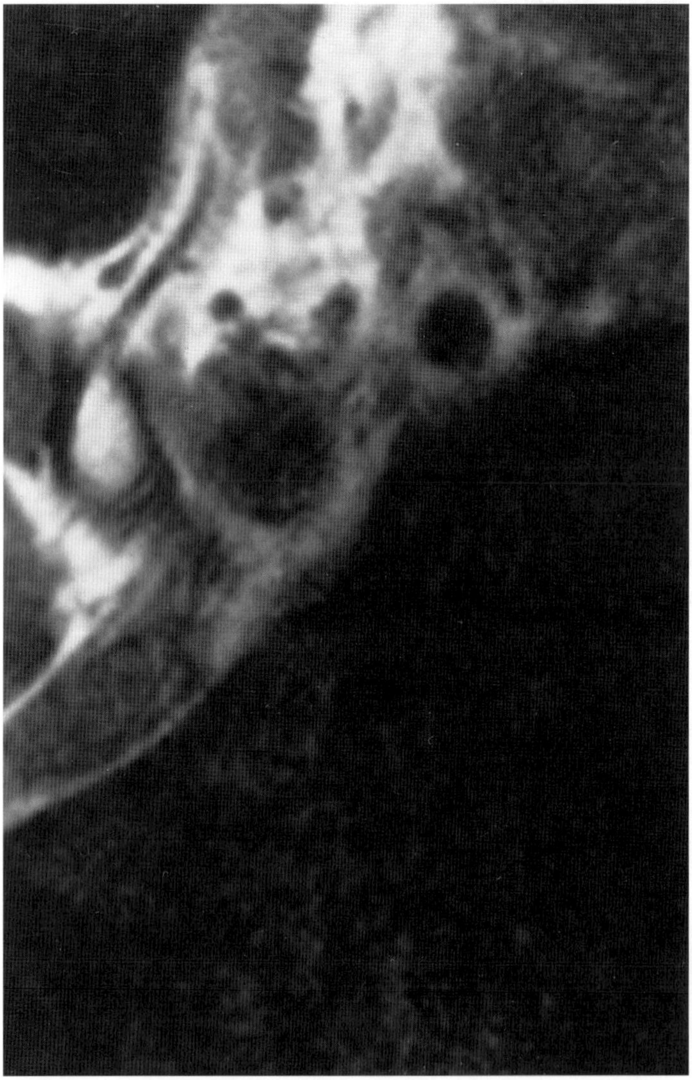

Abb. 5.**8** Sagittaler MRT-Schnitt durch den lateralen Anteil des M. scalenus anterior und die Divisiones ventrales et dorsales des Plexus brachialis.

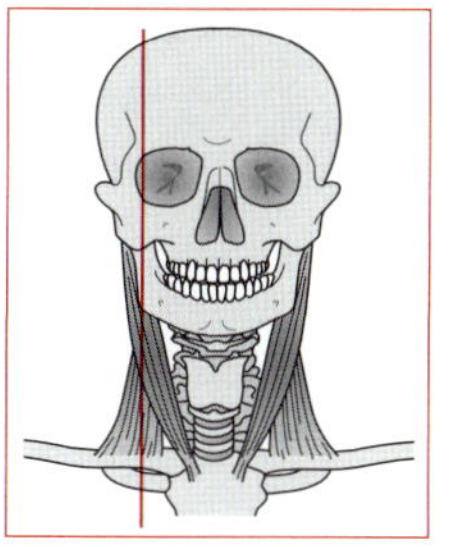

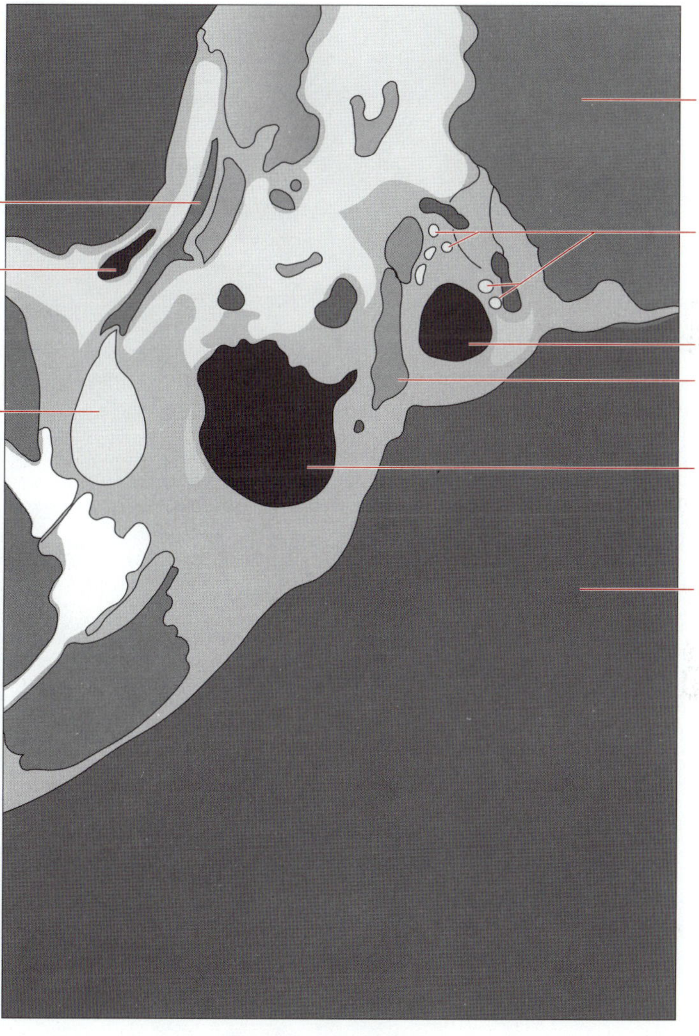
M. sternocleido-
mastoideus
V. jugularis externa
Clavicula
M. scalenus
medius et posterior
Divisiones ventrales
et dorsales der
Trunci
A. subclavia
M. scalenus anterior
V. subclavia
Pulmo

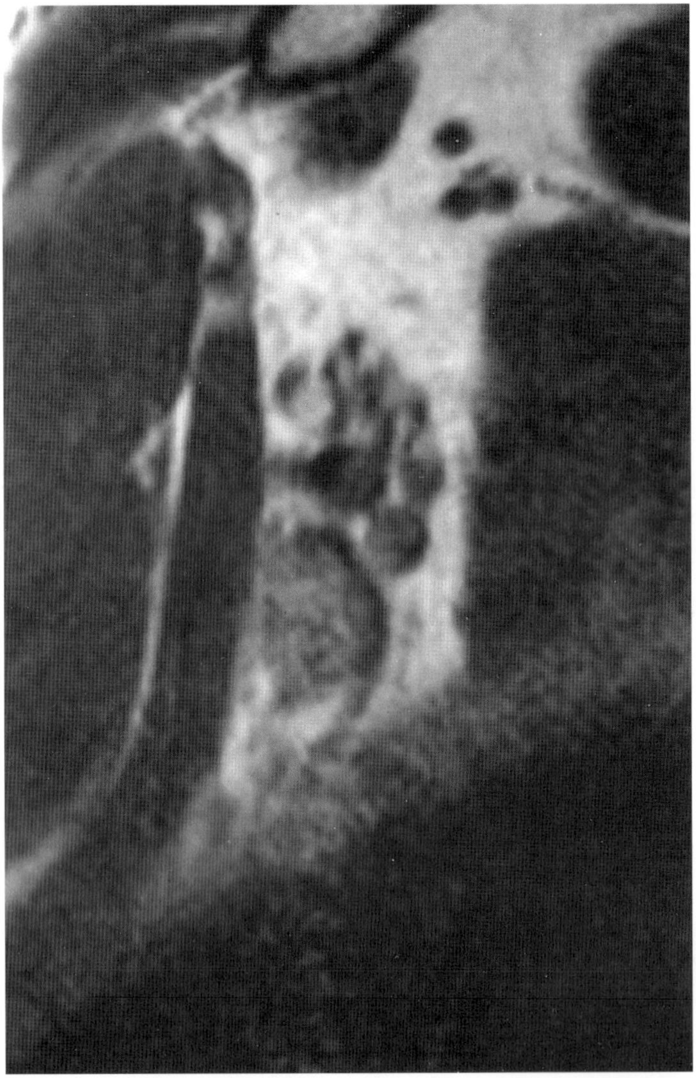

Abb. 5.**9** Sagittaler MRT-Schnitt lateral des M. scalenus anterior und durch die Fasciculi des Plexus brachialis.

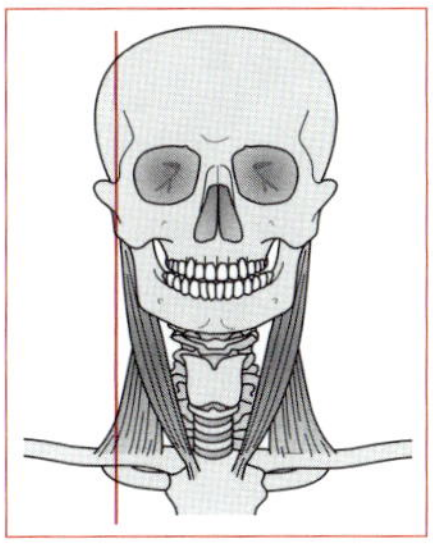

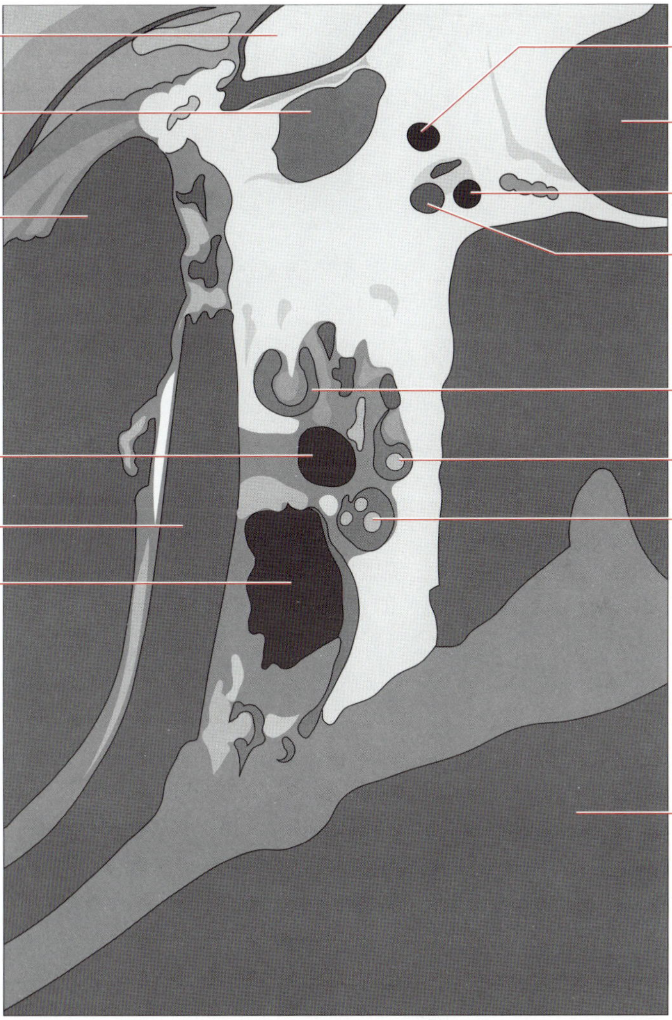
Clavicula
M. subclavius
M. pectoralis major
A. axillaris
M. pectoralis minor
V. axillaris
V. suprascapularis
M. supraspinatus
A. suprascapularis
N. suprascapularis
Fasciculus lat.
Fasciculus post.
Fasciculus med.
Plexus brachialis
Pulmo

6 Lymphknoten des Halses

Topographische und systematische Vorbemerkungen

- Die Kopf-Hals-Region ist sehr reich an Lymphknoten, die aber im allgemeinen kleiner sind, als in anderen Körperregionen.
  Die Lymphknotengruppen haben regelhafte topographische Beziehungen zu den umgebenden anatomischen Strukturen (z. B. zu Gefäßen, Muskeln und Drüsen), so daß sie eindeutig bestimmt werden können.
  Die Einteilung und Nomenklatur der Lymphknotengruppen des Kopf-Hals-Bereiches geht auf Rouviere (1932) zurück und ist mit einigen Abwandlungen und Ergänzungen bis heute gültig.
  Eine modifizierte Übersicht über die Lymphknotengruppen des Kopf-Hals-Gebietes, ihre Lage und Drainagegebiete wird in der Tab. 6.**1** und in den Abbildungen 6.**1** und 6.**2** gegeben.

- Lymphabfluß des Larynx.
  Die Lymphabflußwege des Kehlkopfes (Abb. 6.**3**) können in zwei große Gruppen eingeteilt werden:
  - supraglottische Abflußbahnen,
  - infraglottische Abflußbahnen.

  Zwischen diesen beiden Abflußwegen bestehen Anastomosen. Die supraglottischen Abflußbahnen drainieren zu den Lnn. cervicales profundi (Untergruppen s. Tab. 6.**1**). Die Plicae aryepiglotticae hingegen drainieren hauptsächlich zu den Lnn. cervicales anteriores (Untergruppen s. Tab. 6.**1**).
  Die infraglottischen Abflußbahnen fließen ebenfalls in die Lnn. praelaryngeales, anschließend in die Lnn. praetracheales und letztendlich auch in die Lnn. cervicales profundi ab. Es kommen in der Mittellinie kreuzende Lymphbahnen vor.
  Die Plicae vocales enthalten nur wenige Lymphkapillaren, die zu dem supraglottischen Abflußgebiet drainieren.

- Lymphabfluß der Glandula thyroidea.
  Der Lymphabfluß aus dem stark entwickelten Lymphkapillarsystem der Glandula thyroidea erfolgt zu den folgenden regionären Lymphknotenstationen:
  - Lnn. cervicales anteriores (Untergruppen s. Tab. 6.**1**),
  - Lnn. cervicales profundi (Untergruppen s. Tab. 6.**1**).

  Die topographische Verteilung der Abflußterritorien wird in Abb. 6.**4** illustriert.

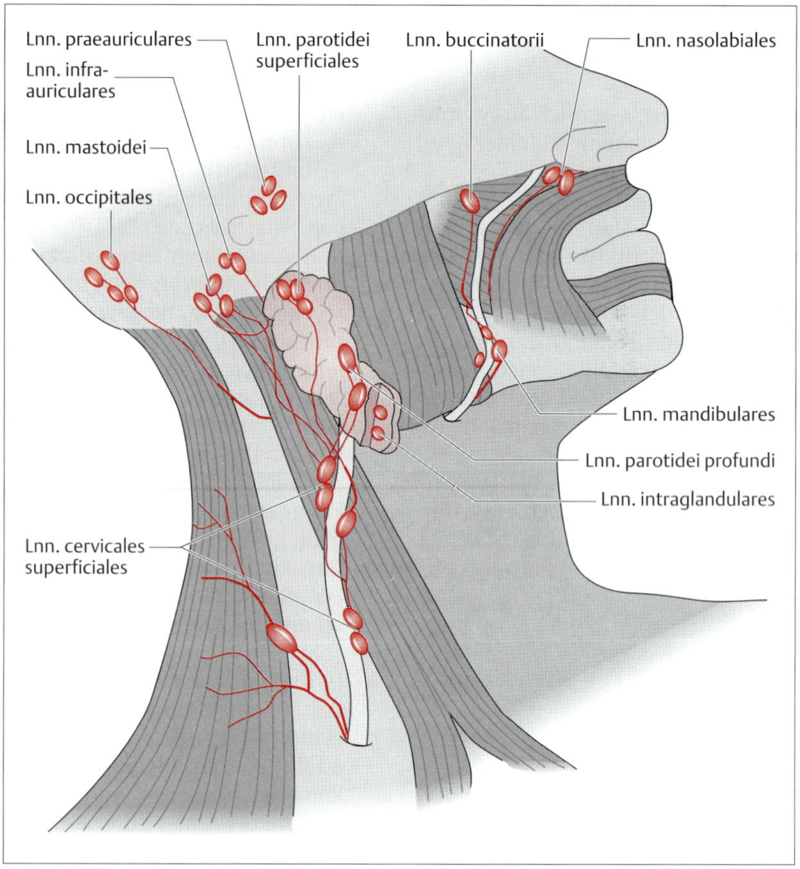

Abb. 6.1 Lymphknotengruppen des Halses (oberflächlich).

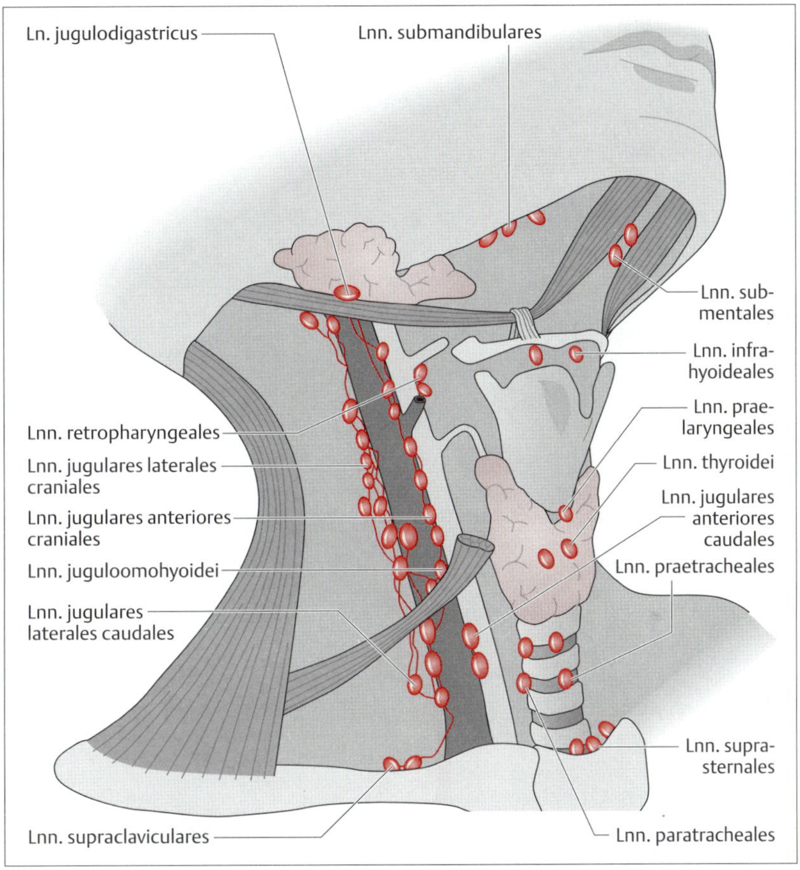

Abb. 6.**2** Lymphknotengruppen des Halses (tief).

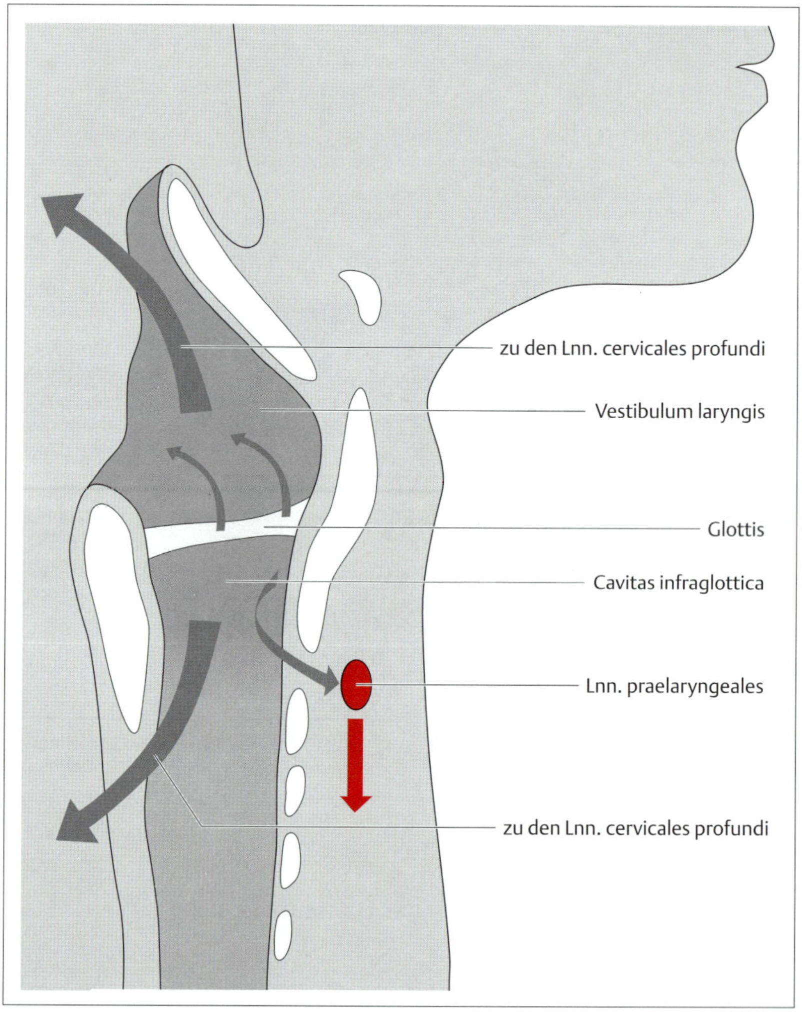

Abb. 6.**3** Lymphabflüsse des Larynx.

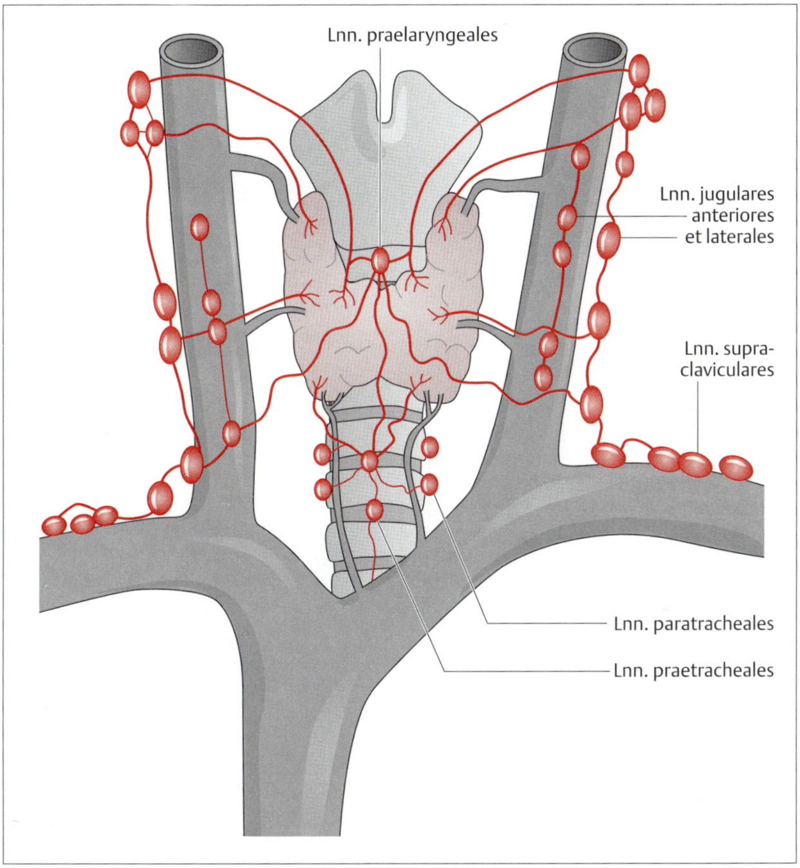

Abb. 6.**4** Lymphabflüsse der Glandula thyroidea.

Tabelle 6.1 Lymphknoten im Kopf-Hals-Bereich

Hauptgruppe	Untergruppen	Drainagegebiet	Lage
1. Lnn. occipitales	a) Lnn. occipitales superficiales b) Lnn. occipitales profundi	Kopfhaut, Nacken	a) zwischen Insertion M. sternocleido. und M. trapezius b) unter dem M. splenius capitis
2. Lnn. mastoidei		Kopfhaut, Ohr	hinter dem Ohr, auf dem Proc. mastoideus
3. Lnn. parotidei	a) Lnn. parotidei superficiales b) Lnn. parotidei profundi	Gesicht, Ohr, Orbita, Glandula parotidea	a) oberhalb der Fascia parotidea b) unterhalb der Fascia parotidea
4. Lnn. faciales	a) Lnn. malares b) Lnn. buccinatorii c) Lnn. nasolabiales d) Lnn. mandibulares	Weichteile des Gesichtes	a) unterhalb der äußeren Lidfalte b) auf dem M. buccinator c) im Sulcus nasolabialis d) auf der mimischen Muskulatur des Unterkiefers
5. Lnn. submentales		Gesicht, Cavitas oris, Zunge	zwischen Venter anterior m. digastrici und M. mylohyoideus
6. Lnn. submandibulares		Gesicht, Nase, Orbita, Cavitas oris, Zunge, Oropharynx, Glandula submandibularis	im Trigonum submandibulare
7. Lnn. sublinguales		Cavitas oris, Zunge	in der Regio sublingualis
8. Lnn. cervicales anteriores	a) Lnn. cervicales ant. superficiales b) Lnn. suprasternales c) Lnn. infrahyoidales d) Lnn. praelaryngeales e) Lnn. praetracheales f) Lnn. paratracheales g) Lnn. thyroidei	Haut des Halses, Hypopharynx, Larynx, Glandula thyroidea	a) an der V. jugularis anterior b) im Spatium suprasternale c) hinter den infrahyalen Muskeln d) auf dem Lig. conoideum e) vor der Trachea f) seitlich von der Trachea g) an der Glandula thyroidea
9. Lnn. cervicales laterales	a) Lnn. cervicales superficiales b) Lnn. cervicales prof.: – Lnn. jugulares ant. et lat. craniales – Lnn. jugulares ant. et lat. caudales – Lnn. supraclaviculares – Ln. jugulodigastricus – Lnn. juguloomohyoidei – Lnn. retropharyngeales	Kopf-, Halshaut, Nase, Ohr, Sinus paranasales, Cavitas oris, Zunge, Nasopharynx, Oropharynx, Laryngopharynx, Larynx, Glandula submandibularis, Glandula parotidea, Glandula thyroidea	a) entlang der V. jugularis externa b) – an V. jugularis interna bis zum M. omohyoideus – an V. jugularis interna unterhalb M. omohyoideus – A./V. transversa colli – an V. jug. int. in Höhe des Venter posterior m. digastrici – zwischen M. omohydoideus und V. jugularis interna – im Spatium retropharyngeum
10. Lnn. nuchales		Kopfhaut, Nacken	dorsal unter dem M. trapezius

7 Bänder der Halswirbelsäule

Topographische und systematische Vorbemerkungen

Die Bänder der Halswirbelsäule können in zwei große Gruppen eingeteilt werden.

- Allgemeine Bänder der Halswirbelsäule,
- spezielle Bänder des kraniozervikalen Überganges.

Die allgemeinen Bänder der unteren Halswirbelsäule umfassen folgende Strukturen:

- Lig. longitudinale anterius (vorwiegend an den Corpora vertebrarum befestigt).
- Lig. longitudinale posterius (vorwiegend an den Disci intervertebrales befestigt, da zentral aus der dorsalen Wirbelkörperfläche die V. basivertebralis austritt).
- Ligg. flava (elastische Bänder zwischen den Wirbelbögen).
- Ligg. interspinalia (zwischen den Processus spinosi).
- Lig. supraspinale (läuft über die Processus spinosi und beginnt am Tuberculum posterius atlantis).

Die speziellen Bänder des kraniozervikalen Überganges umfassen folgende Strukturen:

- Membrana atlantooccipitalis anterior (zwischen Pars basilaris ossis occipitalis und Arcus anterior atlantis). Sie setzt sich noch mit Faserzügen nach kaudal fort und findet am Corpus axis eine weitere Befestigung.
- Membrana atlantooccipitalis posterior (zwischen Hinterrand des Foramen occipitale magnum und Arcus posterior atlantis. Die Membran wird von der A. vertebralis und von dem N. suboccipitalis durchbohrt). Die Membrana atlantooccipitalis posterior entspricht einem Lig. flavum.
- Lig. apicis dentis (zwischen Apex dentis und Pars basilaris ossis occipitalis. Das Lig. apicis dentis ist ein entwicklungsgeschichtliches Relikt der Chorda dorsalis und hat kaum eine mechanische und praktische Bedeutung).
- Lig. cruciforme atlantis (dieses wird zusammengesetzt aus dem Lig. transversum atlantis und den Fasciculi longitudinales. Das Lig. transversum atlantis befestigt sich an halbkugeligen Knochenvorsprüngen der Massae laterales atlantis und artikuliert mit der hinteren Gelenkfacette des Dens axis).
- Membrana tectoria (sie bedeckt das Lig. cruciforme atlantis und befestigt sich an der endokraniellen Seite der Pars basilaris ossis occipitalis und an der Wirbelkörperrückseite des Axis).
- Ligg. alaria (sie erstrecken sich von den Seitenflächen des Dens axis zu den sog. Alarefeldern auf den medialen Flächen der Condyli occipitales).
- Lig. nuchae (es handelt sich um eine plattenartige Verbreiterung des Lig. supraspinale mit Ansatz an der Protuberantia occipitalis externa).

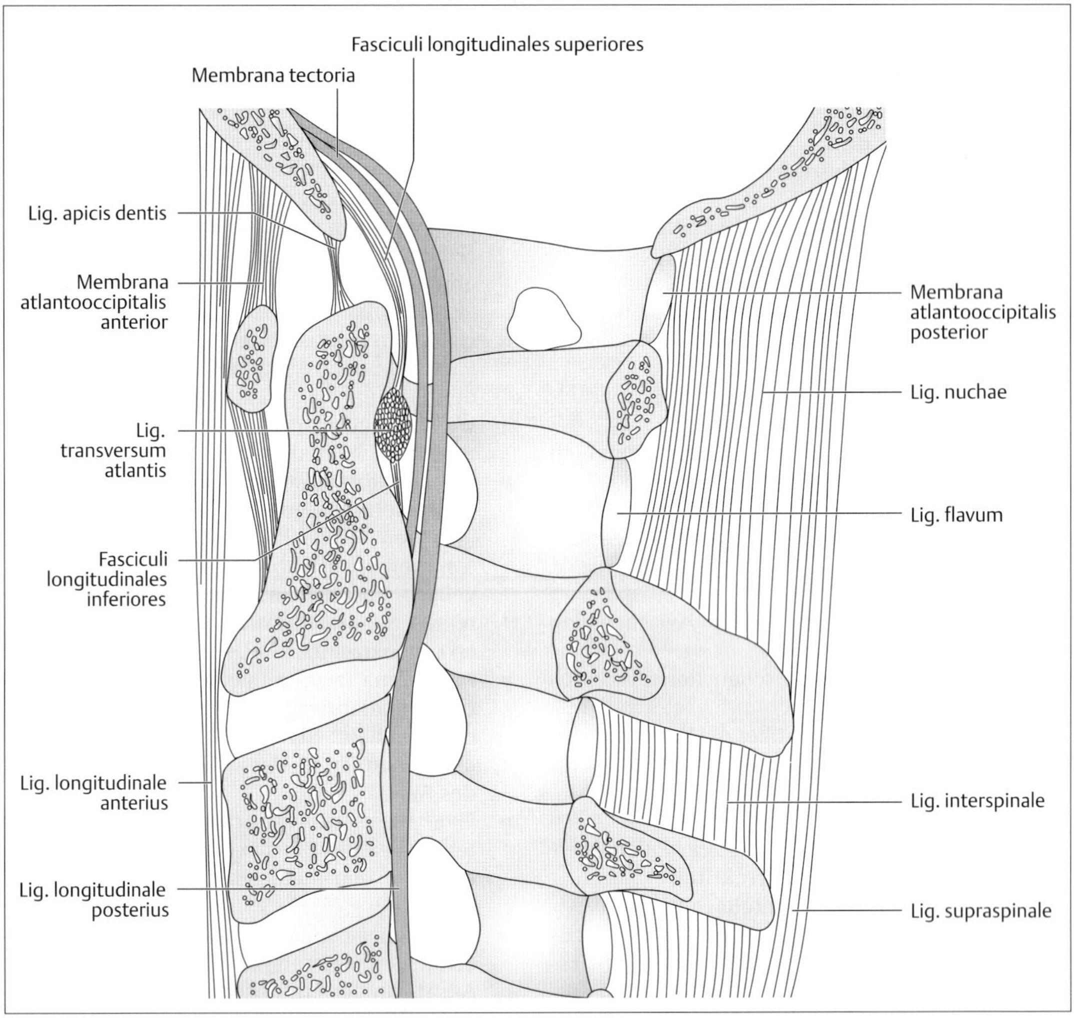

Abb. 7.1 Bänder der Halswirbelsäule im Median-Sagittal-Schnitt.

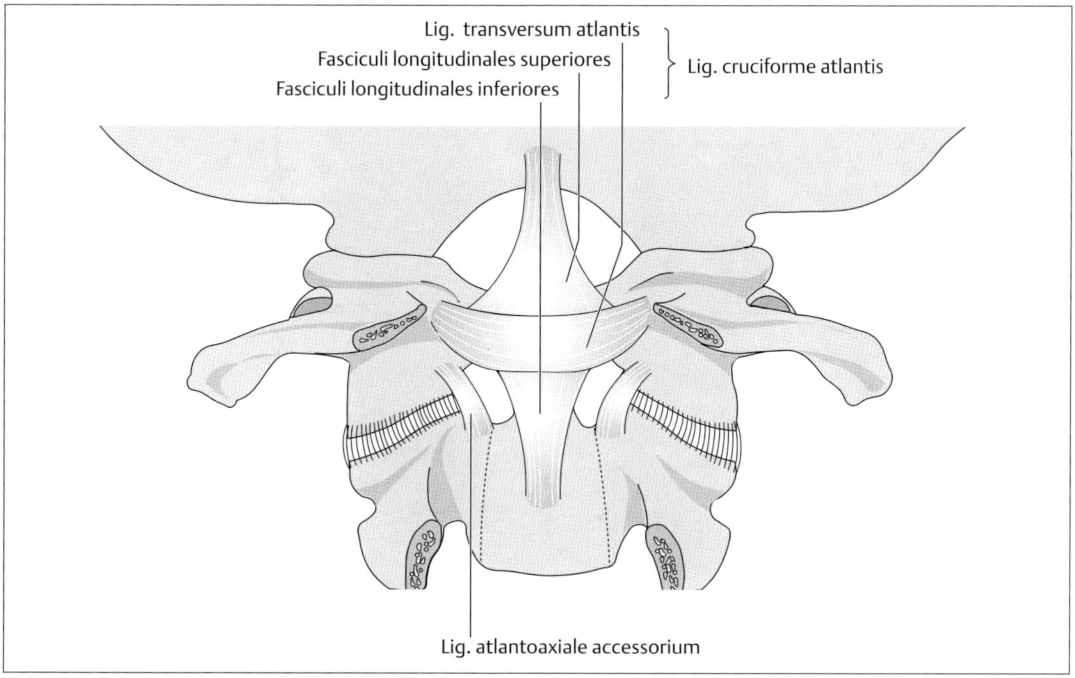

Abb. 7.**2** Bänder des kraniozervikalen Überganges in der Ansicht von dorsal (oberflächliche Schicht) nach Entfernung des Lig. longitudinale posterius und der Membrana tectoria.

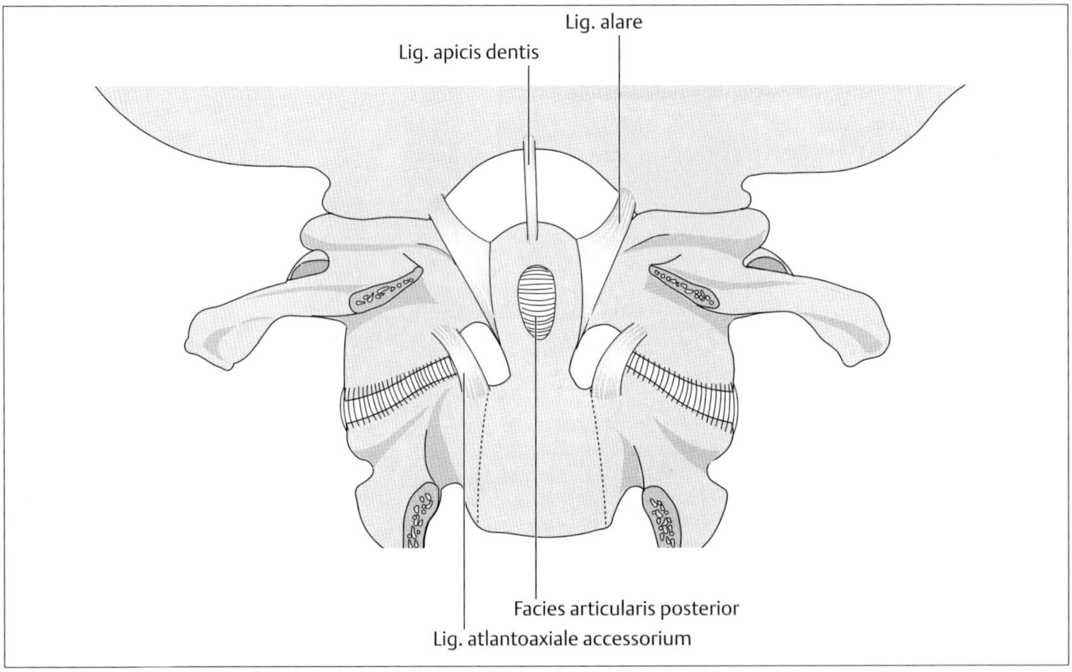

Abb. 7.**3** Bänder des kraniozervikalen Überganges in der Ansicht von dorsal (tiefe Schicht) nach Entfernung des Lig. cruciforme atlantis.

8 Speicheldrüsen

Anatomische und topographische Vorbemerkungen

Glandula parotidea

Die rein seröse Glandula parotidea stellt mit einem Organgewicht von ca. 20–30 g die größte Kopfspeicheldrüse dar. Sie liegt in der Fossa retromandibularis (sog. „Parotisloge") und wird nach lateral von der kräftigen Fascia parotideomasseterica begrenzt. Die Faszie entsendet zahlreiche bindegewebige Septen in das Drüsenparenchym. Die mediale Begrenzung wird durch das nur schwach ausgebildete tiefe Blatt der Fascia parotidea beigestellt. Hier können Erkrankungsprozesse leicht in das angrenzende Spatium parapharyngeum vordringen (s. Kapitel 10). Im Drüsenparenchym kommen regelmäßig Lymphknoten (Lnn. intraglandulares) vor.

In seitlicher Ansicht überlagert die Drüse den hinteren Anteil des Ramus mandibulae und erreicht kranial den Arcus zygomaticus. Nach medial findet sich ein unterschiedlich ausgeprägter Processus parapharyngeus.

Die im klinischen Sprachgebrauch eingebürgerten Bezeichnungen „oberflächlicher" und „tiefer Parotislappen" beziehen sich nur auf die Lage des Drüsenparenchyms zum N. facialis. Eine entwicklungsgeschichtliche Gliederung der Drüse besteht nicht.

In das Drüsenparenchym eingebettet, liegt der Plexus parotideus (s. intraparotideus s. Pes anserinus major) des N. facialis, die A. carotis externa, der N. auriculotemporalis und die V. retromandibularis.

Am Vorderrand der Drüse entspringt der Ductus parotideus (Stenon), der quer über den M. masseter verläuft und am Vorderrand des Muskels senkrecht nach medial umbiegt, den M. buccinator perforiert und auf Höhe des 2. oberen Molaren auf der Papilla parotidea in das Vestibulum oris einmündet. Im Verlauf des Ductus parotideus findet sich häufig eine Glandula parotidea accessoria.

Glandula submandibularis

Die seromuköse Glandula submandibularis stellt die zweitgrößte Kopfspeicheldrüse dar. Der größte Teil der Drüse liegt im Trigonum submandibulare unterhalb des M. mylohyoideus und lateral des Venter anterior m. digastrici. In variabler Ausbildung schlingt sich ein hakenförmiger Anteil, der Processus uncinatus, um den Hinterrand des M. mylohyoideus und gelangt so in die Regio sublingualis. Hier grenzt der Processus uncinatus direkt an die mukoseröse Glandula sublingualis. Aus dem Processus uncinatus entwickelt sich der Ausführungsgang, der als Ductus submandibularis (Wharton) bezeichnet wird und der zusammen mit dem Ductus sublingualis major (Bartholin) auf der Caruncula sublingualis neben dem Frenulum linguae mündet.

Bedeutsam ist, daß der Ductus submandibularis zwei starke Richtungsänderungen erfährt. Die erste scharfe Abknickung des Ganges liegt kurz unterhalb der Papilla sublingualis. Hier biegt der Gang fast rechtwinkelig nach dorsal ab. Die zweite Knickung befindet sich am Hinterrand des M. mylohyoideus, wo der Gang mit begleitendem Parenchym in das Trigonum submandibulare eintritt. Hierdurch entsteht ein hufeisenartiger oder aber rechtwinkelig nach kaudal gerichteter Gangverlauf.

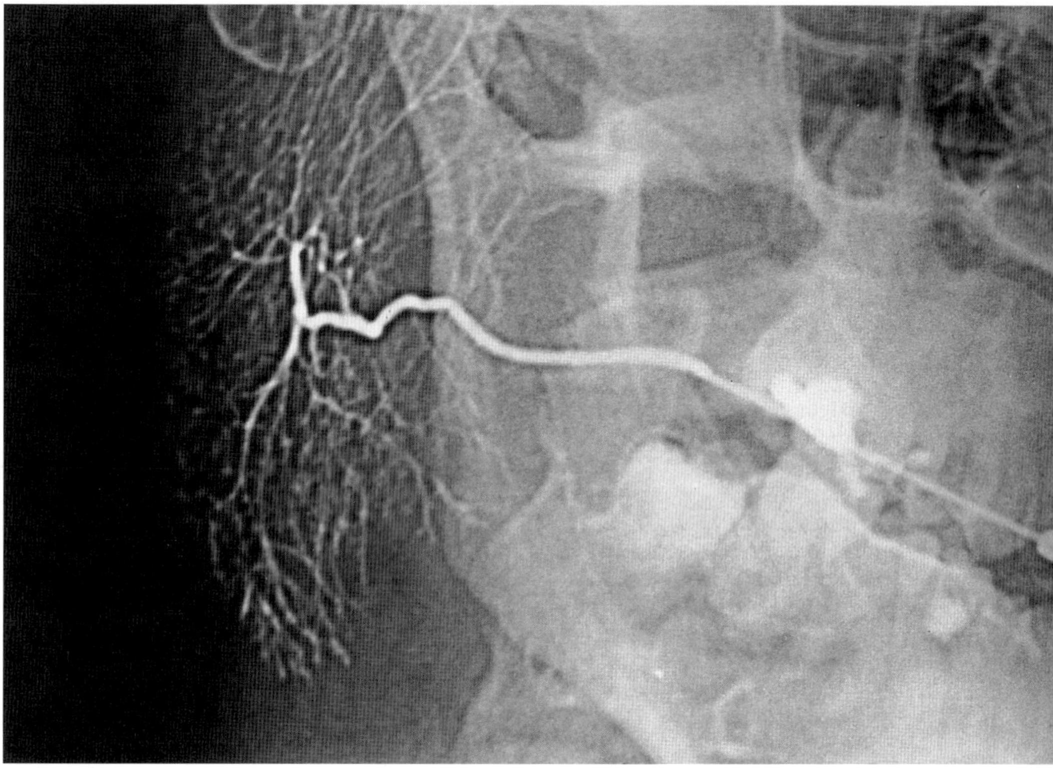

Abb. 8.**1** Sialographie der Glandula parotidea.

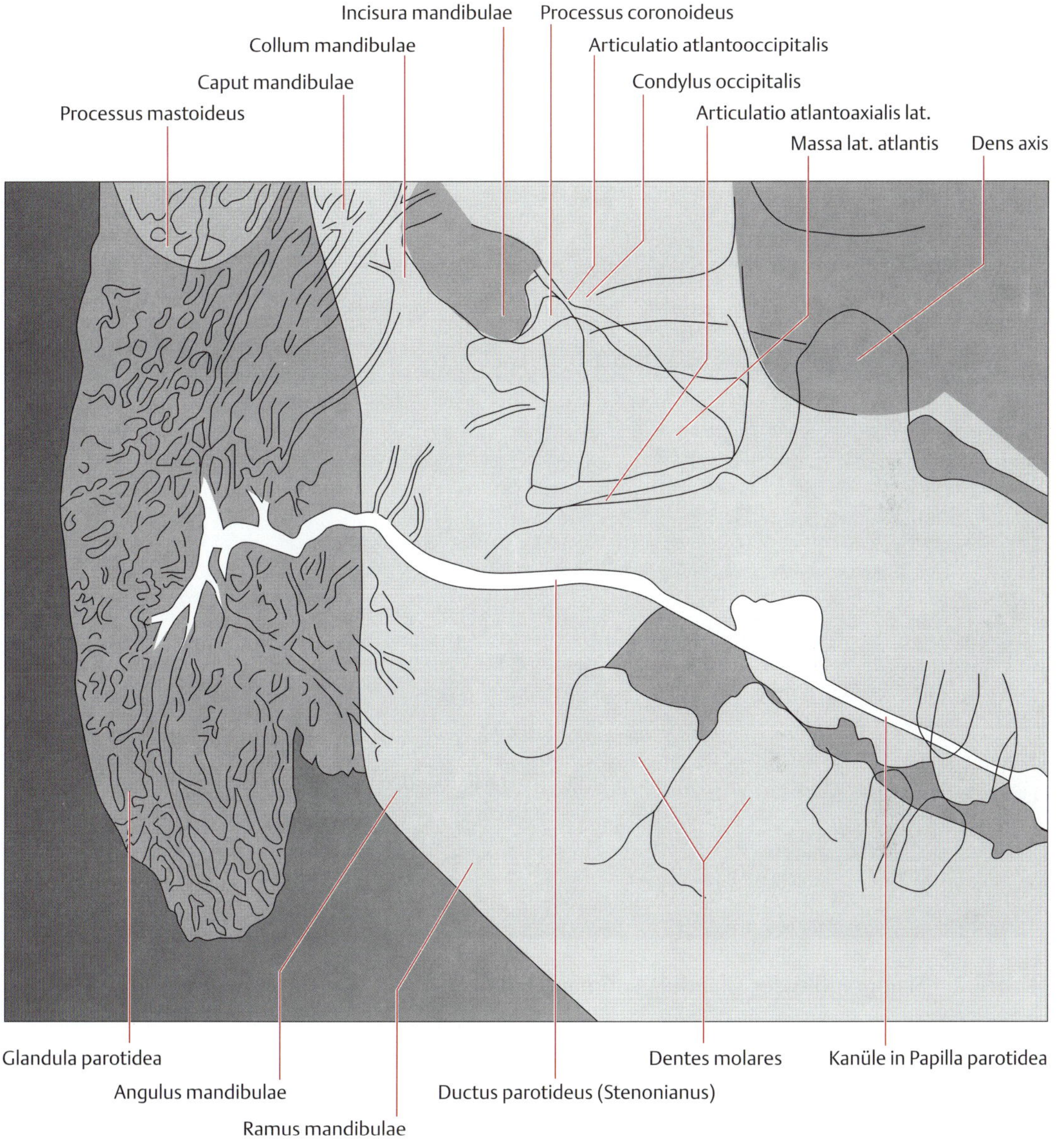

Incisura mandibulae
Processus coronoideus
Collum mandibulae
Articulatio atlantooccipitalis
Caput mandibulae
Condylus occipitalis
Processus mastoideus
Articulatio atlantoaxialis lat.
Massa lat. atlantis
Dens axis
Glandula parotidea
Dentes molares
Kanüle in Papilla parotidea
Angulus mandibulae
Ductus parotideus (Stenonianus)
Ramus mandibulae

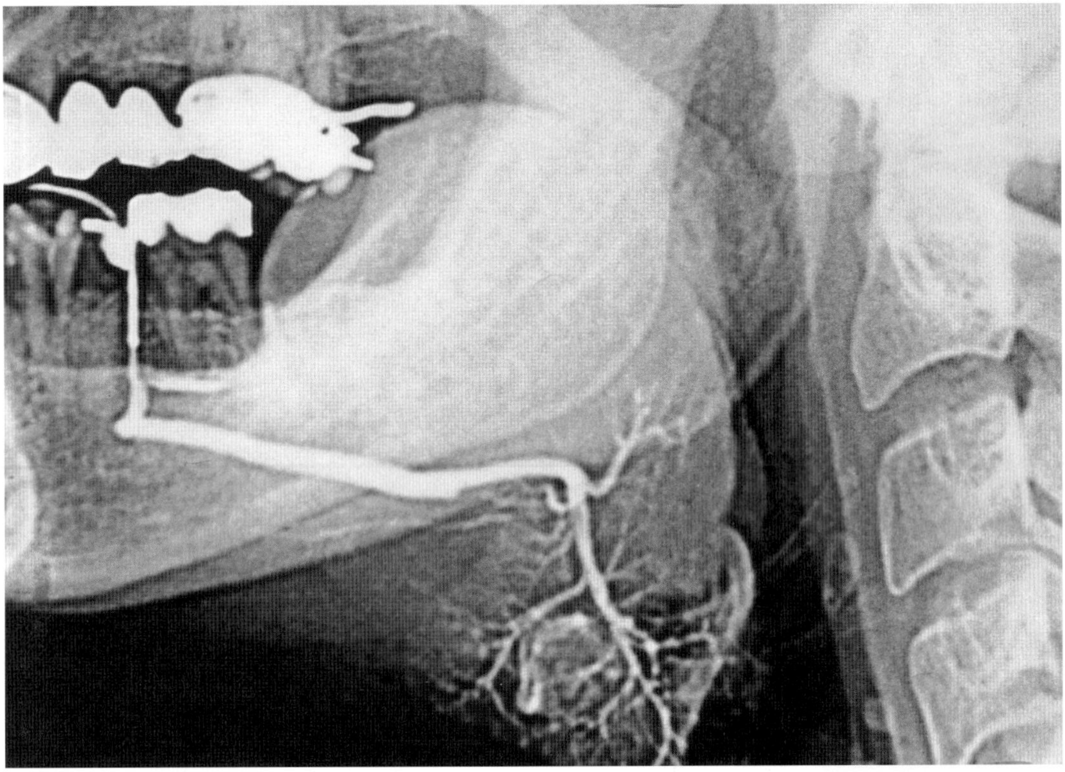

Abb. 8.**2** Sialographie der Glandula submandibularis.

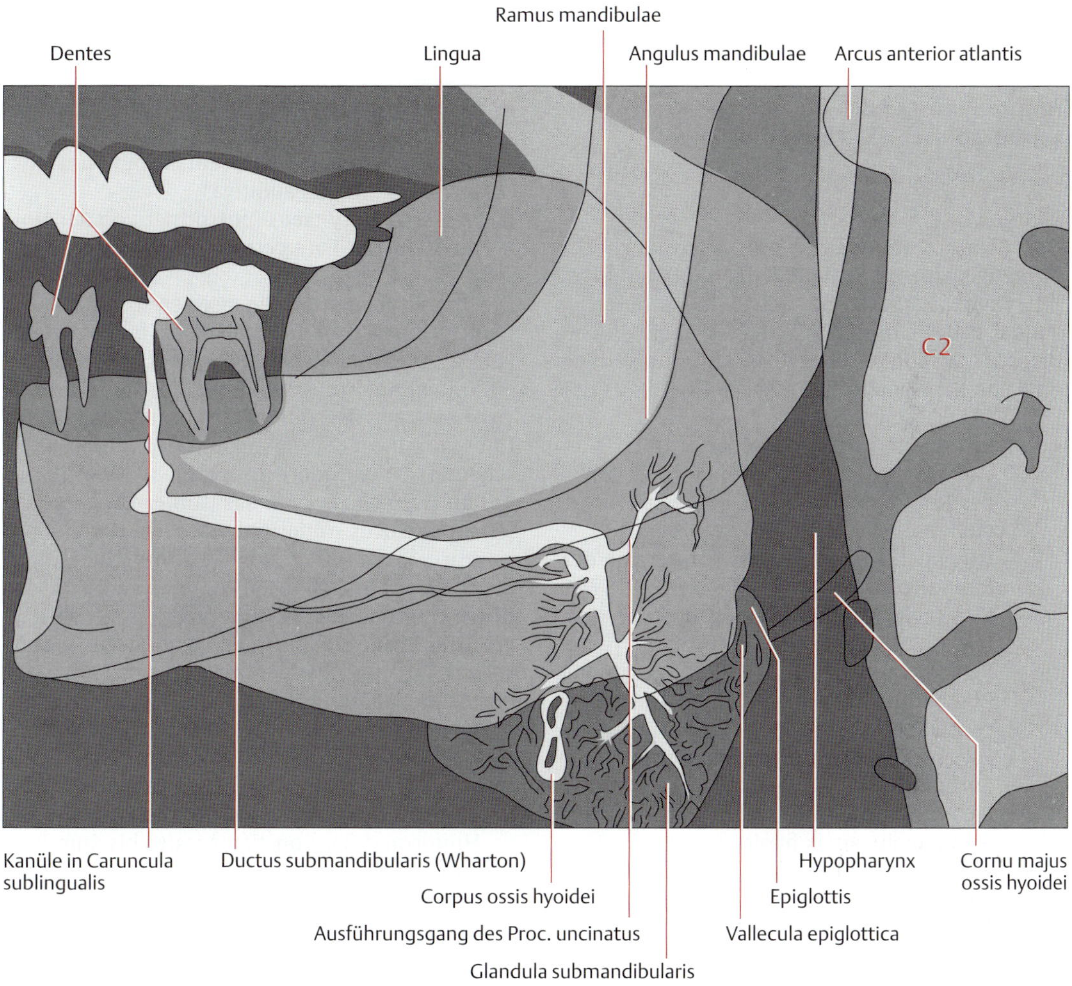
Ramus mandibulae
Dentes
Lingua
Angulus mandibulae
Arcus anterior atlantis
C2
Kanüle in Caruncula sublingualis
Ductus submandibularis (Wharton)
Corpus ossis hyoidei
Ausführungsgang des Proc. uncinatus
Glandula submandibularis
Hypopharynx
Epiglottis
Vallecula epiglottica
Cornu majus ossis hyoidei

9 Funktionelle Radiologie des Pharynx und des Larynx

Anatomische und topographische Vorbemerkungen

Pharynx

Der Pharynx stellt einen Muskelschlauch dar. Kranial ist dieser Schlauch mit der Membrana pharyngobasilaris an der Schädelbasis befestigt, kaudal geht er in den Ösophagus über. Weitere Befestigungspunkte findet er am Zungenbein und Kehlkopfskelett. Der Pharynx wird aus drei großen Muskeln gebildet:

- M. constrictor pharyngis superior mit:
  - Pars pterygopharyngea (entspringt von der Lamina medialis des Processus pterygoideus)
  - Pars buccopharyngea (entspringt von der Raphe pterygomandibularis)
  - Pars mylopharyngea (entspringt von der Linea mylohyoidea)
  - Pars glossopharyngea (entspringt von der Binnenmuskulatur der Zunge)
- M. constrictor pharyngis medius mit:
  - Pars chondropharyngea (entspringt vom Cornu minus ossis hyoidei)
  - Pars ceratopharyngea (entspringt vom Cornu majus ossis hyoidei)
- M. constrictor pharyngis inferior mit:
  - Pars thyropharyngea (entspringt von der Linea obliqua)
  - Pars cricopharyngea (entspringt von der Cartilago cricoidea)

Die Innervation dieser Muskeln erfolgt aus dem Plexus pharyngeus, wobei der M. constrictor pharyngis superior bevorzugt vom N. glossopharyngeus erreicht wird, und der M. constrictor pharyngis inferior bevorzugt von Ästen des N. vagus. Zu den Schlundschnüren gesellen sich noch einige kleine Muskeln, die als Schlundheber bezeichnet werden:

- M. stylopharyngeus (entspringt medial am Processus styloideus)
- M. palatopharyngeus (entspringt von der Aponeurosis veli palatini)
- M. salpingopharyngeus (entspringt vom Unterrand der Tuba auditiva)
- M. petropharyngeus (entspringt von der Unterfläche der Pars petrosa ossis temporalis)

Die Pharynxkonstriktoren inserieren dorsal an einem in der Mittellinie gelegenen bindegewebigen Streifen, der Raphe pharyngis. Diese Raphe ist kranial am Tuberculum pharyngeum des Clivus befestigt. Besondere Verhältnisse liegen am Übergang in den Ösophagus vor, die in Abb. 9.**1** schematisch verdeutlicht werden. Sowohl das Killian-Dreieck als auch das Laimer-Dreieck stellen einen Locus minoris resistentiae dar, in dem es zur Ausstülpung von Pharynxschleimhaut durch diese Muskellücken kommen kann. Die dadurch entstehenden Gebilde sind falsche Divertikel (nur Schleimhaut, keine komplette Wandschichtung) und werden als „Zenker-Divertikel“ bezeichnet, sofern das Killian-Dreieck der Ursprungsort ist.

Der Pharynx wird in drei Etagen gegliedert:

- Epipharynx (= Nasopharynx): reicht vom Hinterrand der Conchae nasales bis zum freien Rand des Velum palatinum.
- Mesopharynx (= Oropharynx): reicht vom freien Rand des Velum palatinum bis zur Spitze der Epiglottis.
- Hypopharynx (= Laryngopharynx): reicht von der Spitze der Epiglottis bis zum Unterrand der Cartilago cricoidea.

Folgende wichtige Strukturen sind in den einzelnen Pharynxetagen angeordnet:

- Epipharynx:
  - Ostium pharyngeum tubae auditivae
  - Torus tubarius
  - Plica salpingopharyngea (darunter liegt der gleichnamige Muskel)
  - Torus levatorius

  - Recessus pharyngeus Rosenmülleri
  - Tonsilla pharyngea
  - evtl. Bursa pharyngea, aus der sich die Tornwaldtschen Zysten bilden können
- Mesopharynx:
  - Arcus palatoglossus (darunter der M. palatoglossus)
  - Arcus palatopharyngeus (darunter der M. palatopharyngeus)
  - Tonsilla palatina
  - Fossa supratonsillaris
  - Vallecula epiglottica
  - Plica glossoepiglottica mediana
- Hypopharynx:
  - Plica n. laryngei (darunter der R. internus des N. laryngeus sup. mit Gefäßen)
  - Recessus piriformis
  - Plica glossoepiglottica lateralis
  - Plica aryepiglottica

Larynx
Der Larynx wird aus den Kehlkopfknorpeln aufgebaut:
- Cartilago epiglottica (elastischer Knorpel, zeigt nie eine Ossifikation)
- Cartilago thyroidea
- Cartilago cricoidea
- Cartilago arytaenoidea (paarig, besitzt einen nach ventral gerichteten Fortsatz aus elastischem Knorpel: Processus vocalis)

Zu diesen großen, konstanten Bestandteilen des Kehlkopfskelettes gesellen sich kleinere und inkonstante Elemente:
- Cartilago triticea („Weizenknorpel", er liegt im Lig. thyrohyoideum und besteht aus hyalinem Knorpel).
- Cartilago cuneiformis Wrisbergi („Keilknorpel", er liegt in der Plica aryepiglottica und besteht aus elastischem Knorpel).
- Cartilago corniculata Santorini („Hörnchenknorpel", er sitzt auf der Spitze der Cartilago arytaenoidea und besteht aus elastischem Knorpel).

Die Knorpelelemente des Kehlkopfskeletts werden untereinander durch verschiedene Bänder und Gelenke verbunden. Wichtige Bandstrukturen sind:
- Conus elasticus: Entspringt vom Oberrand der Cartilago cricoidea und endet kranial mit freien Rändern, die die bindegewebige Grundlage der Plicae vocales bilden. Ventral in der Medianebene, im Spalt zwischen Cartilago cricoidea und thyroidea, wird der Conus elasticus als Lig. cricothyroideum (= Lig. conoideum = Pars libera coni elastici) benannt und ist hier tastbar (Cave: Koniotomie).
- Membrana quadrangularis: Bildet mit ihren freien unteren Rändern die bindegewebige Grundlage der Plicae vestibulares. Kranial verstreichen sie dorsal in den Plicae aryepiglotticae, ventral im Lig. thyrohyoideum medianum.
- Membrana thyrohyoidea: Diese Bindegewebeplatte hängt den Kehlkopf am Os hyoideum auf. Ventral in der Mediansagittalen ist sie zum Lig. thyrohyoideum medianum, an den hinteren Enden (zwischen Cornu superius des Schildknorpels und Cornus majus ossis hyoidei) zum Lig. thyrohyoideum verdickt. Durch die Membrana thyrohyoidea zieht der N. laryngeus superior (R. internus) mit begleitenden Gefäßen.

Auf das durch Knorpel und Bänder gebildete Kehlkopfskelett lagern sich die Kehlkopfmuskeln auf:
- M. cricothyroideus (= „Anticus": für die Grobspannung des Lig. vocale verantwortlich). Der M. cricothyroideus wird in eine Pars recta und eine Pars obliqua unterteilt.
- M. cricoarytaenoideus posterior (= „Posticus": allein für die Öffnung der Rima glottidis verantwortlich).
- M. cricoarytaenoideus lateralis (schließt die Pars intermembranacea, wobei die Pars intercartilaginea geöffnet bleibt, wichtig für die Flüstersprache).
- M. arytaenoideus transversus et obliquus (Verschluß der Stimmritze, auch der Pars intercartilaginea).
- M. thyroarytaenoideus (Verschluß der Stimmritze).
- M. vocalis (eigentlich nur eine Abspaltung von dem vorigen Muskel. Er regelt die Feinspannung des Lig. vocale und moduliert damit die Stimme).

Der M. cricothyroideus wird vom R. externus des N. laryngeus superior innerviert. Alle anderen Muskeln erhalten ihre Innervation aus dem N. laryngeus inferior, der vom N. laryngeus recurrens kommt.

Innerhalb des Kehlkopfes befindet sich die Cavitas laryngis, welche in drei Etagen gegliedert wird:

- Vestibulum laryngis: es beginnt an den Rändern der Plicae aryepiglotticae und reicht bis zur Rima vestibuli.
- Glottis: schmaler Raum zwischen der Rima vestibuli und der Rima glottidis. Von der Glottis geht beidseitig der Ventriculus laryngis Morgagni ab.
- Spatium subglotticum: es reicht von der Rima glottidis bis zum Unterrand der Cartilago cricoidea.

Wert der Phonationsaufnahmen

Durch das Knorpelskelett des Larynx und den Grundtonus der Muskeln von Zunge und Pharynx ist im wachen Zustand der Luftstrom für die Atmung vom Epipharynx bis zur Trachea gesichert, wozu eine Teilaufdehnung der Pharynxregion reicht (Abb. 9.**7**). Somit ergibt sich für die Diagnostik dieser Region folgendes Problem: Eine optimale Schleimhautbeurteilung ist im entspannten Zustand nicht möglich, da der Pharynx aufgabenbedingt eine große Dehnungsreserve besitzt und die Schleimhaut eine entsprechend starke Fältelung aufweist. Nur eine gute Aufdehnung läßt eng beieinanderliegende Weichteilstrukturen im CT und im Luft-Doppelkontrast-Pharyngogramm erkennen. Erreicht werden kann dies durch Phonation eines „iii" bzw. durch ein modifiziertes Valsalva-Manöver. Bei letzterem wird durch die exspirierte Luft gegen die geschlossenen Lippen gepreßt („Trompetenblasen", „Pfeifen"). Dadurch wird der Pharynx insbesondere in den seitlichen Partien aufgedehnt, wodurch sich gute Frontalprojektionsbedingungen ergeben (Abb. 9.**6**). Durch die Phonation „iii" wird der Larynx nach vorne oben bewegt, was eine optimale Darstellung im CT (Abb. 9.**2** – 9.**5**) bzw. bei der Röntgendiagnostik von lateralwärts (Abb. 9.**8** – 9.**10**) ermöglicht.

Dynamische Funktionsdiagnostik

Der Pharynx moduliert die Schluckfunktion und die Sprache. Diese Funktionen sind aufgrund der Komplexität und des schnellen Ablaufs in ihrer Gesamtheit nur mit modernen Techniken zu erfassen. Eine Bilddokumentation in rascher Folge, bis in den Millisekundenbereich, ist dafür Bedingung. Ein wiederholtes Betrachten der dynamischen Szenen mit der Möglichkeit der Einzelbildbetrachtung, sog. Einfriertechnik, ist zu fordern. Da der Bolustransport im Pharynx mit 12 – 25 cm/Sek. abläuft und der Schluckakt im Pharynx nur 0,5 Sek. dauert, sind für die Schluckaktauswertung als Minimum 25 Bilder/Sek. nötig. Einen Einblick in den Grundablauf des Schluckens gibt die Abb. 9.**11**.

Einfachste Tests für die Sprachmodulation sind im Lippen-Mund-Bereich die Lautfolge „bababa", für den Zungenbereich „lalala" und für den Pharynxbereich „gagaga". Günstig für die Sprachfunktionsdiagnostik mit schnellen Bildfrequenzen ist die vorherige Schleimhautbenetzung mit Kontrastmittel.

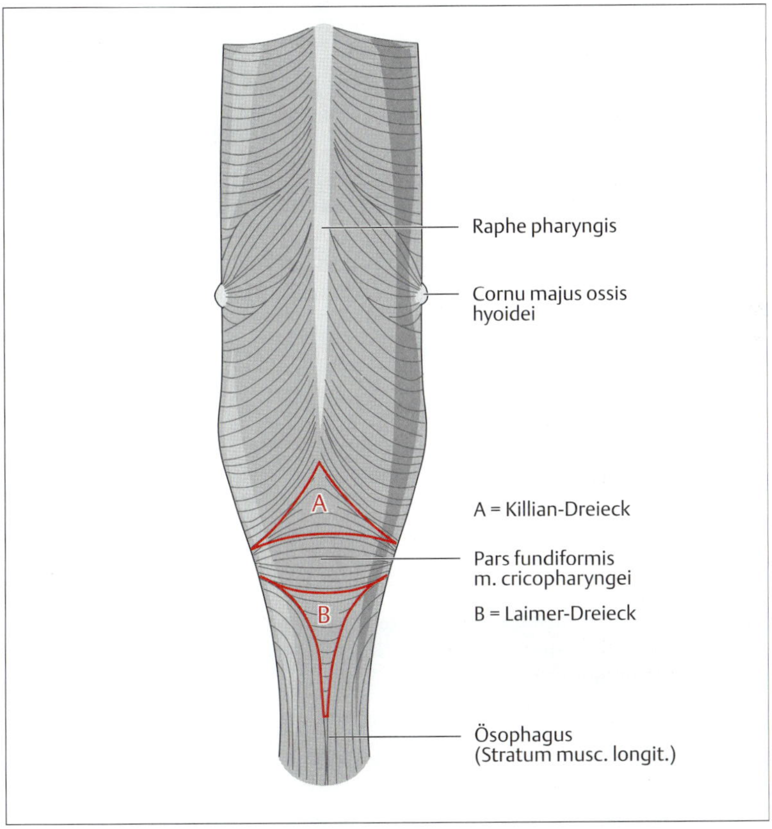

Abb. 9.**1** Pharynx in der Ansicht von dorsal mit Killian-Dreieck und Laimer-Dreieck.

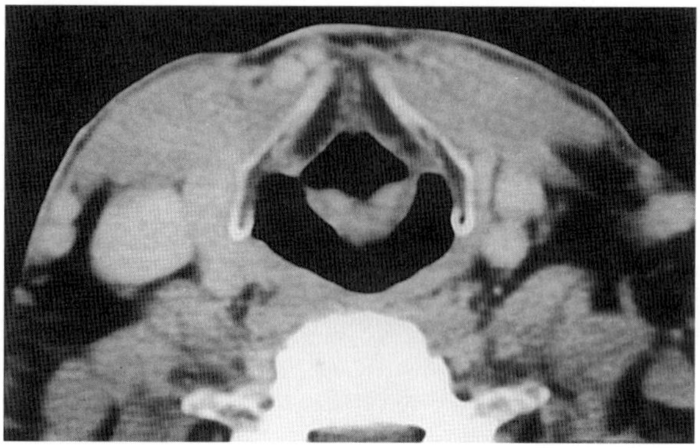

Abb. 9.**2** CT-Schnitt durch den Larynx auf Höhe der Incisura thyroidea superior: i-Phonation.

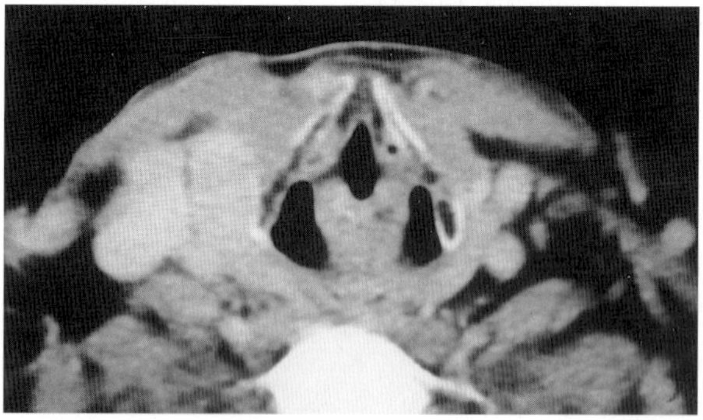

Abb. 9.**3** CT-Schnitt durch den Larynx auf Höhe der Plicae vestibulares: i-Phonation.

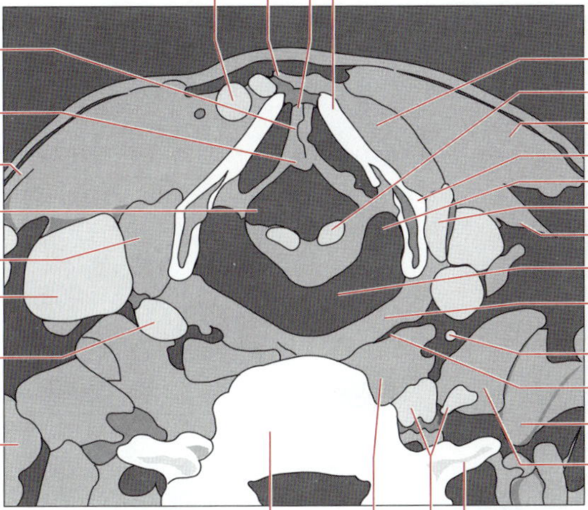
Incisura thyroidea sup.
mit Lig. thyrohyoideum medianum
Fascia colli
superficialis et media
V. jugularis ant.
Cartilago thyroidea (Lamina)
Lig. thyroepiglotticum
Petiolus epiglottidis
Platysma
Cavitas laryngis
Glandula thyroidea
V. jugularis int.
A. carotis communis
M. scalenus post.
Mm. infrahyoidei
Cartilago corniculata (Santorini)
M. sternocleidomastoideus
Linea obliqua
Recessus piriformis
A. thyroidea sup.
M. omohyoideus (Venter sup.)
Cavitas pharyngis
M. constrictor pharyngis inf.
(Pars thyropharyngea)
A. cervicalis ascendens
Spatium retropharyngeum
M. scalenus med.
M. scalenus ant.
Corpus vertebrae
Proc. transversus
A. / V. vertebralis
M. longus colli et capitis

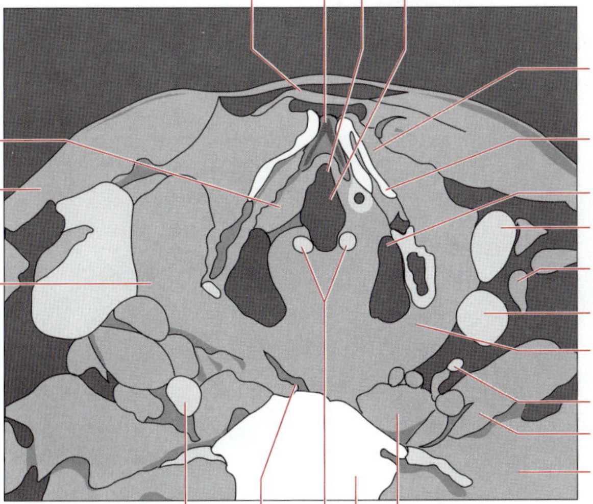
Incisura thyroidea sup.
mit Lig. thyrohyoideum medianum
Commisura ant.
Fascia colli
superficialis et media
Rima vestibuli
Plica vestibularis
M. sternocleido-
mastoideus
Glandula thyroidea
Mm. infrahyoidei
Cartilago thyroidea (Lamina)
Recessus piriformis
V. jugularis int.
Nodi lymphatici
A. carotis communis
M. constrictor pharyngis inf.
(Pars thyropharyngea)
A. cervicalis ascendens
M. scalenus ant.
M. scalenus med.
A. / V. vertebralis
Spatium retropharyngeum
M. longus colli et capitis
Corpus vertebrae
Cartilago arytaenoidea

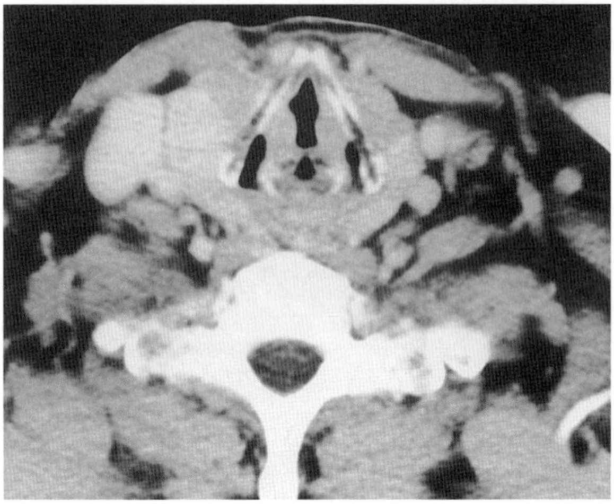

Abb. 9.**4** CT-Schnitt durch den Larynx auf Höhe der Rima glottidis: i-Phonation.

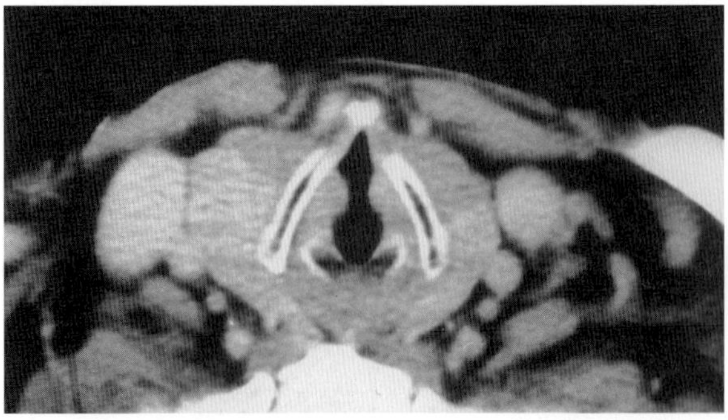

Abb. 9.**5** CT-Schnitt durch den Larynx auf Höhe der Rima glottidis: i-Phonation.

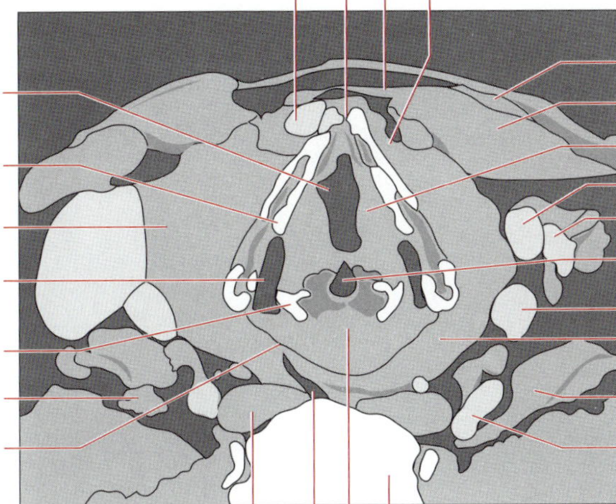
Fascia colli
superficialis et media
Incisura thyroidea sup.
V. jugularis ant.
Mm. infrahyoidei
Rima glottidis
(Pars intermembranacea)
Cartilago thyroidea
(Lamina)
Glandula thyroidea
Recessus piriformis
Cartilago arytaenoidea
Plexus brachialis
Cavitas pharyngis
Platysma
M. sternocleidomastoideus
Plica vocalis
V. jugularis int.
V. transversa colli
Rima glottidis
(Pars intercartilaginea)
A. carotis communis
M. constrictor pharyngis inf.
(Pars thyropharyngea)
M. scalenus ant.
A. / V. vertebralis
M. longus colli et capitis
Corpus vertebrae
Spatium retropharyngeum
M. arytaenoideus
(obliquus u. transversus)

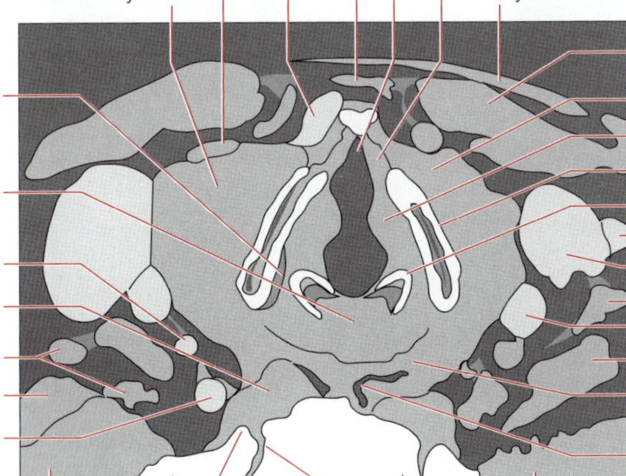
Fascia colli
superficialis et media
V. jugularis ant.
Rima glottidis
vord. Fenster d. verknöcherten
Lamina thyroidea
M. omohyoideus (Venter sup.)
Glandula thyroidea
Platysma
Spatium paralaryngeum
submucosum
M. arytaenoideus
(transversus u. obliquus)
A. thyroidea inf.
M. longus colli et capitis
Plexus brachialis
M. scalenus med. et post.
A./ V. vertebralis
M. sternocleidomastoideus
Mm. infrahyoidei
Plica vocalis
Cartilago thyroidea (Lamina)
Cartilago arytaenoidea
V. transversa colli
V. jugularis int.
Nodi lymphatici
A. carotis communis
M. scalenus ant.
M. constrictor pharyngis inf.
(Pars thyropharyngea)
Spatium retropharyngeum
M. intercostalis cervicis
M. intercostalis cervicis
Costa I
Corpus vertebrae
Caput costae
Fovea costalis
Art. capitis costae

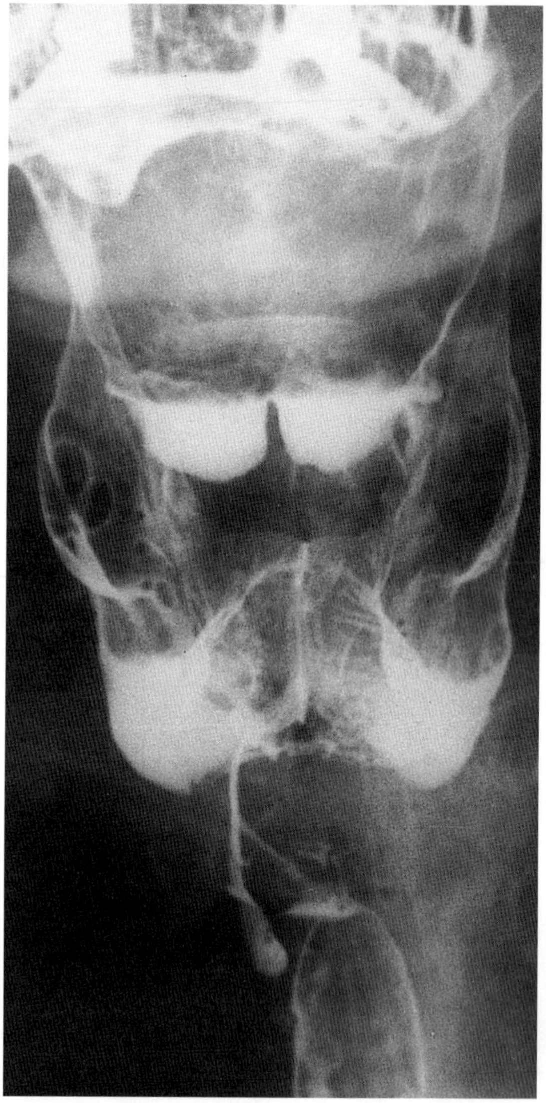

Abb. 9.**6** Frontales Pharyngogramm bei willkürlicher Pharynxaufdehnung: „modifiziertes Valsalva-Manöver“.

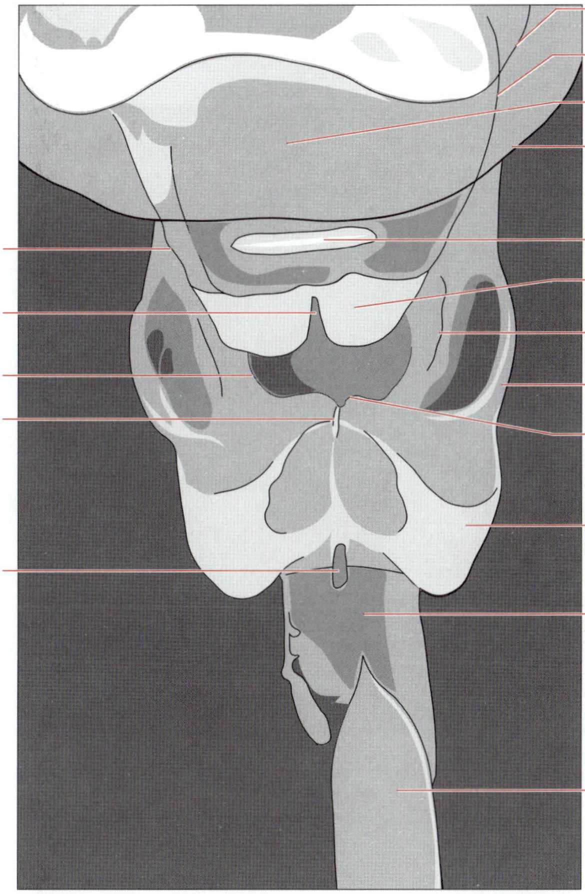
Cavitas oris propria
(Margo lateralis)
Mesopharynx
(Margo lateralis)
Lingua
Mandibula (Margo inferior)
Plica pharyngoepiglottica
Epiglottis
Vallecula epiglottica
(mit Kontrastmittelrest)
Plica glossoepiglottica
mediana
Plica n. laryngei
Plica aryepiglottica
Hypopharynx
(Margo lateralis)
Incisura interaytaenoidea
Tuberculum corniculatum
Recessus piriformis
(mit Kontrastmittelrest)
Rima glottidis
Trachea
Ösophagus

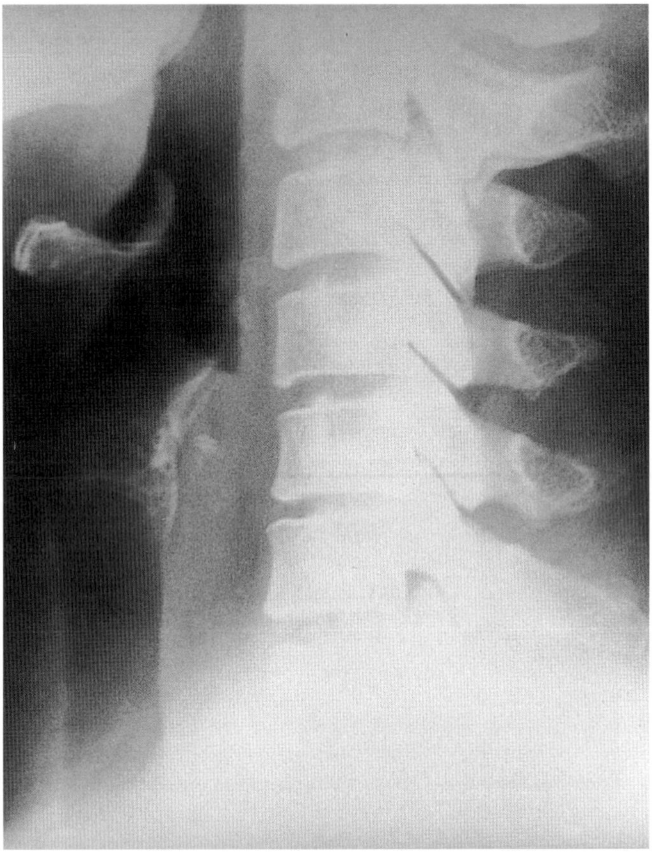

Abb. 9.7 Seitliche Projektion der Halsweichteile.

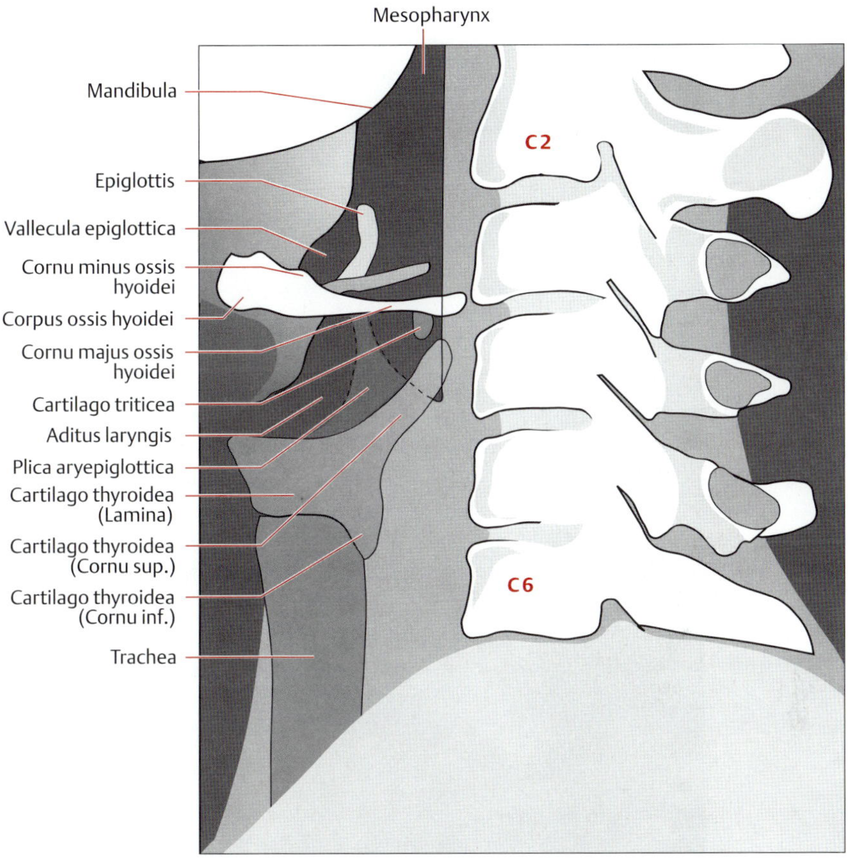
Mesopharynx
Mandibula
Epiglottis
Vallecula epiglottica
Cornu minus ossis hyoidei
Corpus ossis hyoidei
Cornu majus ossis hyoidei
Cartilago triticea
Aditus laryngis
Plica aryepiglottica
Cartilago thyroidea (Lamina)
Cartilago thyroidea (Cornu sup.)
Cartilago thyroidea (Cornu inf.)
Trachea
C2
C6

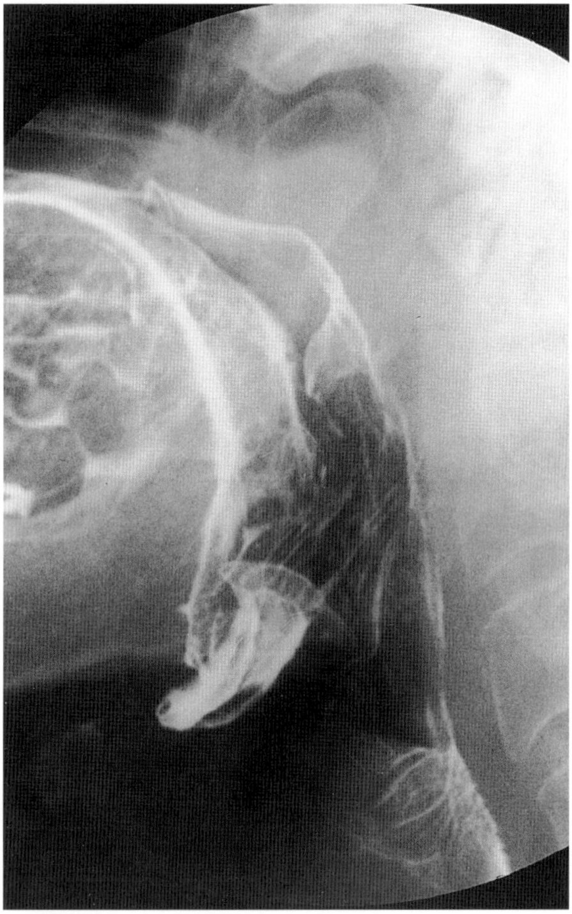

Abb. 9.**8** (Oro-)Mesopharynx in der Ansicht von lateral (Pharynxdehnung durch i-Phonation).

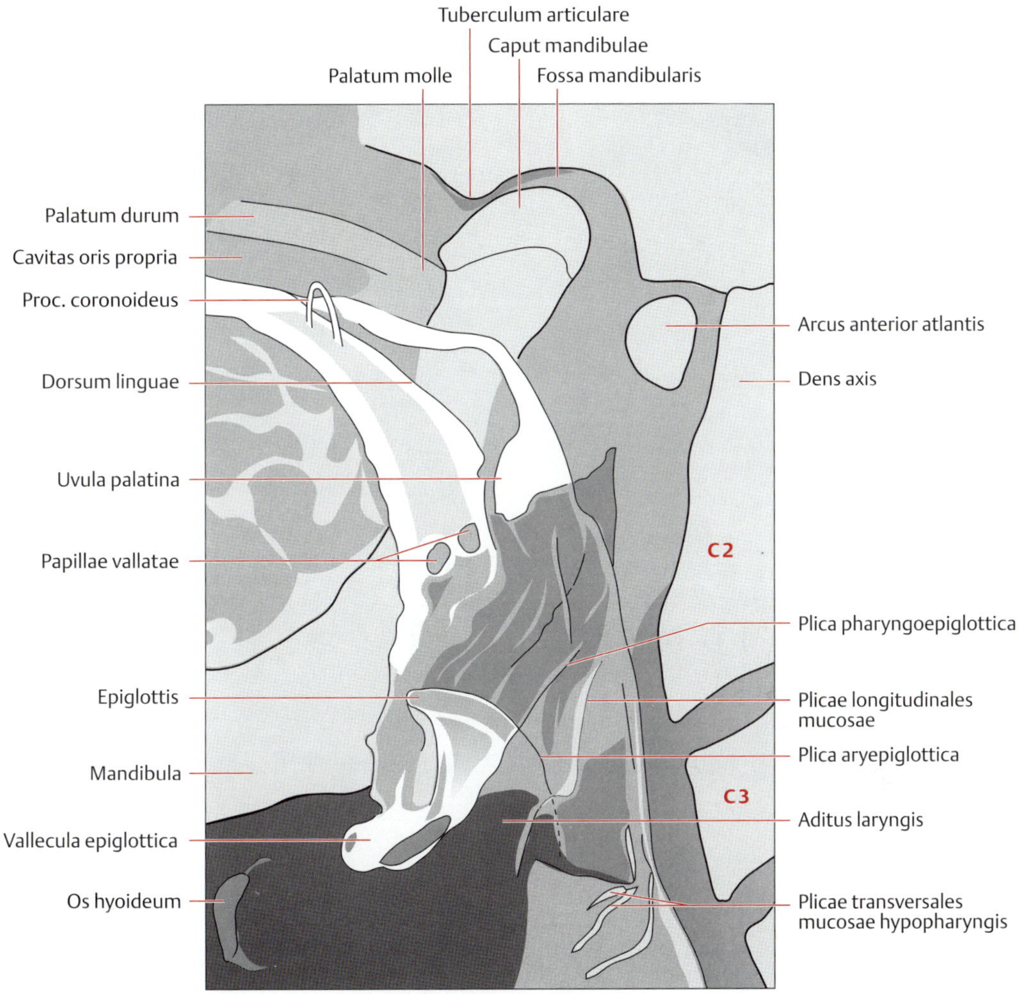
Tuberculum articulare
Caput mandibulae
Palatum molle
Fossa mandibularis
Palatum durum
Cavitas oris propria
Proc. coronoideus
Dorsum linguae
Uvula palatina
Papillae vallatae
Epiglottis
Mandibula
Vallecula epiglottica
Os hyoideum
Arcus anterior atlantis
Dens axis
C2
Plica pharyngoepiglottica
Plicae longitudinales mucosae
Plica aryepiglottica
C3
Aditus laryngis
Plicae transversales mucosae hypopharyngis

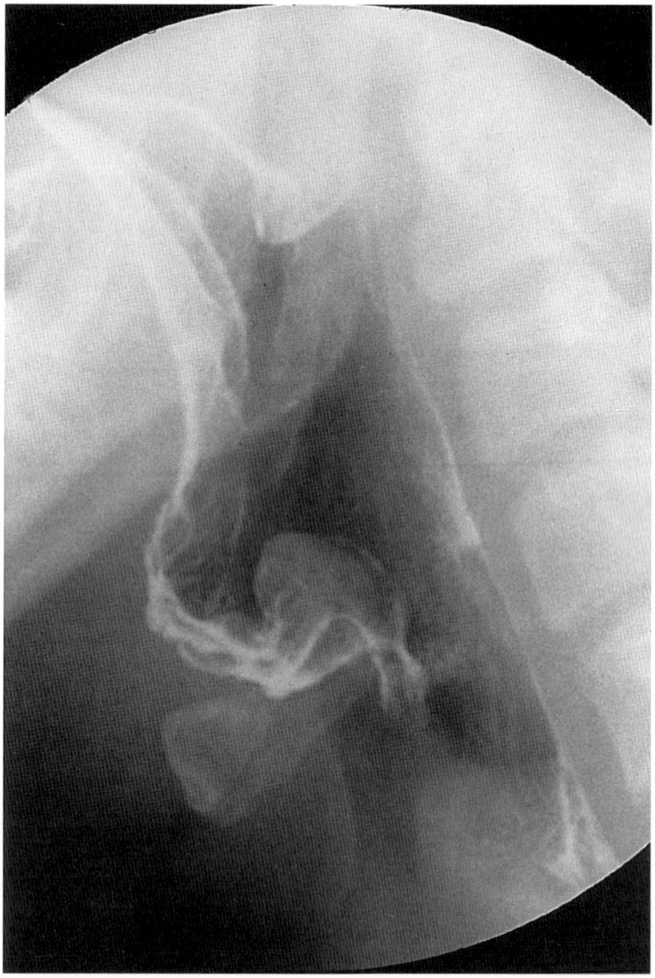

Abb. 9.**9** Übergang (Oro-)Mesopharynx in Hypopharynx in der Ansicht von lateral (Inspiration, Pharynxdehnung durch i-Phonation).

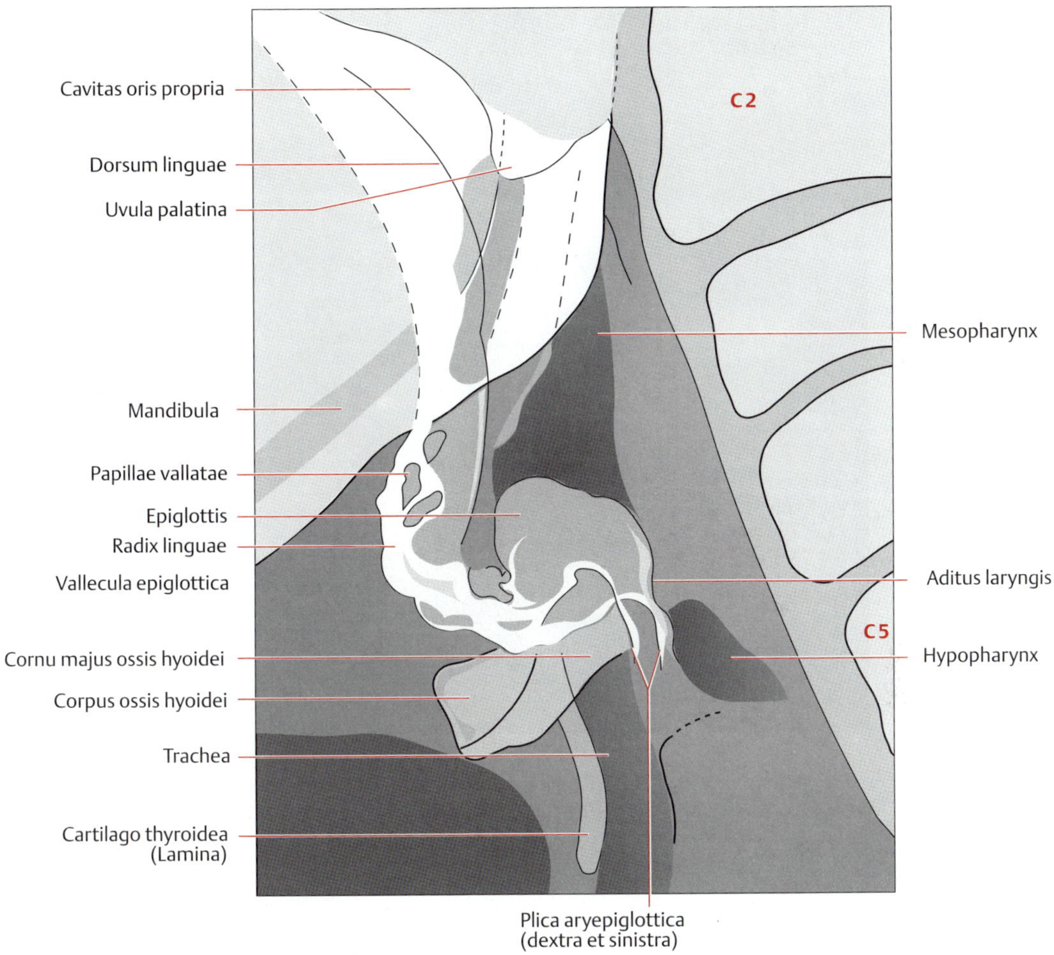
Cavitas oris propria
Dorsum linguae
Uvula palatina
Mandibula
Papillae vallatae
Epiglottis
Radix linguae
Vallecula epiglottica
Cornu majus ossis hyoidei
Corpus ossis hyoidei
Trachea
Cartilago thyroidea
(Lamina)
C2
Mesopharynx
Aditus laryngis
C5
Hypopharynx
Plica aryepiglottica
(dextra et sinistra)

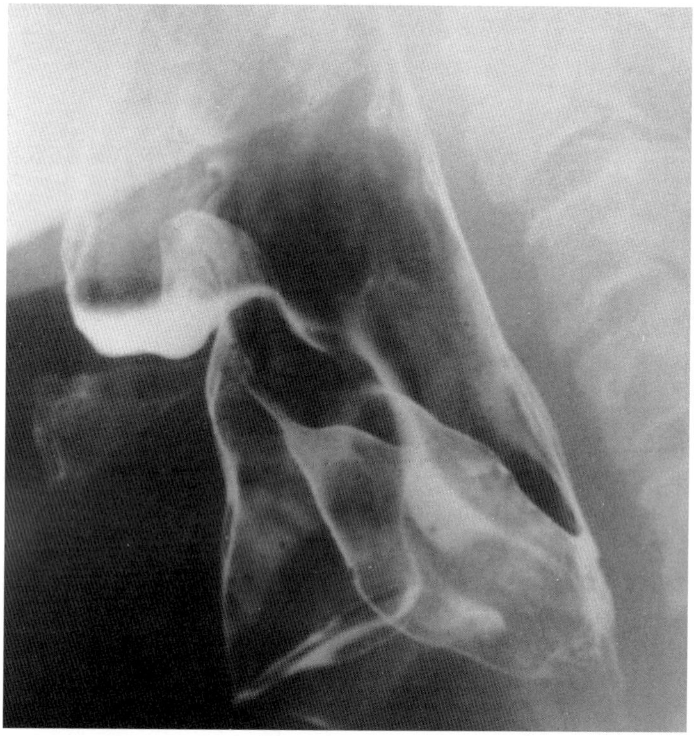

Abb. 9.**10** Aditus laryngis und Hypopharynx in der Ansicht von lateral (Inspiration, Pharynxdehnung durch i-Phonation).

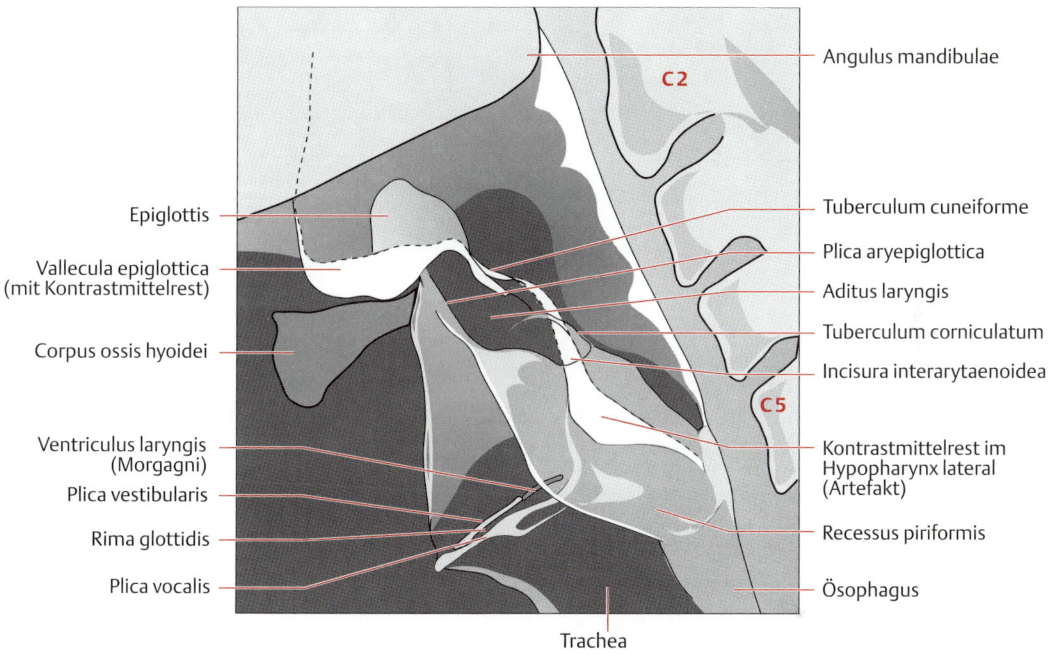
Epiglottis
Vallecula epiglottica (mit Kontrastmittelrest)
Corpus ossis hyoidei
Ventriculus laryngis (Morgagni)
Plica vestibularis
Rima glottidis
Plica vocalis
Angulus mandibulae
C2
Tuberculum cuneiforme
Plica aryepiglottica
Aditus laryngis
Tuberculum corniculatum
Incisura interarytaenoidea
C5
Kontrastmittelrest im Hypopharynx lateral (Artefakt)
Recessus piriformis
Ösophagus
Trachea

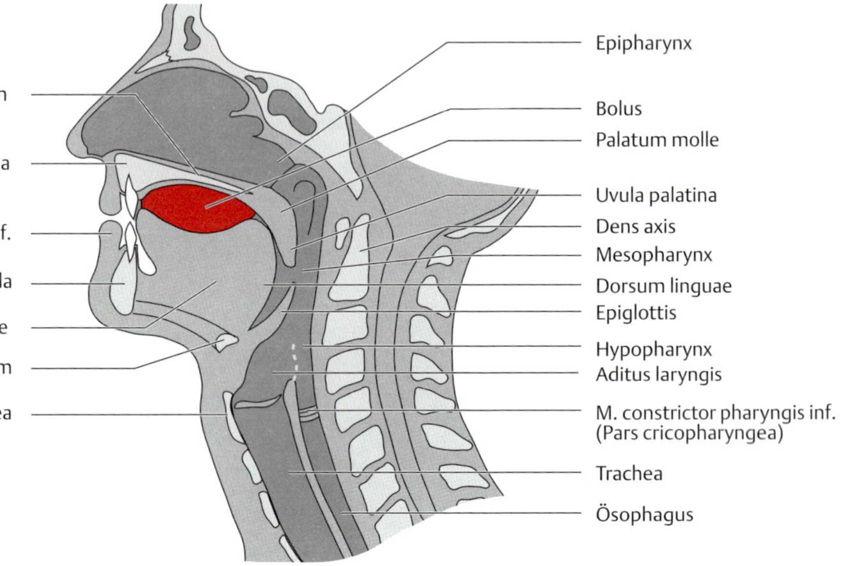

Abb. 9.**11** Ablauf des Schluckaktes:
a Orale Vorbereitungsphase mit Aufladen des Bolus auf den Zungenrücken.

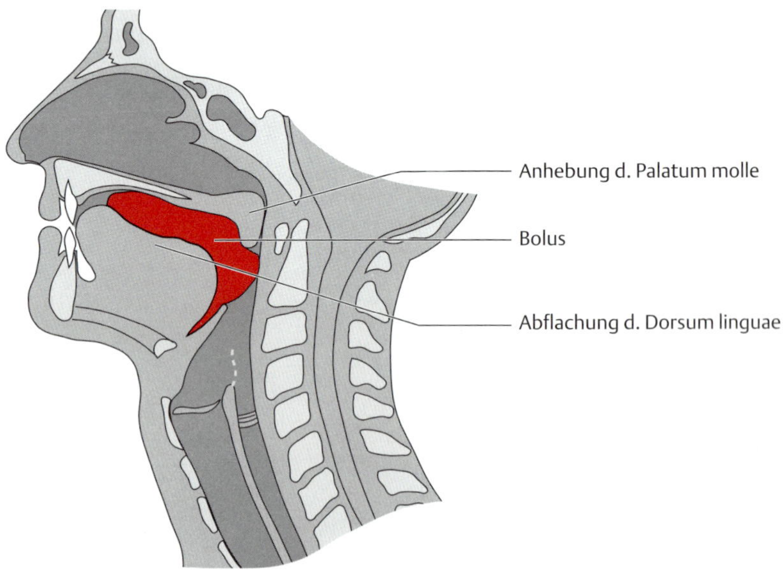

b Einschluckphase mit Anheben des weichen Gaumens zur Abdichtung des Epipharynx und Abflachen des Zungengrundes.

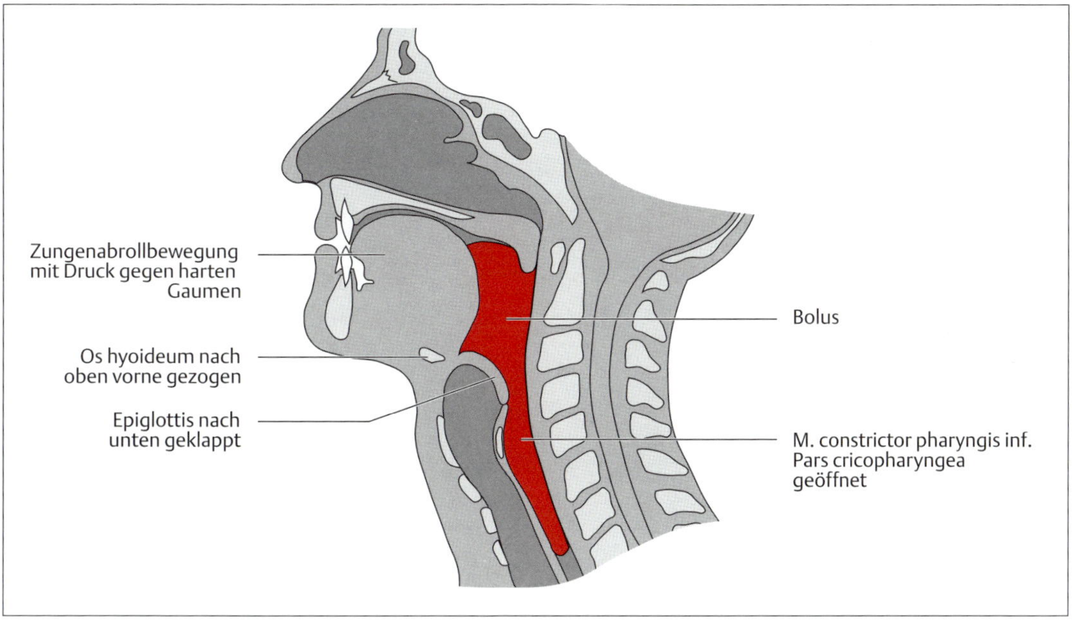

Abb. 9.**11** (Fortsetzung)

c Umklappen der Epiglottis und Bewegung des Hyoids nach oben und vorne zur Protektion des Aditus laryngis und Öffnen der Pars cricopharyngea des M. constrictor pharyngis inf.

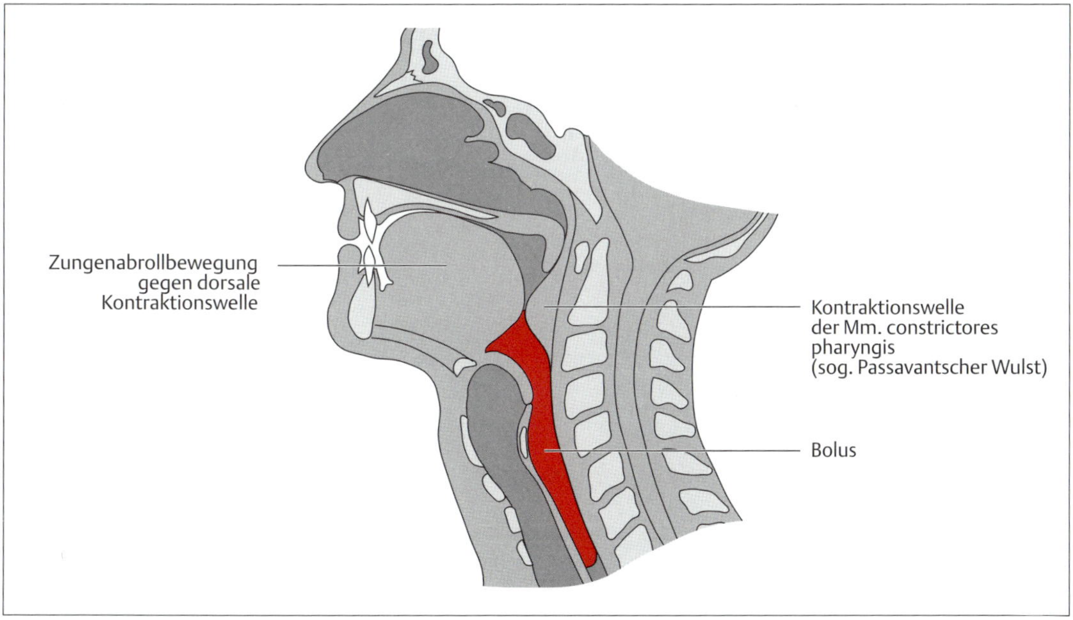

d Austreibungsphase, bei der durch die Abrollbewegung der Zunge und die von kranial beginnende Kontraktionswelle der Pharynxmuskulatur der Bolus in den Ösophagus gepreßt wird.

10 Wichtige topographische Räume des Halses

Topographische und systematische Vorbemerkungen

Faszien des Halses

Die Gesamtheit der Bindegewebeblätter (Abb. 10.**1**) des Halses wird Fascia colli genannt und in drei einzelne Blätter aufgeteilt:

- **Lamina superficialis fasciae cervicalis**
  (= Fascia colli superficialis)
  Diese zarte Faszie umhüllt den gesamten Hals und umscheidet die Mm. sternocleidomastoidei und die Mm. trapezii. Kaudal ist sie an der Vorderseite der Claviculae und an der Vorderseite des Sternums befestigt. Kranial läuft sie über den Rand der Mandibula, wo sie Befestigungspunkte findet und sich als Fascia parotideomasseterica in die oberflächliche Gesichtsregion fortsetzt. Besonders zu erwähnen ist der Tractus angularis, der die Glandula parotidea von der Glandula submandibularis abgrenzt.

- **Lamina praetrachealis fasciae cervicalis**
  (= Fascia colli media)
  Diese kräftige Faszie zeigt eine sehnig-aponeurotische Struktur, da sie sich von einer ehemaligen Muskelschicht ableitet. Sie liegt nur in einem dreieckigen Feld vor, welches kranial vom Os hyoideum, kaudal von den Claviculae und dem Manubrium sterni und lateral von den Mm. omohyoidei begrenzt wird. Die Mm. omohyoidei werden von der Fascia colli media eingescheidet. In der Mitte des Halses liegt sie vor den infrahyalen Muskeln, mit deren Muskelfaszien sie verwächst. Kranial sind die Fascia colli superficialis und die Fascia colli media im mittleren Bereich des Halses miteinander verwachsen. Kaudal trennen sich die beiden Faszien, wobei die Fascia colli superficialis an der Vorderseite des Manubrium sterni und die Fascia colli media an der Hinterseite des Manubrium sterni inseriert. Durch dieses Verhalten wird ein fettgefüllter Raum, das Spatium suprasternale (s. Spatium interaponeuroticum suprasternale), gebildet.
  Lateral des M. sternocleidomastoideus wird die Fascia colli media im medialen Winkel des Trigonum colli laterale sichtbar und hier als Fascia omoclavicularis bezeichnet. Die Fascia colli media ist im unteren Halsbereich fest mit der Vagina carotica verbunden, so daß der M. omohyoideus bei Kontraktion zu einer Straffung der Fascia colli media und zu einer Erweiterung der V. jugularis interna führt.

- **Lamina praevertebralis fasciae cervicalis**
  (= Fascia colli profunda)
  Dieses Bindegewebeblatt verläuft vor der Wirbelsäule und der prävertebralen Muskulatur und scheidet die Mm. scaleni sowie den M. levator scapulae ein. Es muß hervorgehoben werden, daß die Fascia colli profunda aus zwei eigenständigen Blättern aufgebaut wird, die als vorderes und hinteres Blatt der Fascia colli profunda bezeichnet werden. Das hintere Blatt bildet beiderseits eine osteofibröse Loge (Spatium praevertebrale) für die prävertebrale Muskulatur, wohingegen das vordere Blatt keine eigentliche Muskelfaszie darstellt, sondern vielmehr eine Bindegewebeverdichtung, die sich zwischen den beiden Gefäßnervenstraßen ausspannt. Aufgrund dieser Tatsache ist die Bezeichnung „Fascia intercarotica" geprägt worden. Die beiden Blätter der tiefen Halsfaszie liegen im kranialen Bereich dicht aneinander. Kaudal divergieren sie, so daß ein Bindegeweberaum entsteht, der als Spatium praevertebrale interfasciale bezeichnet wird und sich bis ins hintere Mediastinum fortsetzt.

Topograpische Räume des Halses

Im Bereich des Halses werden verschiedene wichtige topographische Räume unterschieden. Die Unterteilung ist im angloamerikanischen Schrifttum sehr weit vorangetrieben worden. Im Folgenden sollen nur die wichtigsten Räume mit ihrem Inhalt vorgestellt werden:

- **Fossa retromandibularis** (sog. Parotisloge) (Abb. 10.**2**)

  Dieses Gebiet gehört eigentlich zum Kopf, wird hier aber wegen seiner engen Beziehung zum Hals mitbehandelt.

  Grenzen:

  ventral: M. masseter, M. pterygoideus med., Hinterkante des Ramus mandibulae
  lateral: Fascia parotideomasseterica
  medial: tiefes Blatt der Fascia parotidea
  dorsal: Venter posterior m. digastrici, Processus mastoideus
  kaudal: Tractus angularis
  kranial: unterer Umfang des Meatus acusticus externus

  Inhalt:

  - A. carotis externa mit Endarterien
  - V. retromandibularis
  - N. auriculotemporalis
  - N. facialis (Hauptstamm und Plexus parotideus)
  - Lnn. parotidei profundi et intraglandulares
  - Glandula parotidea

- **Spatium parapharyngeum** (Abb. 10.**2**)

  Grenzen:

  medial: Pharynx, Septum sagittale
  lateral: M. pterygoideus medialis, Processus styloideus mit Stylomuskeln, tiefes Blatt der Fascia parotidea
  kranial: Basis cranii
  kaudal: Anschluß an das Trigonum caroticum
  ventral: Verbindung entlang der Fascia buccopharyngea zur Gesichtsregion
  dorsal: Fascia colli profunda, Processus mastoideus mit dort entspringenden Muskeln

  Das Spatium parapharyngeum wird durch eine fast frontal gestellte Bindegewebeplatte, die Aponeurosis stylopharyngea, in eine vordere (Pars praestyloidea) und eine hintere (Pars retrostyloidea) Abteilung unterteilt. Die Pars praestyloidea (s. Pars anterior) enthält außer kleinen Gefäßen und Nerven den M. stylohyoideus und den M. styloglossus. Demgegenüber enthält die Pars retrostyloidea (s. Pars posterior) die großen Leitungsbahnen des Halses. Im einzelnen sind zu nennen:

  - A. carotis interna (kranial vor der und kaudal laterodorsal der V. jugularis int. gelegen)
  - N. vagus (kranial: dorsal der A. carotis int., kaudal: zwischen A. carotis und V. jugularis int.)
  - N. accessorius (vor der V. jug. int.)
  - N. glossopharyngeus (zuerst vor dem N. vagus und hinter der A. carotis int., dann zieht er zwischen V. jugularis int. und A. carotis int. hindurch, um sich dem M. stylopharyngeus, seinem Leitmuskel, anzuschließen)
  - N. hypoglossus (medial vom N. vagus, dann dorsal, schließlich lateral). Der N. XII tritt zwischen der V. jugularis int. und der A. carotis (interna und externa) hindurch und überkreuzt diese Arterien von lateral
  - Truncus sympathicus mit Ganglion cervicale superius

- **Spatium retropharyngeum** (Abb. 10.**2**)

  Beim Spatium retropharyngeum handelt es sich um einen von lockerem Bindegewebe ausgefüllten Verschiebespalt hinter dem Pharynx und vor der Fascia colli profunda. Im oberen Abschnitt ist das Spatium retropharyngeum lateral durch das Septum sagittale vom Spatium parapharyngeum abgegrenzt. Kranial dehnt es sich bis zur Schädelbasis aus. Seine kaudale Fortsetzung wird als Spatium retrooesophageum bezeichnet und setzt sich ohne scharfe Grenze in das hintere Mediastinum fort. Das Spatium retropharyngeum enthält keine Strukturen.

- **Trigonum submandibulare** (Abb. 10.**3**)

  Grenzen:

  kranial: Corpus mandibulae, M. mylohyoideus
  kaudal: Venter anterior et posterior m. digastrici, M. stylohyoideus
  medial: M. mylohyoideus (vorne), M. hyoglossus (hinten), M. styloglossus und M. stylopharyngeus (hinten)
  dorsal: Verbindung zur Fossa retromandibularis

ventral: Corpus mandibulae und Venter anterior m. digastrici
lateral: Fascia colli superficialis
Inhalt:
- V. facialis, liegt oberflächlich unter der Fascia colli superficialis
- A. facialis
- A. lingualis (verläuft medial des M. hyoglossus weiter)
- N. hypoglossus (verläuft lateral auf dem M. hyoglossus)
- V. comitans n. hypoglossi
- N. mylohyoideus
- N. lingualis
- Gl. submandibularis
- Ganglion submandibulare
- N. glossopharyngeus (hinterer oberer Winkel)
- A. und V. submentalis
- A. palatina ascendens
- Lnn. mandibulares et submandibulares

Verbindungen des Trigonum submandibulare bestehen zu:
- Regio sublingualis (um den Hinterrand des M. mylohyoideus herum)
- Regio faciei lateralis profunda
- Regio faciei lateralis superficialis
- Trigonum caroticum
- Fossa retromandibularis
- Spatium parapharyngeum

■ **Trigonum caroticum** (Abb. 10.**4**)
Grenzen:
kranial: Venter posterior m. digastrici mit M. stylohyoideus
ventral und kaudal: Venter superior m. omohyoidei
dorsal und kaudal: Vorderrand des M. sternocleidomastoideus
lateral: Fascia colli superficialis
medial: Cartilago thyroidea und Cartilago cricoidea, M. constrictor pharyngis inferior, M. thyrohyoideus

Inhalt:
- A. carotis communis mit Bifurkation in A. carotis interna (lateral und hinten, astlos)
- A. carotis externa (medial und vorne, Astabgaben)
  ventrale Äste: A. thyroidea superior, A. lingualis, A. facialis
  dorsale Äste: A. occipitalis, R. sternocleidomastoideus, A. auricularis posterior
  medialer Ast: A. pharyngea ascendens
- V. jugularis interna
- V. facialis
- V. sublingualis (setzt sich als V. comitans n. hypoglossi fort)
- V. thyroidea superior
- N. hypoglossus mit Radix superior ansae cervicalis
- Radix inferior ansae cervicalis
- N. accessorius
- N. vagus mit N. laryngeus superior und R. cardiacus superior
- N. glossopharyngeus mit R. sinus carotici zum Glomus caroticum
- Truncus sympathicus mit Ganglion cervicale superius und N. cardiacus cervicalis sup.
- Nodi lymphatici.

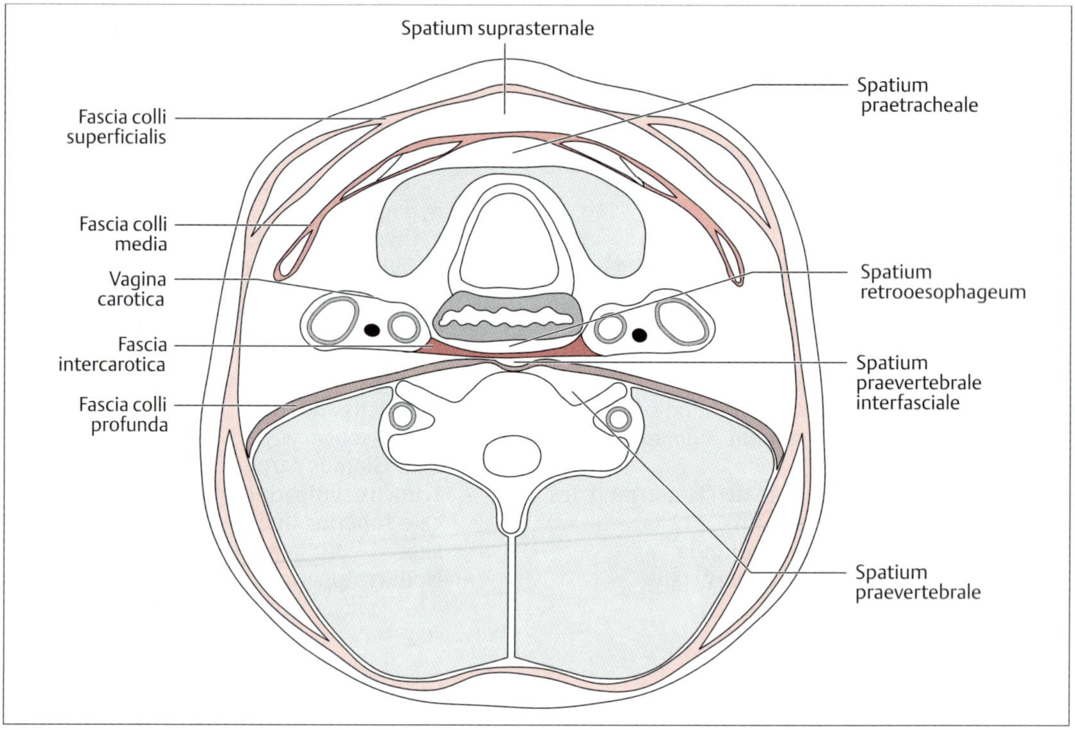

Abb. 10.1 Faszien des Halses. Axiale Darstellung in Höhe C 7.

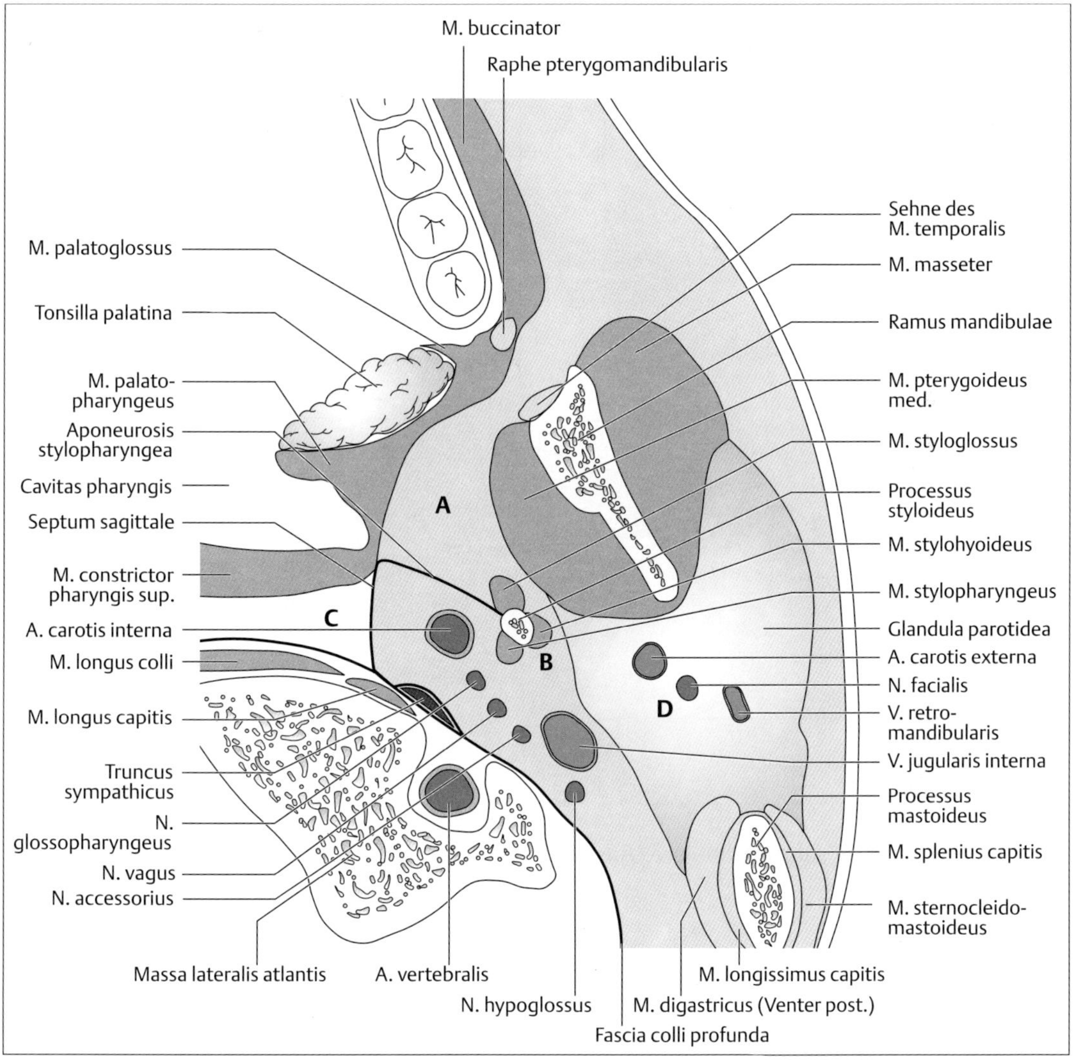

Abb. 10.**2** **A** Spatium parapharyngeum (Pars praestyloidea), **B** Spatium parapharyngeum (Pars retrostyloidea), **C** Spatium retropharyngeum und **D** Fossa retromandibularis.

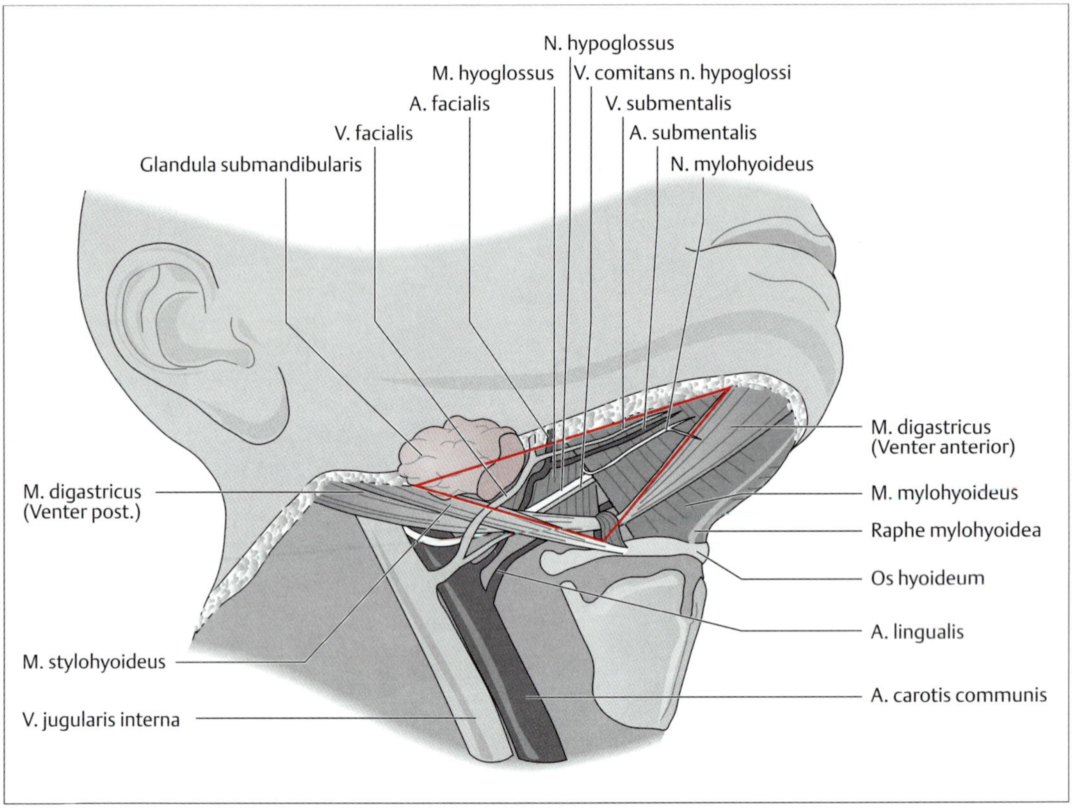

Abb. 10.**3** Trigonum submandibulare. Ansicht von laterokaudal.

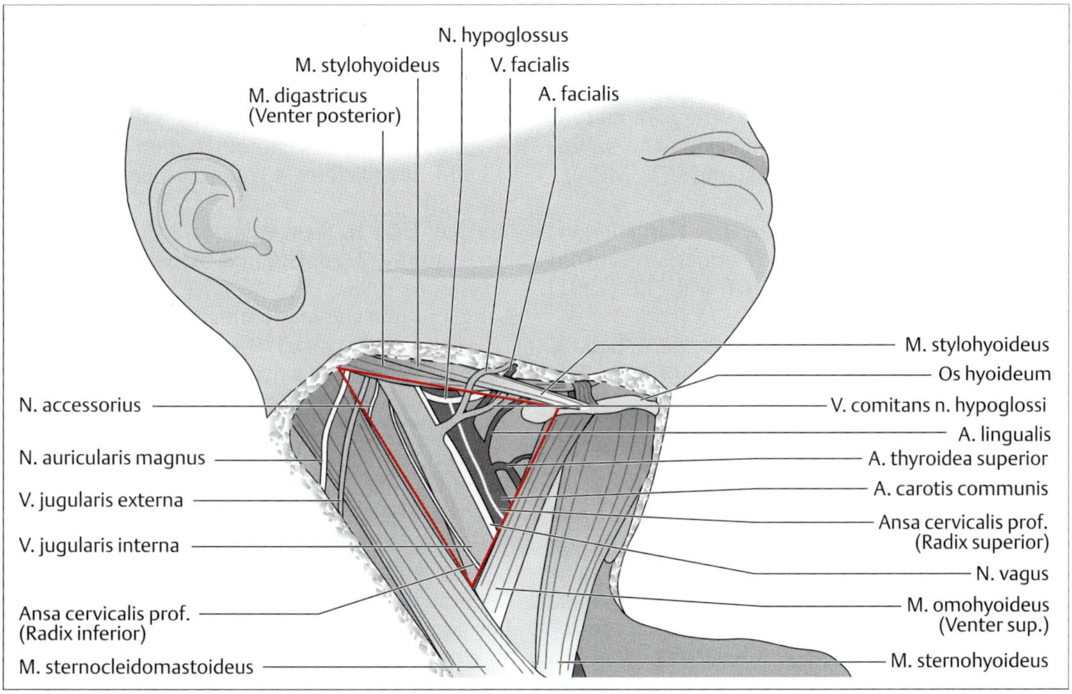

Abb. 10.**4** Trigonum caroticum. Ansicht von lateral.

Verwendete und empfohlene Literatur

Babbel, R. W., H. R. Harnsberger: The parapharyngeal space: The key to unlocking the suprahyoid neck. Sem. Ultrasound CT MR. 11 (1990) 444–459

Babbel, R. W., W. R. K. Smoker, H. R. Harnsberger: The visceral space: The unique infrahyoid space. Sem. Ultrasound CT MR. 12 (1991) 204–223

Braus, H., C. Elze: Anatomie des Menschen, 3. Aufl. Bd. 1: Bewegungsapparat. Springer, Berlin 1954

Clara, M.: Das Nervensystem des Menschen. Leipzig, Barth 1942

Davis, W. L., W. R. K. Smoker, H. R. Harnsberger: The normal and diseased retropharyngeal and prevertebral spaces. Sem. Ultrasound CT MR. 11 (1990) 520–533

Davis, W. L., W. R. K. Smoker, H. R. Harnsberger: The normal and diseased infrahyoid, retropharyngeal danger and prevertebral spaces. Sem. Ultrasound CT MR. 12 (1991) 241–256

Decking, D., T. ter Steege: Röntgenologische Parameter der Halswirbelsäule im seitlichen Strahlengang. Hippokrates, Stuttgart 1975

Duus, P.: Neurologisch-topische Diagnostik, 2. Aufl. Thieme, Stuttgart 1980

Fruin, M. E., W. R. K. Smoker, H. R. Harnsberger: The carotid space of the infrahyoid neck. Sem. Ultrasound CT MR. 12 (1991) 224–240

Fruin, M. E., W. R. K. Smoker, H. R. Harnsberger: The carotid space in suprahyoid neck. Sem. Ultrasound CT MR. 11 (1990) 504–519

Hafferl, A.: Lehrbuch der topographischen Anatomie, 3. Aufl. Springer, Berlin 1969

Hagens, G. von, L. J. Romrell, H. Ross, K. Tiedemann: Farbatlas der Schnitt-Anatomie. Schwer, Stuttgart 1991

Keats, T. E., L. B. Lusted: Atlas of Roentgenographic Measurement, 5. ed. Year Book, Chicago 1985

Keats, T. E.: Röntgenatlas der Normvarianten. Fischer, Stuttgart 1990

Köhler, A., E. A. Zimmer: Grenzen des Normalen und Anfänge des Pathologischen im Röntgenbild des Skeletts, 13. Aufl. Thieme, Stuttgart 1989

Koritké, J. G., H. Sick: Atlas of Sectional Human Anatomy, 2. ed. Urban & Schwarzenberg Baltimore 1988

Lang, J.: Klinische Anatomie der Halswirbelsäule. Thieme, Stuttgart 1991

Lanz, T. von, W. Wachsmuth: Praktische Anatomie, Bd. 1, T. 2 (Hals). Springer, Berlin 1955

Möller, T. B.: Röntgennormalbefunde. Thieme, Stuttgart 1987

Nomina Anatomica, 6. ed. Churchill & Livingstone, Edinburgh 1989

Parker, G. D., H. R. Harnsberger, W. R. K. Smoker: The anterior and posterior cervical spaces. Sem. Ultrasound CT MR. 12 (1991) 257–273

Pernkopf, E.: Atlas der topographischen und angewandten Anatomie des Menschen, 2. Aufl. Bd. 1: Kopf und Hals. Urban & Schwarzenberg, München 1980

Pernkopf, E.: Topographische Anatomie des Menschen, Bd. 3: Der Hals. Urban Schwarzenberg, Wien 1952

Platzer, W.: Atlas der topographischen Anatomie. Thieme, Stuttgart 1982

Pollei, S. R., H. R. Harnsberger: The radiologic evaluation of the parotid space. Sem. Ultrasound CT MR. 11 (1990) 486–503

Richter, E., T. Feyerabend: Normal Lymph Node Topography. Springer, Berlin 1991

Rouvière, H.: Anatomie des lymphatiques de l'homme. Masson, Paris 1932

Smith, J. W., T. R. Murphy, J. S. G. Blair, K. G. Lowe: Regional Anatomy Illustrated. Churchill Livingston, Edinburgh 1983

Sobotta, J.: Atlas der Anatomie des Menschen, 19. Aufl. Bd. 1: Kopf, Hals, obere Extremitäten, Haut. Urban Schwarzenberg, München 1988

Torklus, D. von, W. Gehle: Die obere Halswirbelsäule, 2. Aufl. Thieme, Stuttgart 1975

Tryhus, M. R., W. R. K. Smoker, H. R. Harnsberger: The normal and diseased masticator space. Sem. Ultrasound CT MR 11 (1990) 476–485

Vogelzang, P., H. R. Harnsberger, W. R. K. Smoker: Multispatial and transpatial diseases of the extracranial head and neck. Sem. Ultrasound CT MR. 12 (1991) 274–287

Wagner, M., T. L. Lawson: Segmental Anatomy: Applications to Clincial Medicine. Macmillan, New York 1982

Waldeyer, A., A. Mayet: Anatomie des Menschen. de Gruyter, Berlin 1993

Wholey, M. H., A. J. Bruwer, H. L. Baker: The lateral roentgenogram of the neck. Radiology 71 (1958) 350–356

Zaunbauer, W.: Röntgenanatomie der Wirbelsäule. In Diethelm, L., F. H. W. Heuck: Handbuch der medizinischen Radiologie, Bd. 6/1. Springer, Berlin 1974

Sachverzeichnis

Aus Gründen der Übersichtlichkeit sind die Verweise auf Kapitel 2 (CT) und 3 (MRT) in gesonderten Spalten aufgeführt.

Kursive Ziffern verweisen auf Seiten, herkömmliche Ziffern auf Abbildungsnummern.